Mujeres de propósito es uno de los libros más ungidos, inspirados e informativos que he leído. Cada pastor debería leer esta obra tan útil.

CHE AHN
PRESIDENTE DE *HARVEST INTERNATIONAL MINISTRIES*, PASADENA, CALIFORNIA

Cindy Jacobs trae claridad y comprensión a varios asuntos de importancia en cuanto al lugar de la mujer en el ministerio. Su fresca percepción bíblica e histórica acerca de asuntos controversiales es tratada con delicadeza, aunque con firmeza, para ofrecer así una interpretación correcta de la Palabra de Dios, en cuanto a las cosas que las mujeres de propósito enfrentan hoy.

BETH ALVES
PRESIDENTE DE *INTERCESORES INTERNACIONALES, INC.*, BELLEVUE, TEXAS

No creo que haya alguien mejor calificada para escribir acerca de la importancia de la mujer en el ministerio cristiano que Cindy Jacobs. *Mujeres de propósito* tiene una base teológica sólida para las mujeres en el servicio cristiano y alentará a miles a unírseles en el trabajo.

JOHN ARNOTT
PASTOR PRINCIPAL *TORONTO AIRPORT CHRISTIAN FELLOWSHIP* TORONTO, ONTARI

Cindy Jacobs ha escrito un poderoso libro que impactará a toda la iglesia, particularmente en sus actitudes hacia la mujer en el ministerio. Lo recomiendo con entusiasmo tanto a hombres como a mujeres, en especial a los pastores que pueden animar en forma estratégica a las mujeres talentosas a llegar a ser lo que Dios ha designado que sean.

LUIS BUSH
DIRECTOR INTERNACIONAL DEL *MOVIMIENTO 2000 D.C. Y MÁS ALLÁ*,
COLORADO SPRINGS, COLORADO

En *Mujeres de propósito*, Cindy Jacobs analiza, con sabiduría y amor, sensibles asuntos controversiales. Además, trata aspectos prácticos en una forma directa, y situaciones espirituales con confianza y autoridad. Su libro fija otra base en el camino para que las mujeres encuentren y vivan su propósito bíblico.

FRANK DAMAZIO
PASTOR PRINCIPAL *CITY BIBLE CHURCH*, PORTLAND, OREGON

Cada mujer que lucha con el llamado de Dios para su vida debería leer *Mujeres de propósito*. Todo hombre que duda del llamamiento de la mujer también debe leer este libro, pero con el corazón y la mente abiertos. *Mujeres de propósito* es bíblicamente sano y por mucho tiempo esperado como una contribución a la literatura reconciliadora entre los géneros.

JOSEPH L. GARLINGTON
PADRE. PRESIDENTE DE *MINISTERIOS INTERNACIONALES DE RECONCILIACIÓN*, PITTSBURGH, PENNSYLVANIA

reconocimientos a **Mujeres de propósito**

Mujeres de propósito será una gran bendición al Cuerpo
de Cristo. De todo lo que se ha escrito o dicho
respecto al tema, Cindy Jacobs es la que más se acerca
en cuanto a expresar los verdaderos pensamientos de
Dios sobre su propia creación llamada «mujer».
Gracias, Cindy, por tu colaboración tan amorosa y
valiente con Cristo en liberar a toda la creación de Dios.

BILL HAMON
FUNDADOR Y PRESIDENTE DE LA _RED DE MINISTERIOS
INTERNACIONALES CRISTIANOS_, SANTA ROSA BEACH, FLORIDA

Aunque el Espíritu Santo actúa en la Iglesia para traer
reconciliación entre los creyentes, nuestro enfoque ha
estado en asuntos raciales y denominacionales que
separan al pueblo de Dios. Lo peor de todos, sin
embargo, es la discriminación antibíblica que se ha
generalizado tanto contra la mujer en el ministerio. La
voz de Cindy Jacobs merece oírse y tomarse en cuenta
con seriedad. Puede que sea otro susurro amable del
Espíritu que nos esté diciendo: «Abre tu corazón».

JACK W. HAYFORD
PASTOR PRINCIPAL _THE CHURCH OF THE WAY_, VAN NUYS, CALIFORNIA

Mujeres de propósito irrumpe con pasión por la gente y
por el avance del Reino de Dios. Las mujeres serán
respaldadas y los hombres desafiados. Agradezco a
Cindy por su contribución al creciente bagaje literario
respecto a la igualdad de los géneros en el ministerio
cristiano y en el liderazgo.

DR. GARY D. KINNAMAN
MINISTRO PRINCIPAL, _IGLESIA PALABRA DE GRACIA_, MESA, CALIFORNIA

Mujeres de propósito es una puerta abierta para la Iglesia. Trasponerla y aprovecharla siempre ha sido el plan de Dios para cada mujer. A fin de iluminar lo que es el deseo de Dios para sus hijas, Cindy Jacobs provee una gran cantidad de ejemplos de las Escrituras y de su vida personal.

DENNIS D. LINDSAY
PRESIDENTE, *CRISTO PARA LAS NACIONES*, DALLAS, TEXAS

En *Mujeres de propósito*, Cindy Jacobs desnuda su alma y expone con sinceridad sus propias luchas al responder al llamado de Dios para su vida en el ministerio. Habla a las mujeres de los bancos de la iglesia, a aquellas que no se han dado el tiempo o no se sienten inclinadas a estudiar las cuestiones teológicas acerca del papel de la mujer en el ministerio, y las alienta a aceptar el llamado de Dios para sus vidas.

LORRY LUTZ
COORDINADORA INTERNACIONAL *A.D. 2000 WOMEN'S TRACK* Y AUTORA DE *WOMEN AS RISK TAKERS*, COLORADO SPRINGS, COLORADO

¡Cindy Jacobs lo hizo otra vez! Produjo lo que seguro será un clásico, un libro que libera a la mujer para que asuma su más alto propósito, para el cual Dios la creó.

JOHN Y PAULA SANDFORD
FUNDADORES DE LA «CASA DE ELÍAS», POST FALLS, IDAHO

Con equilibrio, sensibilidad, sabiduría e integridad, Cindy Jacobs analiza un asunto muy controversial. Deje por un momento sus esquemas y permita que *Mujeres de propósito* lo ilumine en cuanto a los planes de Dios para cada uno de nosotros, hombres y mujeres.

DUTCH SHEETS
AUTOR DE *THE RIVER OF GOD* E *INTERCESSORY PRAYER*; PASTOR PRINCIPAL DE *SPRINGS HARVEST FELLOWSHIP*, COLORADO SPRING, COLORADO

En *Mujeres de propósito*, Cindy Jacobs osa sacar a la luz el tema de la «mujer», oculto por la Iglesia durante generaciones. Con pensamientos bien afinados a través de una cuidadosa investigación, Cindy ha escrito un clásico que deberían leer hombres y mujeres. Es un elemento de liberación para ambos sexos.

QUIN SHERRER
AUTOR DE *HOW TO PRAY FOR YOUR CHILDREN* Y *A WOMAN'S GUIDE TO SPIRITUAL WARFARE*, COLORADO SPRINGS, COLORADO

¡Nos encantó este libro! *Mujeres de propósito* da respuestas eruditas a cuestiones respecto al papel de la mujer en el ministerio cristiano. Este libro oportuno es crítico de la Iglesia que se apresta a entrar al siglo XXI.

EDDIE SMITH
COORDINADOR NACIONAL DE *PRAYER MINISTRIES, MISSION AMERICA*

ALICE SMITH
COORDINADORA DE ORACIÓN, *U.S. PRAYER TRACK A.D. 2000 & BEYOND MOVEMENT*, HOUSTON, TEXAS

En *Mujeres de propósito*, Cindy Jacobs escribe con pasión acerca de casos bíblicos de mujeres en el ministerio. Es un libro importante.

VINSON SYNAN
DECANO, ESCUELA DE DIVINIDAD, UNIVERSIDAD REGENT, VIRGINIA
BEACH, VIRGINIA

Mujeres de propósito es un libro sincero, agudo y de
escritura sana que anula cualquier tendencia de las
mujeres a considerarse ciudadanas de segunda categoría
en la Iglesia.

IVERNA TOMPKINS
AUTORA Y CONFERENCIANTE, COAUSPICIADORA DE LAS
CONFERENCIAS «MUJERES DE LA PALABRA», SCOTTSDALE, ARIZONA

Dios tiene un plan maravilloso para cada mujer. Cindy
Jacobs ayuda a las mujeres a librarse de los grilletes de
la desesperación, desaliento, culpa y vergüenza, y a
entrar en la libertad que Dios diseñó para ellas.

ELMER L. TOWNS
AUTOR DE *RIVER OF REVIVAL Y FASTING FOR SPIRITUAL BREAKTHROUGH*.
DECANO DE LA ESCUELA DE RELIGIÓN, EN UNIVERSIDAD LIBERTY,
LYNCHBURG, VIRGINIA

En un día cuando hay tanta confusión respecto a
asuntos de género en la iglesia y en los hogares, Cindy
Jacobs traspasa la niebla cual rayo láser espiritual.
Ningún otro libro que conozca acerca de este tema
alcanza la magnífica combinación de integridad bíblica
y pastoral de *Mujeres de propósito*.

C. PETER WAGNER
AUTOR DE *PRAYING WITH POWER*. PROFESOR DEL SEMINARIO
TEOLÓGICO FULLER, COLORADO SPRINGS, COLORADO.

MUJERES DE PROPÓSITO

CINDY JACOBS

BETANIA

BETANIA es un sello de Editorial Caribe,
una division de Thomas Nelson,Inc.

© **1999 Editorial Caribe**
Nashville, TN   - Miami, FL
E-Mail: editorial@editorialcaribe.com
www.caribebetania.com

Título en inglés: *Women of Destiny*
©1998 Regal Books

Traductor: Eugenio Orellana

ISBN: 0-88113-533-X

Impreso en EE.UU.
Printed in the USA
7ª Impresión

Este libro está amorosamente dedicado a mi mamá

Eleanor Lindsey

una gran mujer de fe y de oración, y mi heroína.

Contenido

Prólogo

por *Jane Hansen*

Presidenta mundial de Aglow Internacional

Este es un día y una hora en que Dios se está moviendo con poder de muchas maneras novedosas en, y a través de, las mujeres. Cindy Jacobs confirma esta verdad con su oportuno mensaje, *Mujeres de propósito*. Dios está restaurando actualmente a la mujer en el lugar que estableció para ella desde la fundación del mundo.

Cuando leía el manuscrito de Cindy recordé que el «tema de la mujer» en nuestros días es muy parecido al «de los gentiles» en los tiempos de Pedro. La teología de Pedro no permitía la inclusión de los gentiles en los planes y propósitos de Dios, él pensaba que tenía base bíblica para sustentar su posición. Fue solo cuando vio la unción del Espíritu cayendo en la familia de Cornelio que entendió que los gentiles eran herederos plenos en el Reino de Dios.

En ese momento Pedro solo pudo decir: «¿Puede acaso alguno impedir el agua, para que no sean bautizados estos que han recibido el Espíritu Santo también como nosotros?» (Hechos 10.47). En otras palabras: «¿Por qué no podrían estos ser recibidos plenamente en el Cuerpo de Cristo? Han recibido el Espíritu Santo de la misma manera que nosotros». Sin duda, Pedro abandonó aquel lugar con un nuevo fervor para examinar las Escrituras. ¿Podía encontrarse esta maravillosa verdad en la Palabra escrita de Dios? Claro que sí. Allí estuvo siempre, pero hasta ese momento Pedro no tuvo ojos para verla.

Tal es el caso en relación con las mujeres. Fue de gran ayuda al Cuerpo de Cristo de la forma que Cindy escudriñó cuidadosamente los «pasajes difíciles» de la Escritura referentes a las mujeres y nos ayuda a ver lo que siempre ha estado allí. Investigando en numerosas fuentes autorizadas, con gran valentía nos guía a través del laberinto de afirmaciones bíblicas aparentemente contradictorias. Nos muestra que no hay falta de armonía entre las Escrituras y lo que se ha demostrado desde el principio del tiempo: Que las mujeres, sin la más mínima duda, son plenamente herederas de los planes y propósitos de Dios. Esta verdad fue sellada para siempre y se hizo evidente a todos aquel día en Jerusalén cuando el Espíritu Santo descendió a los creyentes que esperaban, hombres y mujeres, equipándolos a todos por igual para operar como miembros plenos del Cuerpo de Cristo. Muchos todavía no tienen ojos para ver.

En esta obra, Cindy confronta miríadas de asuntos que desalientan a las mujeres para asumir el llamado que Dios les ha ordenado. Describe sus propias luchas contra las fortalezas que la amenazan con impedirle cumplir su propósito en el llamado de Dios, consciente de que dondequiera que estén las mujeres que aman al Señor se identificarán con sus luchas.

A través de numerosos ejemplos de «heroínas de la fe» a lo largo de la historia, su propia fe se extenderá para creer que Dios también tiene un plan específico y un propósito para su vida, plan y propósito que de ninguna manera se verán disminuidos por su condición femenina, sino que precisamente por eso se ampliarán y fortalecerán. Cuando termine de leer este libro lo hará con un nuevo valor y un mejor entendimiento bíblico de su propósito como mujer.

Prólogo

por John Dawson

Fundador de Coalición de Reconciliación Internacional

Jesús escogió hombres para que fueran sus discípulos. Esto no es sorprendente, dado que era soltero y viajaba constantemente; aunque se le ha dado demasiada importancia. Pocos asuntos son más importantes que el papel de la mujer en el liderazgo espiritual. ¿Qué enseña la Biblia? ¿Contiene la tradición suya o la mía todo el consejo de Dios? ¿Entendemos realmente la perspectiva de Dios acerca del género?

Este libro constituye un notable esfuerzo para apoyar a cualquier mujer en relación con el llamado de Dios para su vida. Los eruditos tendrán que evaluar la interpretación que hace Cindy de algunos pasajes difíciles, pero he escuchado suficientes debates respecto a mujeres en el ministerio como para estar seguro de una cosa: Nuestro entendimiento de la Escritura no es un asunto concluido y los puntos que Cindy propone son válidos y dignos de consideración.

Este no es un libro escrito para hombres, aunque lo recomiendo a mis hermanos. El lector quizás se sienta como un oyente furtivo escuchando una conversación íntima entre hermanas, pero fuimos invitados a hacerlo por muy buenas razones. No examine este libro con liviandad tratando de descubrir y rechazar los argumentos centrales; al contrario, emprenda una aventura a través del corazón y la mente de su hermana en Cristo, que ha sido de bendición a muchos y está ansiosa de que alguien la escuche con seriedad.

Leo este libro con cierto desconcierto. Soy parte de una cultura religiosa patriarcal en la cual las mujeres que sirven en ministerios por lo general son tratadas con gran amabilidad aunque rara vez se las toma en serio como líderes. Esto es menos notorio en misiones, pero muy evidente en la vida institucional de las iglesias. Estamos atrapados por la tradición religiosa.

La bendita asociación entre Débora y Barac es evidente de nuevo en nuestra generación y no debería ser minimizada. Mujeres de Dios, por favor, encuentren en la enseñanza y el testimonio de Cindy el aliento que necesitan para ir en busca de la completa herencia que Dios señaló para ustedes. Hermana mía, Dios planeó que usted fuera exaltada por un padre amoroso que alababa sus logros y apreciaba la belleza de su singularidad. Fue hecha para sentirse amada en forma incondicional y completamente segura en la compañía de amigos y parientes del sexo masculino. Fue hecha para dar libre expresión a todo su potencial en la familia de Dios sin ningún prejuicio basado en su condición femenina. Sé que tiene heridas, pero un nuevo día llegará.

Cuando he tenido que reconocer públicamente las fallas de los hombres —en reuniones de reconciliación—, veo cierto anhelo en los ojos de los hombres cristianos. Miro alrededor, como pidiendo autorización, para expresar lo que dicen los ojos de mis hermanos. A veces casi gritan: «¡Sí! ¡Dígalo! ¡Es la verdad!» Estamos tan apenados; por favor, perdónennos.

Creo que el reciente movimiento de reconciliación entre las culturas es un preludio para la más grande sanidad de todas. Las heridas infligidas mutuamente por hombres y mujeres constituyen la falla fundamental en el fondo de todos los otros conflictos humanos. Si la diferencia de género se usa para devaluar a una parte de la humanidad, entonces la puerta está abierta para la devaluación selectiva de toda la humanidad, basada en alguna diferencia de un ideal percibido. Fuera de nuestra necesidad de reconciliarnos con Dios el Padre, los conflictos de género son el más grande asunto de reconciliación.

Una de las lecciones que hemos aprendido en la reconciliación interracial es que todas las partes necesitan empezar en el punto en que reconozcan que tenemos prejuicios (temores y preferencias) en nuestros corazones. Tuve que pasar dos años viviendo en la comunidad negra de Los Ángeles para empezar a entender que era un despistado. Al comienzo de mi experiencia habría jurado que en mí no había ni una brizna de prejuicio, pero con eso estaba revelando solo la ceguera en que vivía.

Durante siglos, los blancos hemos comunicado la creencia de que somos superiores; y a veces, cuando tratamos de ser amables, lo manifestamos con mayor descaro. Las sutilezas traicionan nuestras actitudes internas. Nuestro tono de voz, postura y ademanes, todo comunica una profunda convicción de que somos superiores. Por eso he tenido que arrepentirme y pedir perdón ante Dios y ante la gente no occidental.

Creo que estamos en el mismo punto en cuanto a nuestros esfuerzos por reconciliar los géneros. Los hombres no iremos a ninguna parte mientras no nos humillemos ante Dios y reconozcamos que somos imperfectos y necesitamos desesperadamente revelación acerca del estado de nuestros corazones. ¿Deben las mujeres involucrarse en el liderazgo cristiano? He empezado a sospechar que esa pregunta es un truco que procede de los mismos infiernos.

La pregunta debería ser: Dada la diferencia entre hombre y mujer, ¿en qué aspectos del liderazgo necesitamos con urgencia la ayuda de las mujeres? Dos aspectos claros vienen a mi mente: (1) Cómo relacionarnos con Dios. Ya que somos corporativamente femeninos, como novia de Cristo, las mujeres tienen una ventaja para entender esta que es nuestra más importante relación. (2) Cómo hacer realidad el propósito de Dios. Nuestra sicología masculina es una desventaja intrínseca para entender el proceso espiritual por el cual son creadas las cosas en el Reino de Dios: adoración, concepción, gestación, dolores de parto y nacimiento. La mayoría de los grandes intercesores de la Biblia fueron hombres, pero a menudo la metáfora que usaron para describir sus experiencias fue la de una mujer en el proceso de dar a luz. ¿Excluye a las mujeres de otros tipos de liderazgo esta fuerza natural de ellas? No lo creo. Solo porque las mujeres son observadas dando el alimento no quiere decir que no están capacitadas para los rigores del oficio de gobierno en la iglesia.

Este libro es parcialmente biográfico. Cuenta la historia de una de las líderes cristianas más controversiales y más profundamente amadas de nuestro día.

Cindy se arriesga. Cuenta sus propias luchas con total vulnerabilidad. Relata su historia personal en formas que a veces son dolorosamente sinceras, y al hacerlo así, nos ha dado una lectura inspirada, que no difiere de *Daughter of Destiny* [Hija de destino] de Kathryn Kuhlman. Este es un libro que vale la pena leer.

Reconocimientos

¡Me cuesta creer que por fin haya terminado de escribir este libro! Me tomó años, además de horas de oración. Hay muchas personas a las que quiero agradecer. Primero, por supuesto, al Señor Jesús. Gracias, Dios, porque no me dejaste detenerme aun cuando quise hacerlo más de una vez.

Luego, quiero agradecer a mi esposo, Mike, que me ama y ha estado conmigo a lo largo de los altibajos en el proceso de escribir *Mujeres de propósito*. También quiero agradecer a mis hijos, Madison (Mary) y Daniel por soportar a una mamá escritora.

A todos mis buenos amigos de Regal, gracias por creer en mí y por animarme a escribir un libro que pudiera liberar a las mujeres en todo aquello para lo cual Dios las ha llamado. Kyle Duncan, me animaste una y otra vez a través de conversaciones telefónicas cuando desfallecía mi confianza de que Dios me permitiría terminar el trabajo. Bill Greig III, has sido tremendo al animarme a escribir lo que ha estado en mi corazón. Kim Bangs, me motivaste grandemente.

Las dos personas que invirtieron más sangre, sudor y lágrimas que cualesquiera otras en esta obra son el Dr. Gary Greig y Bayard Taylor. Gracias por soportar mi lista de preguntas acerca de lo que el griego y el hebreo dicen respecto al tema de la mujer. ¡Este proyecto les ha asegurado una estrella muy especial en su corona!

Karen Kaufman, mi editora, qué gran mujer de Dios eres que asumiste la edición de un libro acerca de la mujer y la Iglesia. Sé que la lucha fue dura, pero has sido un verdadero soldado de la cruz.

Polly Simchen, mi secretaria, eres la mejor de todas. Gracias por tu duro trabajo al pasar en limpio el manuscrito.

A todos los que han orado por mí, no habría podido escribir este libro sin el escudo de oración que ustedes me pusieron. Ruego a Dios que les retribuya con abundantes bendiciones. Por favor, sigan orando. ¡Apenas estamos comenzando!

Por último, pero no de último, quiero agradecer a Dutch Sheets, mi pastor, que es un hombre realmente valiente al aceptar darme apoyo espiritual. ¡Eres lo máximo! Gracias por permanecer con Mike y conmigo a través de los años y por creer en el llamado de Dios a las mujeres.

Cindy Jacobs
Colorado Springs, Colorado
Enero 12, 1998

El papel de la mujer en la iglesia

Escribir este libro acerca del rol de la mujer en la iglesia me obligó a pensar en la condición de las mujeres de mi propia generación a través del mundo: esposas quemadas en India, chinas forzadas a una esterilización no deseada y el empobrecimiento de las mujeres que representan la mayor pobreza de la civilización. Imágenes de mujeres que sufren inundan mi mente: Mujeres con hermosos ojos almendrados desbordándose en lágrimas, y otras con su piel color ébano, todas anhelando recibir una respuesta de la vida. Una y otra vez sus preguntas resuenan por mi mente: *Cindy, ¿qué quiere Dios para mi vida?*

Al fijar mi mirada en esos ojos y escuchar sus voces quebrantadas, veo reflejadas imágenes de años pasados cuando siendo una mujer joven yo también sufría con estas mismas preguntas mientras trataba de encontrar el propósito de mi vida. Sin duda, Cristo es la respuesta, pero el tema de la mujer en el ministerio ha causado grandes debates en muchos círculos cristianos. Hombres fervorosos en el pastorado están tratando de liberar a las mujeres en sus iglesias, pero desean encontrar un punto de equilibrio y una sólida base bíblica para hacerlo. Algunos tratan conflictos entre los géneros, problemas que son potenciales bombas incendiarias para destruir matrimonios que están buscando la reconciliación mediante el Espíritu.

Según la enciclopedia *Our Globe and How to Reach it* [Nuestro mundo y cómo alcanzarlo], de David Barrett,[1] Ochenta y cuatro millones de mujeres han sido mutiladas genitalmente hasta la fecha.

---

1. Dr. David Barret y Todd M. Johnson, Our Globe and How to Reach It, New Hope, Birmingham, Alabama, 1990.

Ellas constituyen más del setenta por ciento de los pobres del mundo y el setenta y cinco por ciento de los enfermos e incapacitados. Cada año, dos millones son víctimas de violación. Hay doscientos millones de mujeres maltratadas en el mundo; veintitrés por ciento de las casadas son golpeadas, número que crece en quince millones cada año.

Las mujeres trabajan el sesenta y dos por ciento de todas las horas laborables y reciben un diez por ciento de los ingresos mundiales mientras solo son dueñas del uno por ciento de las propiedades y constituyen el treinta y cinco por ciento de la fuerza laboral pagada. Hay novecientos cincuenta mil ministros ordenados en el mundo y cincuenta mil, o sea, el cinco por ciento de esa cifra, son mujeres.

Es por esas mujeres que escribo este libro. Su única esperanza es el evangelio de Jesucristo. Porque donde el evangelio es predicado, su poder transformador cambia las vidas. Creo que este es un nuevo día para los hombres y que, si el Señor tarda en su venida, en los próximos diez años estas estadísticas serán sorprendentemente diferentes.

Con toda franqueza, me di a la tarea de escribir este libro con una buena dosis de temor personal. Recuerdo específicamente haberle rogado al Señor que no permitiera que dejara de tocar algunos de los asuntos que con cuidado y ternura analizo en este libro. No pretendo pasar por experta; sin embargo, les expresaré, queridas amigas, pensamientos valiosos respecto al tema. Decir que abordé este difícil tema con el temor del Señor es algo que se sobrentiende. Y no faltaron los períodos de verdadero miedo.

¿Existe tal cosa como ser demasiado vulnerable? Probablemente. Escribir este libro ha mejorado mi habilidad para desnudar mi alma y enfrentar el temor a la crítica. He tratado de renunciar a escribir este libro no menos de quince veces. Hasta la fecha, este es mi tercer libro y el que he escrito con más oración. He echado mano a todas mis fuerzas para seguir escribiendo debido a que muy dentro de mi corazón está la convicción que con Él estoy preparando el camino para una generación de mujeres totalmente nueva, muchas de las cuales hoy día son bebés. Mi optimismo es suficiente como para creer que cuando crezcan, muchos de los asuntos que trato aquí estarán resueltos, o al menos respondidos en alto grado.

Algunas de las mujeres que lean este libro van a llorar y a reír y dirán: «¡Esa soy yo!» Es con esa esperanza en mi corazón y con todo mi amor a mi género, que desea fervientemente servir a Dios, que escribí *Mujeres de propósito*.

Bendiciones,

Cindy Jacobs

La aventura

Corría el año 1950 cuando una pareja de seminaristas, con dolor en el corazón, se arrodillaron para orar. Le iban a presentar una petición muy especial a Dios. A la luz de las circunstancias que vivían, les parecía extraño pedir tal cosa. «Señor», oraron, «por favor, permítenos tener una mujercita». Tenían un precioso niño y habían perdido otro durante el período de gestación. Dios respondió al deseo de su corazón en agosto de 1951. Así es como comienza mi aventura.

Siempre me ha emocionado mucho esta historia. Como mujer en el ministerio cristiano, me ha dado un sentido de propósito a través de tiempos muy turbulentos. Quizás el Señor sabía que necesitaría de la confianza adicional que da un comienzo tan bendecido, y así tendría la fuerza para llegar a la meta en la carrera que Dios me puso por delante.

Hay personas que a veces me preguntan: «Cindy, cuando eras niñita, ¿soñaste alguna vez que viajarías por todo el mundo y que hablarías a miles de personas?» La respuesta es no. No tuve la más ligera sospecha; sin embargo, aun desde muy pequeñita siempre tuve la sensación de que la mano de Dios estaba sobre mi vida para algo muy especial. Quizás muchas de ustedes hayan sentido algo similar.

Aun personas terriblemente rebeldes y que han sentido el llamado de Dios en sus vidas, más tarde cuentan cómo Dios, una y otra vez, los salvó de desastres o de circunstancias potencialmente amenazadoras contra sus vidas. Para usted que quizás está orando por seres queridos perdidos o hijos rebeldes, esto debería darle un gran alivio: ¡Dios es fiel… siempre!

Decidí comenzar este libro con una historia íntima de mi vida porque la mayoría de lectores serán damas, y las mujeres nacimos con esa necesidad dada por Dios de conocernos unas a otras con lujo de detalles, lo cual es extraño a la forma de pensar de los hombres.

Para los hombres que están leyendo, por favor, siéntanse bienvenidos a las páginas siguientes. Ustedes son extremadamente importantes para ayudar a las mujeres a encontrar el plan de Dios para sus vidas. Algunos de ustedes cuando lleguen a profundizar en *Mujeres de propósito* serán llamados por Dios para respaldar y bendecir el trabajo que Él está haciendo a través de sus esposas y sus hijas, amigas o el género femenino en sus congregaciones locales.

Te amo, papito

El hombre que más influyó en mi infancia fue mi papá. A medida que crecía sentía una gran admiración por él. Era un fundador de iglesias bautistas, para lo cual tenía una verdadera pasión. Durante aquellos días, no entendíamos el papel de los apóstoles en la iglesia, así es que papá nos confundía. Comenzábamos una iglesia en un lugar y la congregación crecía rápidamente. Luego empezaba un programa de crecimiento y dentro de pocos años ya tenía una próspera congregación. Pero, para nuestra consternación, cualquier día lo atacaría la comezón de ir a otro lugar y hacer exactamente lo mismo. Ahora sabemos que su llamado, como líder apostólico, era fundar obras nuevas.

Como usted puede imaginar, íbamos de un lugar a otro. Supongo que eso pudo no haberme gustado nada, excepto por un factor: en nuestra familia había mucho amor. Nunca dudé ni por un segundo que me amaban. Mi papá, aun cuando fue pandillero en la ciudad de Nueva York, nació en Georgia, y todavía arrastraba suavemente las palabras al hablar. A menudo le tomaba sus inmensas manos en uno de cuyos dedos usaba un anillo tamaño 12, lo miraba hasta arriba, al rostro (tenía casi dos metros de altura) y le decía: «Te amo, papito», y él siempre me contestaba de la misma manera: «Yo también te amo, querida».

En aquellos días no siempre era fácil conseguir comida. Recuerdo las ocasiones cuando recibíamos grandes cajas de cartón llenas de comida. Nos alegraba recibirlas. Allí venía toda clase de delicias extrañas que la gente regalaba con motivo de Navidad.

Amaba aquello.

Amorcito, tu Padre está en el cielo. Yo soy tu papi

En nuestro hogar la oración era importante. Cada noche (hasta que nos separamos por cuestión de trabajo, estudios, etc.) nos arrodillábamos junto a nuestras camas para orar. Yo siempre fui pequeña para mi edad, así que cuando me arrodillaba nunca llegaba con mi nariz a la parte superior de la cama. Nos turnábamos para orar de uno en uno. Por alguna razón, siempre comenzaban los más pequeños. Eso me gustaba porque como yo era la del medio, la que tenía que comenzar era mi hermana, Lucy. Estoy segura que mi vida como intercesora comenzó en el piso de ese cuarto, sobre mis rodillas, escuchando el profundo retumbar de la voz de mi papá y el dulce y suave acento tejano de mi mamá nacida en San Antonio.

Mis padres tenían una forma muy efectiva de enseñar que iba directo al corazón. Recuerdo un día en la época en que estaba en la universidad. El movimiento «La gente de Jesús» estaba en su apogeo, de modo que la moda era orar: «Querido Jesús», en lugar de «Querido Dios», o «Nuestro Padre». Aquella noche después que oré por los alimentos, mi papá alzó la mirada, con sus ojos grises llenos de tristeza mientras me preguntaba:

—Mi amor, ¿cómo dijo Jesús a sus discípulos que tenían que orar?

—Padre nuestro que estás en los cielos —le respondí.

Él entonces, suavemente me dijo:

—Entonces ora así.

En otra ocasión llamé a mi papá «Padre». Pensé que le parecería más importante. En ese momento, mi papá estaba ocupado en el patio. Dejó lo que estaba haciendo y simplemente dijo; «Mi amor, tu Padre está en el cielo. Yo soy tu papá». Supe lo que quería decir. El entendimiento de que Dios está en el cielo ocupaba frecuentemente el lugar principal en nuestro hogar.

Los que leyeron mi libro *La voz de Dios*, saben que mi papá se fue con el Señor cuando tenía 49 años de edad. De vez en cuando pienso: *Ahora tengo un Padre y un papá en el cielo.*

Nacida para llevar fruto

Debido a que mi papá amaba iniciar iglesias, por lo general nuestra vida se desarrollaba al estilo de los colonos. Eso fue un gran entrenamiento para mí al adquirir destreza en visitar hogares, ya fuera para estar con la gente o para repartir algún folleto referente a la nueva iglesia.

Cuando era muy pequeña les pedía a mamá y papá que me dejaran tomar lecciones de piano, así es que toque en la iglesia desde que tenía diez años. Y debido a que los maestros de Escuela Dominical eran escasos (la mayoría de nuestros hermanos eran personas recién convertidas) a veces tuve que enseñar a los niños, menores que yo, con aquel material de Escuela Dominical que por delante tiene una ilustración y por detrás lleva impresa la historia.

La vida como hija de un pastor bautista no siempre fue fácil. Recuerdo habernos mudado a un pequeño pueblo de Texas, durante mi tercer grado, donde todos los habitantes eran católicos o checoslovacos, o algo relacionado a esto. Mi vida en esa comunidad estuvo llena de rechazo, unas veces sutil y otras no. Pasaron años antes de que me percatara de que no se trataba de algún problema de mi personalidad y que todo se debía a simple cuestión de prejuicios. Gracias a Dios por la bicicleta de segunda mano que mi papá reparó para mí. Me encantaba andar por los caminos rurales explorando el mundo de Dios y sintiendo el peso de su presencia. Dios y yo hablábamos muchísimo.

Cuando tenía nueve años, asistí a un campamento de la iglesia en Prescott, Arizona. ¡El Espíritu Santo era tan evidente durante las reuniones! Me encantaba oír las historias misioneras. En *La voz de Dios* conté cómo el Señor me llamó durante ese campamento. Una cosa que no dije fue mi lucha en cuanto a qué era lo que sería. El servicio de la noche fue tan dulce que cantábamos viejos himnos de fe, tales como «Cuenta tus muchas bendiciones, nómbralas una por una». Me sentía muy cerca de Dios. Esa tarde, en mi devocional le rendí mi vida al Señor, pero ahora sabía que necesitaba «hacerlo público», como lo llamábamos.

Finalmente, llegó el momento cuando el predicador hizo la invitación. Flotando en el aire de la noche llegó la melodía de aquella canción que me gustaba tanto: «He decidido seguir a Cristo, no vuelvo atrás, no vuelvo atrás». Sabía que no podría volver atrás. Tenía que ir. Un poco nerviosa y algo turbada, dejé el banco de madera donde estaba sentada. En silencio, me arrodillé en el frente. La canción seguía: «Aunque nadie vaya conmigo, yo te seguiré». Las lágrimas empezaron a correr por mi rostro. Mi corazón estaba que estallaba con el amor del Señor. Yo cantaba una vez tras otra: «Yo iré, Señor, donde tú quieras. Solo dime lo que quieres que haga».

Al final del llamamiento, uno de los líderes me pasó un formulario de compromiso para que lo llenara. Me senté y empecé a leer las casillas: pastor, evangelista, misionero. No estaba segura sobre lo de misionero, pero nunca había pasado por mi mente aquello de pastor o evangelista, así es que me decidí por el campo misionero.

Es interesante cómo las decisiones que hacemos aun en los años de la infancia afectan toda nuestra vida. Mi inclinación a medida que crecía se enfocó en diseño de interiores y música. Nadie en mi familia tocaba el piano, pero como dije antes, tenía un deseo intenso de aprender. Desafortunadamente, no había dinero, así que mi mamá le escribió a mi abuelita, ella nos mandó dinero para pagar las lecciones. Mi primer piano había estado guardado en una vieja casa incendiada, las llaves estaban torcidas y se veían como onduladas. Pero eso no me preocupaba. Una profesora de piano le dijo a mi mamá que yo era demasiado pequeña para alcanzar los pedales y que además tenía las manos muy chicas para alcanzar de una vez todas las teclas que necesitaba tocar (la octava). Mi mamá no se desanimó. Creía en mí, así es que buscó otra profesora.

Años más tarde, aquellas lecciones de piano me ayudaron a conseguir una beca para estudiar en lo que entonces era la Universidad Bautista Grand Canyon. Sinceramente creí que había encontrado mi lugar en la vida. Esto tenía que ser lo que Dios quería para mí.

Una vez oí la parábola de un lindo árbol que, al madurar, produjo hermosas flores. El árbol, viendo las flores, llegó a la conclusión de que era un árbol de flores y que siempre sería eso: un árbol que produciría flores. Pero a medida que la primavera avanzaba, las flores disminuyeron y empezaron a formarse pequeñas bolitas allí donde estuvieron aquellas flores tan hermosas que le dieron un esplendor especial al árbol. Esto confundió al árbol, que ya no sabía qué era. El tiempo pasó y las pequeñas bolitas finalmente maduraron y produjeron una deliciosa cosecha de manzanas. Solo entonces el árbol llegó a entender que había sido hecho para producir fruto y no flores.

La historia del manzano se parece mucho a las etapas que Dios tiene para quienes han sido llamados. Muchas veces líderes jóvenes determinan sus propósitos finales por las flores iniciales de sus llamados. Es lo que me pasó con la música. Me gustaba tanto tocar a Bach, Beethoven y a otros que pensé que ese era mi llamado.

Años más tarde me ofrecieron un trabajo para enseñar vocalización en una escuela bíblica, mi deseo de aceptarlo era tan fuerte que me costó discernir cuál era la voluntad de Dios para mí. Aun cuando mi agenda estaba llena de compromisos que no podría cumplir si aceptaba el trabajo, seguía luchando con el Señor para decir que sí. Finalmente, una mañana el Señor —en una forma apacible— me dijo que siguiera predicando el evangelio, no enseñando música. Le oí decirme, con una voz suave y casi susurrante: «Cindy, el llamado a la música es de tu alma (o emociones), pero el de tu espíritu es a predicar el evangelio».

Cuando el hombre cierra una puerta, Dios abre una ventana

Las emociones pueden influir en las decisiones que vamos a hacer de tal manera que pueden llegar a afectar nuestro futuro. Debemos ser cautelosos cuando los sentimientos empiezan a determinar nuestras acciones. Permítanme explicarlo.

Cuando en 1990 comencé a ministrar en Argentina, sentí tanto amor por ese país que quería que toda mi familia se fuera a vivir allá. Incluso hablé de ello con algunos líderes argentinos. Un día en Buenos Aires, mientras me dirigía a una reunión en un taxi, la voz del Señor dijo a mi corazón: *Hija, te permitiré que le des **tu corazón** a esta nación, pero no **tu vida**. Te he llamado a las naciones de la tierra, así que no debes trasladarte a vivir aquí; porque si lo haces, vas a concentrarte en este solo lugar y no vas a cumplir con tu llamado.* Sabía que tenía que obedecer la voz de Dios en lugar de la de mis emociones.

Obtuve mi grado de licenciada en música y decidí estudiar un año más para alcanzar mi maestría como maestra en música. El que haya estudiado con el deseo de usar mi don para el Señor le ayudará a entender uno de los desafíos o pruebas que tuve que enfrentar como mujer joven y casada en mi iglesia.

Dios abrirá camino

Mike y yo vivíamos en California y asistíamos a un pequeño grupo de unas cincuenta personas. Mike trabajaba por la noche en una línea aérea lo que lo obligaba a dormir por el día, así es que con frecuencia asistía sola a la iglesia los domingos por la mañana. Un domingo, el pastor se acercó a las últimas bancas del santuario, donde me encontraba, para hablar con un hombre que estaba cerca de mí. Se inclinó por encima de mí y en voz suave, le preguntó: «Homer, ¿por qué no me ayudas a dirigir la música? No tenemos a nadie que lo haga».

Homer, evidentemente poco contento con la idea, le respondió: «Pastor, usted sabe que me cuesta mucho captar el tono». El pastor volvió a su lugar y se encargó de dirigir los himnos.

Mike y yo éramos amigos personales del pastor, y él sabía que estaba trabajando en mi maestría en música. Es más, solo la semana anterior estuve observando a mi profesor dirigiendo la Sinfónica de Burbank para mi clase de dirección orquestal. Parte de mi entrenamiento era dirigir orquestas, pero debido a que *era mujer* no podía pararme al frente de mi iglesia a dirigir un himno. Tenía veintitrés años de edad y un gran deseo de usar mi don para Dios, así que aquel fue un momento muy triste.

¿Cómo reaccioné a eso? Bueno, sabía que tenía varias opciones: Una, podía irme enojada y no volver más a esa iglesia. Dos, podría haberme enojado con el pastor. Tres, podía adoptar una actitud piadosa y pedirle al Señor que usara mi preparación en música en una iglesia que creyera que la mujer podía hacer algo desde el púlpito. Decidí orar y perdonar al pastor; y luego empecé un coro de jóvenes.

¡Lo que ocurrió fue glorioso! Ese pequeño coro llegó a ser el mejor en todo aquel lugar y varios de los jóvenes se comprometieron con el Señor. En cuanto mí, en verdad crecí con la experiencia.

Dios siempre le abrirá un camino si usted le obedece

Líderes jóvenes, hombres o mujeres, por favor lean esto con cuidado: Si son obedientes a Él, Dios siempre abrirá un camino para ustedes. Nada le impedirá usar los dones que Dios le dio. Si una puerta se cierra, busque una ventana. Sea creativo. Cuando la vida se llene de frustraciones y pruebas, no se dé por vencido.

Muchas personas me preguntan: «Cindy, ¿por qué Dios te ha usado para su reino a través de todo el mundo?» No es porque yo sea mejor dotada que la mayoría o que sea mejor exponente que los demás. Sinceramente creo que es porque cuando hubo obstáculos en el camino que Dios me llamó a andar, confié en Él para que abriera una vía allí donde no había nada. ¿Ha sido fácil? No. ¿Ha valido la pena? ¡Sí!

Señoras, a veces han tenido oportunidades únicas de encontrar su propósito, pero su actitud en el proceso se los impide. Si se deciden por la amargura o la ira y se consumen por dentro debido a la injusticia del sistema o cuanto prejuicio tienen algunos hombres hacia las mujeres, entonces nunca podrán sobrevivir en el ministerio ni tampoco tener éxito en la vida. Y recuerden, señoras: tener prejuicios contra los hombres es tan dañino como cuando los hombres tienen prejuicio contra las mujeres.

Se necesita mucho valor para obedecer el llamado de Dios, muchas veces más del que uno personalmente puede reunir. Por este motivo es que necesitamos caminar muy cerca del Señor.

Los obstáculos son inevitables. Habrá tormentas. Y amigas, a veces Dios no aleja de nosotros las tormentas sino que nos lleva al ojo mismo del huracán donde nos protege de su furia.

Mi lucha, su voluntad

Otras veces, sin embargo, las tormentas que experimentamos son provocadas por nuestra lucha al tratar de hacer su voluntad. Dios me tocó cuando tenía treinta y un años de edad y me dijo que tomara mi cruz y lo siguiera llevando el evangelio a las naciones. Tuve una lucha terrible en el proceso de aceptar ese llamado. Más aún, durante ese tiempo concebí una idea brillante. ¡Le ofrecería a mi esposo Mike en lugar mío! Nunca ni siquiera soñé que sería predicadora. Oraba y creía que Mike podría predicar, y yo ser su fiel intercesora. Esa oferta con un equipo tan magnífico no podría ofender a nadie.

La lucha con Dios comenzó en serio cuando noté que Dios no negocia. Me quería a *mí* predicando, no a Mike. Eso estaba tan lejos de mi pensamiento como inscribirme para ser astronauta. Los que me conocen se reirían al imaginarme haciendo algo que requiriera habilidad atlética. Cuando jugaba voleibol en la escuela, me agachaba si la pelota venía a mí.

La lucha siguió. Le di a Dios todas las razones que se me ocurrieron para justificar por qué no era posible que fuera predicadora. «Dios», le dije, «¿no te has dado cuenta que yo pertenezco al *género equivocado*? Además, Señor», gimoteé, «no me gustan las mujeres ministras. Tienen una voz tan aguda, chillona y desagradable. Así que, Dios, no me pidas que predique, especialmente por la radio». (He perdido la cuenta de las veces que desde entonces he predicado y he sido entrevistada por radio a través del mundo.)

El siguiente pensamiento horrible que se abrió paso en mi mente fue: *¡Oh, Dios! ¿Y mis hijos?* Eso me asustaba. Vivía en un pequeño pueblo de Texas donde algunos de los hombres no tenían un concepto muy alto de las mujeres ministras. No quería que nadie fuera a causarle daño a mis hijos. Me temo que la siguiente afirmación no sea muy religiosa que digamos: «Dios, yo no voy a poner a mis hijos en el altar de ningún ministerio». No estaba dispuesta a que se mofaran de mis hijos o los aislaran como lo habían hecho conmigo.

Durante aproximadamente dos años me pasé caminando cada noche por la casa después que todos se habían dormido, luchando con el llamado. Una vez tras otra, la voz chillaba en mi cabeza: *¡No, no y no. No quiero hacerlo!* La rebeldía era profunda. *¿Por qué yo, Dios? ¡Por favor, Dios, no!*

Las luchas de otros que me precedieron

Empecé a leer autobiografías de otros que también tuvieron que luchar con su sentido de destino.

Aimee Semple McPherson

Un día se me cruzó en mi camino un libro sobre la vida de Aimee Semple McPherson, fundadora de la denominación del Evangelio Cuadrangular. El libro cuenta su lucha con el Creador. Ella había sido esposa de un misionero que murió en China cuando estaban recién casados. Aimee enviudó y quedó con una pequeña bebé. Desesperada, regresó a Estados Unidos para cuidar a su hijita.

Por ese tiempo, Harold McPherson, apenas seis meses mayor que Aimee, la pidió en matrimonio, declarándole su amor por ella y por su hijita. Aimee accedió a casarse con una condición: que todo su corazón y alma estaban puestos en la obra del Señor, y que «Si en algún momento Él me llama de nuevo al ministerio activo, sin importar dónde y cuándo, debo obedecer a Dios antes que todo». Bajo esas condiciones se casaron el 28 de febrero de 1912.[1]

Durante un tiempo, Aimee intentó olvidarse del llamado de Dios. Ella y Harold vivían en la acogedora casa de su suegra, en Rhode Island. Entretanto, dio a luz a un varoncito y hacía colectas para donativos del Ejército de Salvación y mejorar sus ingresos. Finalmente, sin embargo, como lo relata en sus propias palabras:

> Durante todos esos días extenuantes y la relativa calma de nuestro hogar en Providencia, una voz se mantuvo golpeando a la puerta de mi corazón. Decía: «Predica la Palabra. Haz el trabajo de evangelista».
>
> «Imposible, Señor», protestaba. «¡Imposible!»
>
> «Te he llamado para que seas profeta a las naciones», respondía la voz.
>
> «No, Señor. No puedo ir», insistía. Luego se habría de producir un silencio paralizante como cuando se desconecta el teléfono. Encerrándome en la privacidad de mi cuarto, sollozaba: «¡Oh, Jesús! ¡Jesús! ¡Jesús!»[2]

Bajo tanta tensión, la salud de Aimee se quebrantó. Fue sometida a una cirugía mayor y empeoró. Mientras tanto, la voz seguía resonando

---

1. Aimee Semple McPherson, The Story of My Life [La historia de mi vida], Word Inc., Dallas, 1973, p. 72.
2. *Ibid.*, p. 72

dentro de ella y llamándola a mantener su promesa de predicar la Palabra. Sigue diciendo ella:

> Finalmente, mi estado de salud era tan grave que fui puesta en un cuarto aparte para morir. En las primeras horas de la mañana, una enfermera se sentaba junto a mi cama y me controlaba el pulso. A través del silencio de la muerte que era roto por mi propia respiración dolorosa, se oyó la voz del Señor en tono de trompeta: «¿VAS A IR AHORA?»
>
> Acostada allí, frente a frente con la «segadora inexorable», observé que de allí saldría rumbo a la tumba o al campo misionero. Tomé mi decisión y dije, con voz entrecortada: «¡Está bien... Señor..., iré!»
>
> Inmediatamente surgió de mi ser nueva vida y calor.[3]

Aquello me ayudó a saber que yo no era la única en dar coces contra el aguijón antes de responder al llamado de Dios (véase Hechos 9.5; 26.14). No solo eso, sino que las consecuencias por decir «no» se presentaron grandes ante mí. Quizás no fue bueno decir no a Dios; en todo caso, no quise correr el riesgo.

Hermana Gwen Shaw

Otras mujeres también lucharon con aceptar el llamado de Dios a sus vidas. Una de ellas fue la hermana Gwen Shaw, que es directora de *End-Time Handmaidens* [Colaboradoras de los tiempos finales]. Las *Handmaidens* es una gran red de intercesoras que deben ayunar veintiún días antes de llegar a ser oficialmente parte de la organización. En su libro *Unconditional Surrender* [Rendición incondicional], la hermana Gwen cuenta la historia de su llamado a China durante un avivamiento en los días que estudiaba en un instituto bíblico en Canadá:

> Serían las once de la noche cuando entré al edificio y me dirigí escaleras abajo al salón de clases, donde las estudiantes

3. *Ibid.*, p. 75.

estaban orando. En cuanto me arrodillé, sentí que caía sobre mí una tremenda carga de oración intercesora. Incliné la cabeza hasta ponerla debajo de la silla y el Espíritu Santo empezó a moverse dentro de mí. Estuve allí, llorando, durante horas. Hoy, cuando veo al pasado, sé que era Dios que me estaba dando otra oportunidad para hacer su voluntad y cumplir su llamamiento para mi vida.

Después de esa experiencia miré mi reloj. Eran las tres de la mañana. En el otro salón aún había un grupo que seguía orando, así que me paré y me uní a ellas.

Tan pronto como entré, observé algo que nunca antes había visto. Una de las estudiantes tenía dolores como de parto por China. El Espíritu Santo estaba gimiendo y clamando a través de ella. «Te estoy llamando para que vayas a China. Te necesito en China. ¿No quieres ir? China. China».

Observé a todas las que estaban en la sala y me pregunté: «¿A quién estará llamando Dios para que vaya a China?» Nunca pensé que fuera yo. Después de todo, Dios no podría llamarme porque ahora estaba casada y, de todas maneras, no me gustaban los chinos. Siempre les tuve miedo.[4]

El llamado del Espíritu persistió hasta que una maestra le dijo a Gwen: «¿Por qué no oras al respecto?» Ella asintió y, en sus propias palabras, dijo:

De inmediato empecé a sentir que una extraña carga se apoderaba de mí por una nación en la que jamás pensé. «Debo estarme imaginando cosas» pensé. Seguramente no

---

4. Gwen Shaw, *Unconditional Surrender* [Rendición incondicional], End-Time Handmaidens, Inc., 1986, Jasper, Arkansas, p. 62.

soy yo a quien Dios está llamando. ¿Qué diría Dave [su marido]?[5]

El corazón de Gwen estaba tan lleno de preguntas que al fin dijo, desesperada: «Señor, si es que me estás llamando a mí, tendrás que sacarme de esta silla donde estoy sentada y tirarme al piso».

De repente, el poder de Dios me golpeó como un rayo y me lanzó de espaldas sobre el piso. ¡Pensé que Dios me iba a matar! «¡Señor, iré, iré!», grité, desesperada.[6]

Cuando llegué a casa, Dave no estaba muy contento con la decisión que había tomado su esposa. En forma sarcástica le dijo que si ella se iba a China, «él se iría a Hawai». El corazón de Gwen se quebrantó, de modo que clamó a Dios. Dios intervino fielmente. El mismo Espíritu Santo que trató con Gwen profetizó más tarde, a través de un profeta visitante, que Dave fue llamado al norte de China. Esto debería alentar a todos los que sienten el llamado de Dios, aun cuando a sus cónyuges no lo sepan.

En relación con eso, déjeme decirle que estuve a punto de cancelar mi matrimonio porque Mike insistía en que él no había sido llamado por Dios. Por esa situación, rompimos nuestra relación no menos de diez veces. La última vez que lo hicimos, Mike viajó de Phoenix a Los Ángeles, en donde nos habíamos conocido en una iglesia bautista.

Después que Mike se marchó, quedé terriblemente afligida. No comía, me sentía miserable. Finalmente, me llamó y me citó Mateo 18.19-20: «Otra vez os digo, que si dos de vosotros se pusieren de acuerdo en la tierra acerca de cualquier cosa que pidieren, les será hecho por mi Padre que está en los cielos. Porque donde están dos o tres congregados en mi nombre, allí estoy yo en medio de ellos».

«Mi amor», me dijo, «siento que si dejamos que Dios esté en el centro de nuestro matrimonio, todo lo demás saldrá bien».

5. *Ibid.*, p. 64.
6. *Ibid.*, p. 64.

Más tarde, Mike recibió el llamado y, en 1985, él y yo iniciamos Generales de Intercesión. Hemos tenido muchos retos, pero Dios ha estado de veras con nosotros a lo largo del camino.

¿Puede salir algo bueno de Weatherford?

La gente me pregunta con frecuencia: «Cindy, ¿qué pasó después que le dijiste sí a Dios y aceptaste su llamado?» La verdad es que no sabía qué esperar después que rendí mi vida a un ministerio a tiempo completo. Lo cierto es que parecía no haber mucho peligro de que me ocurriera algo drástico porque, después de todo, vivía en Weatherford, Texas, donde la población era de 12 mil personas. ¿Cómo podría alguien buscarme allí? Es más, algunos solíamos bromear diciendo: «¿Puede salir algo bueno de Weatherford?» Todavía no habíamos iniciado Generales de Intercesión. No hay mejor lugar para esconderse, ¿verdad? ¡Falso! Dios le encontrará dondequiera que se esconda. Si no me cree, lea el salmo 139.

Cuando acordé con Dios predicar el evangelio, enseñaba a los niños de la iglesia y dirigía la adoración. Los domingos eran muy ocupados porque tenía que llegar temprano para trabajar con el grupo de adoración, dirigir la alabanza en nuestra pequeña iglesia, escaparme y enseñar a un grupo de unos cuarenta a cincuenta niños entre cinco y doce años de edad, y luego volver corriendo para sentarme al piano y terminar el servicio. Puede parecer exagerado, pero en realidad lo hacía con gusto. Dios estaba en medio del trabajo. Los niños oraban unos por otros y Dios estaba haciendo que aquellas pequeñas piernitas crecieran, que desaparecieran las picadas de mosquitos y las verrugas. ¡Estábamos realmente contentos! En una ocasión, cerca de cien niños aceptaron a Cristo en un año.

Cuando Dios nos llama, nos equipa

Dios comenzó a hacer cosas grandes cuando visité a mis parientes en Phoenix, Arizona. Almorzamos con Faye Darnell, pastora de mujeres de una inmensa iglesia carismática con unos cinco mil miembros y entre doscientas a trescientas asistentes regulares a los cultos semanales para mujeres. Fue un momento agradable y acordamos vernos al día siguiente para el estudio bíblico.

Si hubiera sabido todo lo que Dios tenía para mí aquel día, habría dicho: «¡No puede ser!» El Señor, sin embargo, fue fiel al prepararme, despertándome a las seis de la mañana con la convicción de que ese día debía ayunar.

En la reunión, trataba de explicarme la razón de esa fuerte sensación que tenía de la presencia de Dios sobre mí. Hasta que Faye me pidió que ministrara proféticamente a doce mujeres. Acepté y mientras oraba, el Espíritu de Dios se movió con poder. No solo esas doce mujeres cayeron bajo el poder de Dios, sino otras que estaban allí también fueron tocadas. Faye me dijo que no me detuviera. La fuerte presencia del Espíritu de Dios se movía como una espesa nube llena de su gloria. Ministré por más de tres horas.

Cuando regresé a Weatherford recibí una llamada de Faye pidiéndome que ministrara en el próximo retiro de mujeres de su iglesia. Me habló de lo famosa que era la persona que había ministrado en el retiro anterior, y agregó: «Cindy, podríamos conseguir otra persona famosa, pero estamos hambrientos de unción de lo alto, así que nos gustaría que vinieras». Francamente, estaba anonadada.

Dios quiere ministrar a través de usted
y de mí en su poder y no en el nuestro.

Mike y yo oramos, y sentimos que esa invitación era del Señor, de modo que acepté. ¡Entonces empezó la lucha!... ¿Qué había hecho? ¡Decir que estaba luchando con la timidez sería expresar poco de lo que ocurrió toda mi vida! En momentos como esos es cuando el diablo se sienta en su hombro y le susurra con una voz que trata de intimidar: *¿Quién te crees que eres? ¡Sabes que no puedes hacer eso! ¿Crees que podrás decirles algo significativo a toda esa gente?* A decir verdad, no le resultaba muy difícil despedazarme con esas palabras porque correspondían en verdad a lo que yo creía. Gracias a Dios, cuando usted y yo nos sentimos completamente incapaces es cuando estamos listas. Dios quiere ministrar a través de usted y de mí en *su* poder y no en el *nuestro.*

El punto favorable que tenía era que ansiosamente quería obedecer a Dios. Le temía más a Él que al hombre. (¡Créanme, en aquellos días tenía sobre mí toneladas de temor al hombre!)

Luego, me sentí abrumada por un profundo sentido de inseguridad emocional. Revisé una lista de numerosas mujeres que harían un trabajo mucho mejor que yo y traté de que Dios cambiara de opinión respecto a ese compromiso que contraje. (Algunas de ustedes seguramente sonreirán porque han tenido una experiencia similar, o quizás la tienen ahora mismo.) Quizás ahora, cuando escribo esto, no insistiría en tratar de que Dios cambiara de opinión, pero en aquel entonces, seguramente habrá notado, a veces era bastante terca y cabecidura.

Mientras pasaba por ese torbellino emocional, yo le suplicaba a Dios arduamente que me diera algún material para exponer en el retiro. Faye me había pedido que tomara parte en el retiro tres veces. *¡Tres!* Me aterroricé. *¡Dios, jamás en mi vida he impartido el mismo tema más de una vez!* El pánico aumentaba a medida que le pedía al Señor que me diera algo que decir durante *todo ese tiempo.* ¡Gracias a Dios por los amigos que oraron por mí!

Salto a la oscuridad

Recuerdo que cuando era niña, a mi padre le gustaba predicar acerca de la fe, en una ocasión contó la anécdota de una niña que se encontraba frente a un pozo oscuro y desde allí salía la voz de su padre que le decía: «¡Salta, mi amor. Te recibiré en mis brazos!» La niña no podía ver a su padre, pero podía oír su voz. Y saltaba. Ese salto a la oscuridad para caer en los brazos de su padre es fe. Amigos, yo estaba saltando a la oscuridad esperando que Dios me recibiría en sus brazos.

El día en que comenzó el retiro me sentí segura del mensaje que Dios me había dado, pero no tenía idea de cuánto tiempo me tomaría enseñar la serie: «Libérate de la amargura y de juicios». Nunca olvidaré la primera sesión. Faye me presentó y pasé al frente. Afortunadamente tenían uno de esos antiguos púlpitos de madera en lugar de los modernos de fibra de vidrio. Estos últimos son inmisericordes: muestran a la persona completa, incluyendo las rodillas que le tiemblan. Uno no puede sacarse los zapatos cuando le duelen los pies sin que se entere todo el mundo.

Mis rodillas estaban temblando y por dentro oraba fervientemente: *¡Oh Dios, por favor, no dejes que se den cuenta de lo asustada que estoy! ¡Por favor, ayúdame!* Y entonces, de pronto, sentí la misma presencia del Espíritu Santo que percibí la semana del estudio bíblico. Me envolvió como un traje y las palabras sencillamente fluyeron de mi boca. ¡Qué alivio! Al final, no solo tuve suficiente material sino que sobraba.

Ese fin de semana Dios hizo toda clase de cosas. Reímos y lloramos. La gente perdonó lo imperdonable. La unción milagrosa fluía. Nunca olvidaré cuando entregué una palabra de conocimiento sanadora (una visión sobrenatural de que cierto tipo de sanidad estaba ocurriendo) respecto a que alguien tenía un callo en el pie y Dios le estaba resolviendo el problema. Lo que dije resultó gracioso porque el lugar donde se estaba efectuando el retiro se llamaba, precisamente, *Cornville*,[7] Arizona.

Una señora llamada Juana dijo, riendo: «Soy yo. Soy yo».

«Bien. Quítese el zapato y veamos lo que ha ocurrido», le dije. Se quitó el zapato y el callo saltó de su pie al piso. ¡Qué tremendo!

---

7. Nota del traductor. La palabra en inglés para callo es *corn*. Lo humorístico está en que el lugar donde se hizo el retiro se llamaba *Cornville*, nombre que jocosamente podríamos traducir como «Villa de los callos».

La gente fue liberada, sobre todo de sus amarguras. Una señora que empezó a manifestar un demonio cayó al piso. Empecé a echar los espíritus inmundos fuera. Y cuando dije «¡Rechazo!», el espíritu se manifestó. Esto hizo que ella se golpeara con violencia contra el piso, mientras una voz como un relincho, decía: «Soy el último, soy el último». ¡Qué liberación más gloriosa!

¿Qué aprendí? No sé cómo empezar a decirlo. Aprendí que si camino en obediencia, Dios se manifiesta con poder en favor mío. Aprendí que Él es más grande que mis temores, inseguridades y aquellos pensamientos que se levantan para intimidarme. Aprendí que si trabaja a través de mí, no tengo que preocuparme por las virtudes que no tengo porque Él hablará a través de mi boca, y Él no tiene inseguridades de ninguna clase ni carece de nada. Buena lección, ¿eh? En el capítulo 11, «Ungida para servir» contaré más respecto a estas y otras lecciones que he aprendido mientras ministro.

Cuando Dios abre la puerta, ¡nadie la puede cerrar!

Ese fin de semana se produjo un verdadero cambio en mi vida. Rápidamente corrió la voz de lo que ocurrió en el retiro y empezaron a llegarme invitaciones. Mi filosofía siempre ha sido que Dios marque la ruta que habré de seguir. Nunca he mandado currículos solicitando dar conferencias o grabaciones pidiendo invitaciones. El Señor ha abierto todas las puertas. Es más, ha abierto tantas que tengo que correr para mantener el paso al ritmo de Él.

Quiero equilibrar mi experiencia diciendo que conozco a algunas personas que generan todos sus ingresos a través de invitaciones para hablar. En aquellos primeros días, Mike trabajaba para American Airlines, de modo que no necesitábamos usar las ofrendas de amor para nuestros gastos. Pero la gente que vive completamente por fe debería encontrar contactos iniciales y ser cuidadosa al seleccionar los lugares donde se les invita a hablar. De otra manera, si no es la voluntad del Señor, las puertas en lugar de abrirse se cerrarán (véase Apocalipsis 3.7). Antes de 1991, pensaba que teníamos una buena medida de fe, pero ahora me doy cuenta de que mi fe estaba puesta en la chequera de Mike. Hoy, Dios es el único que guía y provee para cada detalle de nuestras vidas.

Esta fue la forma en que comencé mi ministerio, lo cual ocurrió en 1981. Mucho más se dirá y se tejerá a lo largo de las páginas de este libro. El capítulo siguiente, «Dolor secreto», es esencial para que descubra el plan y propósito de Dios para su vida. No importa a lo que Él la llama a hacer en la vida, es esencial que se esfuerce para ser una persona completa en Cristo y terminar bien la carrera. Hagamos la jornada juntos...

Dolor secreto

Los pensamientos corrían por la cabeza de la mujer. Sabía que si la sorprendían podría tener serios problemas. Se sentía débil y totalmente indigente. *No tengo nada que perder*, se dijo. Sus emociones fueron sacudidas por un sentido de aislamiento, soledad y vergüenza. La desesperación que sentía y que le era tan familiar era como una miríada de cuchillos clavándose en su alma.

Se arrodilló y así, lentamente, empezó a abrirse paso entre la multitud. De vez en cuando se detenía para tomar aliento y ver cuánto le faltaba para ejecutar su plan. Parecía un intento fallido. La multitud era tan grande y muchos, como ella, empujaban y trataban de conseguir una mejor posición para ver a este rabí extraordinario. Seguramente no se daría ni cuenta si alguien más le tocaba el borde de su túnica.

Con todo cuidado fue trazando su camino en dirección a donde Él estaba, esperanzada de que al fin lo alcanzaría. *Solo un toque... y sé que me sanará de este flujo de sangre*, se decía. Por fin, estaba tan cerca que casi podría tocar su vestido. Por un segundo, se detuvo. *¿Y si me descubren y me apedrean por hacer inmundo al rabí? ¿Cómo huiré en medio de este gentío? Demasiado tarde*, se dijo decidida y dio el salto.

¿Qué podría ocurrirme? Sus pensamientos eran un hervidero. Sintió que un calor salía de su interior. El terrible dolor desapareció y sintió una paz que nunca había sentido en su atribulada mente.

Rápidamente evaluó la situación en que se encontraba y empezó a mirar a todos lados, tratando de ver cómo se podría ocultar y escapar. En eso estaba cuando oyó una voz por encima del ruido de la multitud que la maravilló y atemorizó al mismo tiempo. «¿Quién me tocó? Sentí que salió poder de mi cuerpo». Entonces, lo supo. Era el rabino, aquel a quien llamaban Jesús. Él estaba pronunciando su nombre.

Su primer pensamiento fue correr, huir. Pero entonces recordó el sonido de su voz y sintió dentro de ella la fuerza y plenitud que ahora corría por su cuerpo que hasta hacía un momento era débil y enfermo. Con toda cautela, se apartó de la multitud y cayó arrodillada a sus pies: «Rabí, yo fui. Fui la única que tocó el borde de tu túnica».

Mientras levantaba la vista con timidez y observaba al Maestro en todo su tamaño y fuerza, fijó la mirada en sus ojos. *Qué ojos*, se maravilló ella, *¿quién podría tener miedo de alguien que tenga ojos como los suyos?* Eran tiernos y amorosos aunque también penetrantes y llenos de poder.

De alguna forma supo que podía confiar en Él. Se sentía protegida de cualquiera que quisiera hacerle daño por haberse mezclado en la multitud siendo una mujer inmunda. Con voz temblorosa, le contó su historia:

«Maestro, durante doce años he ido a todos los médicos. Tenía algún dinero y muchos amigos. Ahora lo he gastado todo y nadie quiere ayudarme, excepto tú. Tú eras mi última esperanza. No estoy muy segura de qué ha pasado conmigo, pero sé que estoy bien. ¡Oh, gracias, Maestro! ¡Muchas gracias!»

Amorosamente, el Maestro la miró a los ojos y declaró: «Hija, tu fe te ha salvado. ¡Desde hoy quedas sana y libre de tu enfermedad!»

La multitud observaba en silencio cómo la mujer se ponía de pie. ¡Estaba bien! La debilidad se había ido y el gozo inundaba su alma. Con una última mirada a Jesús, prácticamente se fue flotando a su nueva vida. (La historia se encuentra en Mateo 9.20-22.)

Dolor privado en bancos públicos

¿Se ha hecho alguna vez la pregunta: *Por qué Jesús hizo que la mujer se identificara?* No podría pensarse que un Dios amoroso tuviera la intención de humillar a una mujer quebrantada. ¿Tenía Él que preguntar: «¿Quién me tocó?» ¿No lo sabía antes de plantear la pregunta?

Tal vez le pidió que se identificara porque su enfermedad no solo la afectaba *exteriormente* sino también, y en una forma muy seria, *interiormente*. La mujer había sufrido durante doce años y estaba cansada de la vida. Con toda probabilidad, tuvo que separarse de sus seres queridos —al menos abstenerse de algún tipo de contacto con ellos—, y lo más probable es que sufriera de una profunda pobreza física y emocional. Creo que el Señor le pidió que se identificara para dar la sanidad a su persona interior y quitar de ella la vergüenza y la desgracia. Jesús, el Rabí, la declaró «limpia».

Muchos que entran a nuestras iglesias actualmente lo hacen con algún dolor secreto del cual no quieren hablar. Quizás usted sea una de esas personas. Me causa una profunda tristeza saber que a veces la gente entra a nuestras iglesias en busca de consuelo solo para irse peor que como entraron.[1]

¿Por qué la gente oculta su dolor? Una de las muchas razones puede ser porque le cuesta confiar en sus hermanos y hermanas en el Señor. Está, además, el factor vergüenza y rechazo.

Echemos una mirada a la cultura de la iglesia. Por lo general, cuando nos encontramos, lo hacemos con estas palabras: «¿Cómo estás?» Y ante tal pregunta, la respuesta casi siempre es: «Bien, gracias».

No importa cuán mal nos sintamos, la amable respuesta es: «Dios ha sido tan bueno conmigo». Con esto no estoy negando que

---

1. Nota: Estoy muy agradecida a Rich Wilkerson por su libro *Private Pain* [Dolor privado], por el concepto que usé al comienzo de este capítulo. Recomiendo con entusiasmo esa obra, publicada en 1987 por Harvest House Publishers.

Dios lo sea, ¡pero muchas veces no somos sinceros! No estamos bien. Es más, cuando respondemos eso decimos una gran mentira. Hay situaciones en nuestras vidas que nos causan profunda aflicción y que nos hacen necesitar ayuda.

A menudo, nuestro *¿Cómo estás?* no es más que superficial, y rara vez ponemos atención a la respuesta. El contacto visual es raro y más extraño es el de corazón a corazón.

Necesitamos oír no solo lo que las personas dicen con sus palabras, sino también lo que expresan con sus rostros, tratando de advertir si en sus ojos hay felicidad o tristeza y poner atención a sus expresiones. Jesús, aunque lo empujaban por todos lados, se dio cuenta de que alguien simplemente tocó su vestido por un momento. Él es nuestro ejemplo. Quiero ser como Él en cada cosa que hago y digo. Desafortunadamente, me falta mucho para eso.

*No confrontar el dolor es como una
infección que cuando no se trata puede
destruir nuestra vida.*

En contacto con los desconectados

Algunas personas están en contacto con otros y desconectados consigo mismos. Se tragan su dolor, lo niegan y lo proyectan culpando a los demás. Pero Dios no nos creó para que carguemos con esos dolores. No confrontar el dolor es como una infección que cuando no se trata puede destruir nuestra vida. Si queremos ser todo lo que Dios quiere que seamos, debemos permitir que el Espíritu Santo descubra todas las áreas afectadas dentro de nosotros y sane los corazones heridos.

La sanidad comienza con la verdad. Debemos estar dispuestos a enfrentar lo que mi mamá llamaba «nuestra bestia en la azotea». Sin embargo, nuestra azotea puede ser el piso de la realidad, y en vez de echar todo aquello que no deseamos escaleras abajo, necesitamos emprender una tarea de limpieza. Por supuesto, es mucho más fácil esconderse de la verdad. Los consejeros llaman a eso *negación*.

Una vez vi una divertida aunque muy didáctica caricatura de *Peanuts* [tira cómica llamada Carlitos en algunos países]. Lucy estaba tratando de decirle a Snoopy (que brincaba de alegría alrededor de ella) cuán terrible era el mundo.

«Snoopy», le dijo Lucy, molesta, «¿cómo puedes ser tan feliz con todas las cosas tan terribles que ocurren hoy en el mundo? Deberías estar negativo».

Snoopy le contestó con una gran sonrisa dibujada en su rostro: «Soy el rey de los negativos».

Para algunos negarse es sobrevivir, pero eso no es lo mejor ni lo supremo de Dios. La vida diaria nos enfrenta con mucho dolor y muchas ofensas. La Biblia afirma en Mateo 18.7: «¡Ay del mundo por los tropiezos! porque es necesario que vengan tropiezos». Nos guste o no, siempre estaremos enfrentados a ofensas y al dolor que causan.

En los primeros días de mi ministerio, cada palabra de crítica, por sutil que fuera, hería mi corazón hasta lo más profundo. El rechazo es una de las cosas que más tienen que enfrentar las mujeres que ministran (como le ocurre a cualquiera en el liderazgo cristiano).

Un día, una amiga me llamó para preguntarme qué estaba haciendo. «Estoy acostada», le contesté, «¡me cubrí hasta la cabeza con las sábanas y no pienso salir de aquí!» Todos tenemos días como ese. Quizás usted lo tenga hoy.

Una de las profecías más importantes que recibí fue: «Hija, te voy a dar la piel del rinoceronte y el corazón de la paloma». Tengo que reconocer que aún estoy en ese proceso. En la introducción, confesé mi renuencia a escribir este libro. Tenía que tomar en cuenta el costo porque no todos van a aceptar el mensaje que tiene para la mujer. ¡Espero que mi piel siga adquiriendo la dureza de la piel del rinoceronte!

Pecados secretos producen vidas insatisfechas

Mucha gente tiene tanto dolor secreto almacenado dentro de sí que cuando se desborda hiere a los que están alrededor suyo. Un día le pregunté a una consejera amiga por qué una persona que conocíamos ambas actuaba de cierta manera. Su respuesta fue: «Cindy, esa persona está tan llena de ira que es como una gran esponja totalmente saturada que salpica a todos los que están cerca».

¡Lo importante es que *usted* no sea quien salpica! Una de mis oraciones favoritas es: «Señor, líbrame de pecados secretos y ocultos» (véase el Salmo 19.12).

Un pastor amigo sufrió grandemente al romper su amistad con un líder importante y respetado que fue su guía. Hizo todo lo posible para lograr una reconciliación, pero a medida que hablaban, se dio cuenta de que una verdadera fortaleza llena de ofensas se había levantado en su mente debido a que fue rechazado. Hicimos un pacto para orar y pedirle a Dios que restaurara no solo esa relación, sino otras que también tenía rotas. Una por una vimos cómo Dios respondía nuestras oraciones junto a otras personas. Al fin, Dios restableció milagrosamente la amistad que le causó tanto dolor.

Mientras lee el caso de este pastor, quizás piense en aquellos con quienes tiene una brecha. Puede ser con su madre, un hijo o un amigo. Esto causa un profundo dolor en su vida. ¡Crea que Dios puede sanar esa situación! No deje de creer, porque para Dios *nada* es imposible.

Si siente que estas palabras están dirigidas a usted, ¿querría dejar de leer ahora mismo y hacer una lista de aquellas personas con las cuales necesita reconciliarse? Es posible que desee hacer la siguiente oración:

Señor, supongo que he creído que hay algo que tú no puedes hacer. He dejado de hacer mi parte para superar esta situación, de modo que ahora mismo voy a creer que para ti no hay nada imposible o demasiado difícil. Por favor, restaura mi relación con _____ de manera que podamos reanudar nuestra amistad.

Pensé esperar hacer esto cuando terminara el capítulo, pero no quisiera que sufriera un minuto más. Oro para que ahora se sienta mucho mejor.

¿Cómo puede un Dios de amor tener tantos hijos malos?

Hace años empecé a tratar de resolver mis dolores secretos. Muchos de ellos resultaron de mi condición de hija de pastor. Es más, cuando tenía dieciocho años de edad, no podía soportar a ciertas personas de la iglesia. Los vi tener actitudes poco gratas con mis padres, y a veces abiertamente hostiles. Un día, llegué a la conclusión de que amaba a Dios, pero no podía decir que amara a sus hijos.

Recuerdo que un día que me encontraba con mi madre, vino una señora a criticar a mi papá. Yo era una pequeña llama de fuego de dieciséis años que a veces no sabía cómo ser amable. Mi mamá me mantuvo tras ella, probablemente tratando de evitar que me abalanzara sobre la señora. Mientras pensaba: *¡Mamá, si te mueves un poquito hacia la derecha, le voy a demostrar la fuerza de mi puño!*

Pacientemente, mi mamá escuchó todo lo que la señora «lengua larga» tenía que decir y luego, con una mirada pacífica en su rostro, le susurró: «¡Me da mucha pena que se sienta así porque nosotros *la queremos mucho!*» Toda la rabia que sentía se me fue cuando oí a mi mamá mostrando el amor de Cristo a esa persona tan antipática. Me quedé estupefacta.

Aunque venía del espíritu opositor, la situación fue revertida. Mi mamá, en vez de ser derrotada, salió victoriosa. Su triunfo lo logró por la forma en que tomó el ataque y gracias a su madurez en Cristo.

Nosotros podemos hacer lo mismo. La Escritura nos dice que bendigamos a los que nos maldicen y hagamos bien a los que nos aborrecen (véase Mateo 5.44). Si lo hacemos así, recibiremos una bendición de lo alto: «Bienaventurados sois cuando por mi causa os vituperen y os persigan, y digan toda clase de mal contra vosotros, mintiendo» (Mateo 5.11). Nótese que la Escritura no dice *si por mi causa*, sino que dice *cuando por mi causa*. Una vez que estaba muy triste por una acusación falsa que lanzaron contra mí, mi esposo, Mike, me dijo con sabiduría: «Cindy, Jesús fue perfecto y lo acusaron falsamente». Esto nos lleva a un principio importante:

> Tú nunca será tan perfecta como para evitar ser mal interpretada.

A veces cuando escucho lo que mis acusadores afirman de mí, sonrío y digo: «¡No puedo entender por qué dicen esas cosas de mí cuando soy tan simpática!» (Bueno, a veces.) Con toda sinceridad, muchos malos entendidos se superan cuando uno se reúne con la persona con la que tiene problemas y se sienta a conversar.

Perdón: El antídoto contra las acusaciones falsas

Permítame tomar unos momentos para referirme al asunto de las acusaciones falsas en una parte de dolor secreto que con frecuencia es llevada a la arena pública. Muchas veces las acusaciones se mezclan con chismes, y crecen y se multiplican alarmantemente. Por ejemplo, una vez me extrajeron un pequeño lunar y la gente llamaba a mi oficina para saber si tenía cáncer. ¿Por qué será que estamos siempre tan listos para imaginarnos lo peor de los demás?

¿Será que hemos estado escuchando al acusador de los hermanos? Las obras del diablo tratan día y noche de matar nuestra fe, robarnos el gozo y destruir nuestra reputación. Deberíamos ser sabios al no escucharlo. A los pastores se los acusa de manipulación y de querer controlar todo porque tratan de corregir situaciones pecaminosas en sus iglesias. A muchas mujeres que son grandes líderes se las acusa de ser Jezabeles (mujeres que controlan, manipulan y actúan como Jezabel lo hizo según 1 Reyes 16 y 2 Reyes 9 en la Biblia. Si se siente mejor, le diré que he sido acusada de ser como ella). Sin embargo, las acusaciones no son de un género específico. En uno u otro momento, todos los creyentes tendremos que aprender cómo confrontarlos.

¿Qué debería hacer cuando la acusen? Primero, debe tratar con el malestar emocional. (La magnitud del dolor dependerá de cuánto haya desarrollado la piel de rinoceronte en su vida.) Mi amigo Peter Wagner, precursor en crecimiento de la iglesia, la guerra espiritual y la oración, recibe disparos con frecuencia. Cuando sabe de una nueva crítica escrita contra él, sonríe y dice: «¿Habrán escrito mi nombre correctamente?» En realidad, lo admiro. No siempre reacciono tan bien. A veces mi primera reacción es querer golpear al que me critica (algo realmente divertido para una persona de mi tamaño, un poco más alta que un metro y medio), o exigir una disculpa inmediata.

Pero lo que Jesús estableció es el perdón, y eso es lo que debemos practicar. Después que pasemos a través de la rabia y el dolor (o una mezcla de ambos) y perdonemos, necesitamos orar por sabiduría.

Aunque nuestra primera inclinación sea la confrontación, ese no siempre puede ser el plan mejor. John Maxwell, de *Injoy Ministries* es uno de los primeros expertos en liderazgo que dijo en un seminario respecto a romper la barrera de los doscientos en Fuller:

Usted puede echarle agua o gasolina al fuego.

Si no tiene cuidado, podrá empeorar más la situación. (Esto es difícil creerlo en el momento en que se produce.)

Si el Señor le dice que enfrente la situación, siga el patrón bíblico sugerido en Mateo 18.15-17:

1. Muéstrele a la persona su falta. Asegúrese de que eso ocurra solo entre usted y el ofensor. Si la persona está dispuesta a oírla, habrá ganado a su hermano o hermana (véase v. 15).
2. Si él o ella no la quiere escuchar, tome uno o dos testigos y confróntele (véase v. 16).
3. Si aún se rehúsa, dígaselo a la iglesia (véase v. 17).

La gravedad de algunas situaciones es tal que si está casada, es mejor hacer las gestiones como pareja. Tal cosa se recomienda cuando la acusación es ante una congregación. Es posible que también quiera que la acompañe alguien que tenga cierto liderazgo espiritual.

Recuerde, Jesús actuó como un cordero llevado al matadero por sus acusadores. Aunque han escrito contra mí y calumniado en la radio, muy pocas veces les respondo a mis acusadores. Un día, mi hija adolescente me preguntó: «Mami, ¿quién es (tal o cual persona), y por qué no te quiere?» Esa fue una oportunidad perfecta para practicar el perdón de Cristo ante mi hija. Me dolió más que ella oyera la acusación y sufriera que simplemente se hubiera hablado contra mí a través de las ondas radiales.

Debo agregar que en clara violación del pasaje de Mateo 18 ninguna de esas personas vino a hablar conmigo antes de atentar públicamente contra mi nombre. Pero aun así estaba en capacidad de mostrarle a mi hija cómo debían tratarse las cosas y explicarle que sufrir acusaciones puede ser una experiencia útil para crecer. A través del sufrimiento aprendemos a ser más compasivos y sensibles hacia los demás. La forma en que lidiamos con la situación puede resultar en un peso de gloria (véase 2 Corintios 4.17) o destruirnos. Tengo un refrán favorito para asuntos como estos:

Satanás trata de quebrantarme con esto, pero prefiero que me quebrante más ante el Señor.

Purifica mi corazón, Señor

Si quiere ser un vaso puro y quebrantado para que el Maestro la use, debería pedirle al Señor en su tiempo de oración íntima que saque a la luz sus pecados secretos, su ira, sus heridas y las ofensas. Deje que la oración de David en el Salmo 51 sea su modelo. (A veces me autoconvenzo de que algo realmente no me afecta, pero luego hago algún tipo de comentario mordaz sobre eso y tengo que reconocer que no traté el problema con la profundidad que requería.) Cuidado: No ore en este sentido si realmente no está segura de lo que hace, porque Él hará lo que pida. Y a veces en los lugares más concurridos.

Por ejemplo, en la década de los ochenta predicaba un domingo por la noche en una iglesia bastante grande. Antes de ese servicio tuve que hablar en un retiro de mujeres de esta iglesia y Dios me reveló una herida profunda en mi corazón respecto a la ciudad donde la congregación estaba localizada. Mi papá había comenzado una iglesia allí y fue un trabajo duro, muy duro. ¿Recuerda la historia de la señora lengua larga? Fue precisamente en esa ciudad. Es sorprendente, pero había guardado mi profunda pena en un gran clóset mental. Supongo que si Snoopy era el rey de los negativos, yo era la reina.

Inmediatamente después de haber sido presentada, el Señor me habló a mi corazón: *Cindy, no puedes pararte a predicarle a esta gente. Tu corazón no está en condiciones de hacerlo. Tú odias esta ciudad y la denominación de la cual tu padre fue parte aquí.*

«Odiar» es una palabra fuerte, pero es cierto. Me enfureció el maltrato del que fue víctima mi papá, el que nuestra familia tuvo que soportar. Por supuesto, una niña cristiana que pretendiera ser buena no podía albergar odio ni rabia, de modo que me mantenía a buena distancia de ellos.

¿Por qué tenía tanto enojo? Amablemente, el Señor susurró en mi espíritu: *Cindy, crees que ellos son los culpables de la muerte de tu papá.* Aquello me golpeó como una tonelada de ladrillos. Pero era verdad.

Una breve historia familiar ayudará a entender lo profundo de mis emociones. Como dije antes, mi papá fue un pastor que iniciaba iglesias. Por algún tiempo deseó ser misionero y que la junta de misiones lo sostuviera económicamente. Años antes, la junta nos ayudó con veinticinco dólares semanales, y luego él les presentó una solicitud para un salario regular.

Cuando mi papá se reunió en la sede denominacional con las personas a cargo de misiones se le hizo la siguiente proposición: «Alberto, ¿qué le parece limpiar los edificios mientras procesamos su solicitud? Necesitamos una persona que haga este trabajo y usted necesita proveer para su familia».

Mi papá era un hombre humilde. Aunque tenía una excelente educación y era graduado de un seminario, sintió que para él no era indigno transformarse en un empleado de mantenimiento. Así, noche tras noche limpiaba los edificios de la sede de la denominación. A veces yo iba con él a ayudarlo. Nunca lo escuché pronunciar una sola queja de que el trabajo fuera muy bajo para él.

Después de un tiempo sustancial, mi papá volvió a la junta de misiones para saber qué había pasado con su solicitud para ser misionero. Aunque numerosas iglesias daban excelentes referencias, su solicitud fue rechazada debido a que una iglesia dio un informe negativo.

Para que usted tenga una idea, esa iglesia echó a todos los pastores que había tenido antes de mi padre. Incluso, el pastor anterior a mi padre salió a media noche, dejando solo una carta de renuncia en el púlpito. Aun cuando era un lugar difícil, mi padre resistió. La iglesia había crecido e incluso agregó una casa pastoral. Y ahora, esa misma iglesia por la que luchó tanto para construir y preservar le pagaba con este golpe final a su carrera pastoral.

Desde aquel día, mi padre no fue el mismo. Nunca volvió a ejercer el pastorado. Aun cuando Dios lo usaba poderosamente con jóvenes estudiantes de secundaria que tenían defectos físicos, nunca se recuperó por completo de ese golpe. Finalmente, murió a los cuarenta y nueve años, un mes antes de cumplir los cincuenta. Era demasiado joven para morir. Estaba segura de que su muerte la provocó el dolor y la angustia.

Cuando finalmente enfrenté estos sentimientos, sentí como un volcán de emociones dentro de mí. Temblando, le expliqué a la congregación lo que me estaba pasando. Les conté la historia y pedí a los ancianos de la iglesia que vinieran al frente y oraran por mí. Gracias a Dios por hermanos tan dedicados en los cuales se puede confiar y lo sensible de sus corazones. Me arrodillé y rápidamente vinieron e impusieron sus manos sobre mí.

De mi boca fluyó una confesión. Santiago 5.16 dice: «Confesaos vuestras ofensas unos a otros, y orad unos por otros para que seáis sanados». Necesitaba ser sanada porque estaba llena de un dolor profundo. La razón por la cual la Escritura nos instruye a confesar los pecados es porque la confesión es parte del proceso de sanidad. Dije algo tan feo como esto: «Dios, he odiado a esa denominación y a sus líderes. ¡No pudieron haber matado a mi papá en una forma más dolorosa aunque hubieran usado una pistola para dispararle en la cabeza!»

No podía creer lo que estaba oyendo que decía. La confesión siguió más o menos así: «Y Dios, odio a esta ciudad por lo que le hizo a mi familia. Fue el lugar más duro para comenzar una iglesia. Sufrimos demasiado, Dios. La iglesia, sea que no haya querido o no haya podido pagarnos lo suficiente para proveer para las necesidades básicas de la vida, nos hirió».

Recordé que una vez que fui a la tienda de comestibles con mi mamá le pedí que me comprara unas galletas. Mi mamá se puso a llorar porque solo tenía diez dólares para comprar los alimentos esenciales para la semana y, por lo tanto, no había dinero para galletas. Me afligía al traer a la memoria imágenes de mamá y papá usando ropa vieja desechada hacía años. (Los pastores y sus familias a menudo sufren profundamente mientras se sacrifican para comenzar nuevas iglesias.)

Después de desahogarme, me sentí como un reloj cuya cuerda está demasiado tensa y de pronto se suelta. Durante esos momentos pude incluso ver a mi hermano y a mi hermana sufriendo por lo que pasábamos. Gracias a Dios que Él restaura: Hoy (cuando escribo estas líneas) mi hermano enseña inglés en China y mi hermana tiene un grado en consejería. Dios es un Dios que redime.

Por fin, una gloriosa sensación de paz y gozo llenó mi corazón mientras mis hermanos oraban para que alcanzara la sanidad. En ese tiempo estaba comenzando mi ministerio, pero estoy segura que como resultado a mi disposición de ser receptiva y sincera, Dios honró lo que sucedió aquel día. Desde entonces, Él abre puertas para mí en todo el mundo. Mi padre nunca hubiera podido llegar a ser misionero en esta tierra, pero yo sí. Y creo en una doble porción de unción para estremecer a las naciones de la tierra.

Quizás usted sea pastora o hija de ministro y se siente identificada con esta historia. Muchas veces cuando la cuento, hijos de líderes vienen a refugiarse a mis brazos, llorando. Un pastor en México me habló de los huecos en la suela de sus zapatos y cómo no había dinero para arreglarlos.

Pero aunque usted no tenga un ministerio a tiempo completo, quizás igualmente haya sido herido tan profundamente por alguien de modo que nunca volvió a ser el mismo. Para usted escribo este capítulo. No quiero que sufra, pero sobre todo, su Padre celestial no quiere que siga cargando con ese dolor secreto en su corazón. Mi amigo Edgardo Silvoso dice que las personas naufragan en ciertos aspectos y ocasiones en sus vidas y nunca vuelven a ser las mismas. Eso impide su crecimiento espiritual. La primera carta a Timoteo 1.19 lo dice de esta manera:

> Manteniendo la fe y buena conciencia, desechando la cual naufragaron en cuanto a la fe algunos.

Cómo recuperarse del naufragio

En innumerables ocasiones he visto naufragios en las otras personas, aparte de los míos. He visto personas con el don de dar que han sido heridas cuando han dado grandes sumas de dinero a un ministro y estas fueron mal usadas sabiéndose más tarde que las personas encargadas de administrarlo no eran honestas ni dignas de confianza. Personas heridas y dañadas en el área de su mayor potencial. He visto pastores que fueron tan heridos que dejaron sus ministerios y nunca volvieron a usar sus dones pastorales. Ahora son personas amargadas con el ministerio, y a menos que sean sanadas, sus proyectos pastorales los corroerá el mar de la amargura donde naufragaron. Quizás usted que está leyendo sea una de esas personas. Si tal es el caso, a continuación le presento algunas sugerencias para que reciba sanidad:

1. Ore, pidiendo que el Espíritu Santo le revele cualquier área donde guarda algún dolor secreto.

2. Prepare una lista de personas y circunstancias en las que ha sido herido, maltratado u ofendido.

3. Pida a Dios que le dé una o más personas que puedan orar con usted mientras confiesa sus faltas. (Por supuesto, puede orar privadamente, perdonar y pedir el perdón de Dios, pero Santiago 5.16 se refiere directamente a confesar nuestras faltas unos a otros.)

4. Mientras más vulnerable y veraz esté dispuesta a ser en cuanto a la situación y a su nivel de dolor, más a fondo será la sanidad que reciba. (Sugerencia útil: Aprovisiónese de una buena cantidad de pañuelos desechables porque seguramente los necesitará.)

Hace algunos años me diagnosticaron un tumor del tamaño de una naranja detrás del ovario. Después que el médico revisó el sonograma, me dijo que había que operar para extraerlo. Le pregunté si podríamos esperar diez días para que mi esposo y yo oráramos pidiendo sanidad. Con escepticismo me dijo que no habría inconveniente en esperar ese tiempo.

Empecé a buscar con fervor sanidad de parte del Señor. Luego, un día recibí una llamada telefónica de un intercesor en California que me dijo: «Busca la raíz, arráncala y sanarás». Empecé a pensar en eso. Al principio no tuve revelación acerca de qué me habría herido tanto como para hacer que dentro de mi cuerpo creciera esa gran masa.

De repente, en un destello de inspiración, supe qué fue. Fui profundamente herida por un pastor que no creía que las mujeres deberían participar en el ministerio. ¡El rechazo hirió mi femineidad! (También he encontrado en que casos similares han dado origen a masas en los senos. Es más, la ciencia médica está ahora realizando descubrimientos similares. Las mujeres que han vivido con un padre o un esposo intransigente a menudo tienen problemas con tumores fibrosos u otras enfermedades propias de la mujer.)

Empecé a buscar en las Escrituras pasajes relacionados con sanidad. Cuando leí Santiago 3.16: «Porque donde hay celos y contiendas, allí hay perturbación y toda obra perversa», supe que había encontrado la clave para mi sanidad. Ya habíamos orado y fui ungida con aceite, pero aun no había hecho esto: Confesar mi dolor, mi rabia y mi incapacidad para perdonar a ese pastor o a cualquier otro.

Mike y yo invitamos a una pareja a la que nos sentíamos muy cercanos. Me arrodillé y confesé mi dolor en detalle. Cuando decidí hacer esa confesión, no había logrado perdonar realmente a ese pastor aunque lo intenté. Empecé a llorar, mi llanto era tan copioso que la alfombra se mojó. Cuando terminé, me volvieron a ungir con aceite y le pidieron a Dios que me sanara.

Después de la oración, todavía tenía el dolor en mi cuerpo (quiero decir, el tumor presionando mi espina dorsal), pero sentí que algo diferente había dentro de mí. Supe que fui sanada. Cuando volví al médico, no lo podía creer. ¡El tumor había desaparecido por completo! No solo eso, tuve la bendición de testificarle a mi médico (originario de India) de los milagros que Dios puede hacer.

Hay serias consecuencias cuando no perdonamos a otros y recibimos liberación del dolor y la amargura provocados por esa situación. Me gusta la ilustración que Ed Silvoso, precursor de la oración para evangelizar, da sobre el perdón:

> Suponga que un evangelista visita su iglesia y le pide prestado su automóvil. El hombre es un ex drogadicto que aparentemente es usado por Dios en una forma admirable. Más tarde, usted descubre que el hombre manejó hasta el aeropuerto, vendió su automóvil y se fue a Suramérica.
>
> Es probable que se enfurezca y se sienta traicionado por el evangelista. «¡Me usó!» probablemente explote usted. «¡Era un ministro del evangelio!»
>
> ¿Quién debe tomar la iniciativa de perdonar? ¿El ladrón? No, el que fue víctima del ladrón. Hay una profunda vulnerabilidad hacia la amargura que él tiene que vencer.

¿Es el ladrón el que tiene que derrotar la amargura? No. Él está en Suramérica, insensible al dolor que usted está experimentando.

Esto me trae a la memoria la historia de Mateo 18.31-35:

Viendo sus consiervos lo que pasaba, se entristecieron mucho, y fueron y le dijeron a su señor todo lo que había pasado. Entonces, llamándole su señor, le dijo: Siervo malvado, toda aquella deuda te perdoné, porque me rogaste. ¿No debías tú también tener misericordia de tu consiervo, como yo tuve misericordia de ti? Entonces su señor, enojado, le entregó a los verdugos, hasta que pagase todo lo que le debía. Así también mi Padre celestial hará con vosotros si no perdonáis de todo corazón cada uno a su hermano sus ofensas.

Quin Sherrer y Ruthanne Garlock (dos de mis compañeras de oración por años) tienen algunas buenas observaciones sobre la necesidad de perdonar:

Perdonar mediante Cristo es la piedra angular de nuestra reconciliación y relación con Dios. Consciente de esto, Satanás ataca nuestra capacidad de dar y recibir perdón. Él trata de hacernos consentir nuestros dolores y mantenernos en nuestra amargura diciéndonos una vez tras otra: «¡La persona que te hizo eso no merece que la perdones!»

Solo el sacrificio de Cristo tiene el poder de liberarnos del pecado y sus ataduras. Pero en su parábola del siervo malvado Jesús puso una condición para esa libertad. Aquí, el rey representa a Dios y sus siervos a nosotros, sus hijos.[2]

2. Quin Sherrer y Ruthanne Garlock, *A Woman's Guide to Breaking Bondages*

Situamos el perdón en su perspectiva correcta cuando nos damos cuenta de que ninguna injusticia sufrida por otra persona es pequeña comparada con nuestro propio pecado contra Dios.[3]

Algunos pecados secretos solo se pueden perdonar mediante la gracia del Calvario. Una de las historias más poderosas que he oído sobre el perdón tiene que ver con la vida de la gran líder holandesa, Corrie ten Boom. Para aquellos que no estén familiarizados con su historia, la señorita ten Boom y su familia dieron refugio a judíos durante la Segunda Guerra Mundial, por lo cual pagaron un precio muy alto. Casi toda su familia murió en los campos de concentración, incluyendo a su hermana preferida, Betsie. La historia siguiente es su relato personal de un tiempo cuando años más tarde Corrie se encontró frente a frente con un carcelero del campo de concentración en el que murió su hermana:

Fue en un culto, en una iglesia en Munich, donde vi al ex soldado nazi que montaba guardia en el cuarto de las duchas en el centro de procesamiento en Ravensbruck. Era el primero de nuestros carceleros que veía desde entonces. De repente, todo estaba allí: el cuarto lleno de hombres que se mofaban, los montones de ropa, y el rostro blanco de dolor de Betsie.

Cuando la iglesia empezaba a vaciarse, se acercó a mí sonriendo e inclinándose. «Cuán agradecido estoy por su mensaje, *fraulein* [señorita], me dijo. «A decir verdad, como usted dice, Él lavó mis pecados».

Quiso darme la mano, pero yo, que le predicaba

[Guía para que la mujer rompa las ataduras], Vine Books-Servant Publications, Ann Harbor, MI, 1994, p. 181.

3. Quin Sherrer y Ruthanne Garlock, *A Woman's Guide to Spiritual Warfare* [Guía para la mujer y la guerra espiritual], Vine Books-Servant Publications, Ann Harbor, MI, 1991, p. 125.

frecuentemente a la gente en Bloemendaal la necesidad de perdonar, mantuve la mía pegada con firmeza a mi costado.

Aun con rabia, los pensamientos de venganza hervían dentro de mí, y vi el pecado de ellos. Jesús había muerto por este hombre, ¿iba yo a pedir más? «Señor Jesús», oré, «perdóname y ayúdame a perdonarlo».

Traté de sonreír. Luchaba por extender mi mano. No podía. No sentía nada, ni la más leve chispa de aprecio o cariño. De nuevo, oré en silencio: «Jesús, no puedo perdonarlo. Perdóname tú a mí».

Le di la mano, y en ese momento ocurrió lo más increíble. Bajando desde mi hombro, pasando por el brazo y terminando en la mano descendió algo así como una corriente mientras en mi corazón brotaba un amor por este extraño que casi me inundó.

De esta manera descubrí que no es sobre nuestro perdón ni sobre nuestra bondad que gira la sanidad del mundo; sino sobre Él. Cuando nos dice que amemos a nuestros enemigos, Él da, junto con la orden, el amor mismo.[4]

Quizás su propia familia la hirió. Muchas personas tienen que perdonar a sus padres, e incluso a sus hijos.

Recuerdo cuando mis hijos eran aún unos bebés y lo que me costaba perdonarlos. A Mary (Madison como prefiere que le digan actualmente), le costaba dormir por las noches y casi siempre me sentía cansada. Luego, cuando nació Daniel, los doctores pensaron que el niño nunca podría caminar debido a que no tenía fuerza en los músculos de su pierna izquierda. Pasaba horas remojándole su pequeña bota de yeso mientras lloraba y lloraba. Aun cuando mi razonamiento me decía que no era problema de Madison y Daniel

---

4. Corrie ten Boom, *The Hidden Place* [El lugar oculto], Fleming H. Revel, Grand Rapids, 1996, p. 238.

sino que era la situación que me frustraba, las cositas que hacían me ponía tan nerviosa que no sabía qué hacer.

El Señor me mostró que tenía que perdonar a mis hijos. Al principio eso me parecía una tontería, tener que perdonar a un bebé y a una pequeña criatura por cosas que no eran faltas intencionales, pero hice lo que me dijo. Le pedí a Dios que trajera a mi mente una por una las situaciones desde su infancia hasta ese momento en que me resentí por lo que hacían. Y una por una las fui perdonando. Cuando terminé, sentí tanta limpieza dentro de mí, que me sentí libre de mis frustraciones pasadas y capaz de ser una mamá más paciente y amorosa.

Una de las cosas más difíciles es amar a un hijo rebelde, sea infante o adolescente. Mi hija siempre fue líder, y eso ha probado mi propio liderazgo al máximo. Recuerdo que cuando Madison tenía tres años, fuimos a un estudio bíblico en una iglesia bastante grande. Por unos segundos dejé de tener mis ojos sobre ella cuando de pronto oí una voz estridente y chillona que salía de la librería de la iglesia, y decía, casi con desesperación: «¿De quién es esta niña?»

Para mi total horror, me di cuenta de que mi dulce hijita volcó un exhibidor de minilibros y lo hizo tan rápido que volaron por toda la tienda. Estaba absolutamente avergonzada. Estuve tentada a mirar hacia otro lado y decir: «¿Niña? ¿Cuál niña? ¿Llegué aquí yo con una niña de tres años, rubia que se parece a la que derribó el exhibidor? ¡Que yo recuerde, no!»

En su libro *How to Forgive Yours Children* [Cómo perdonar a sus hijos], Sherrer y Garlock cuentan la historia de cómo Audrey perdonó el dolor que le provocó Vic, su hijo pródigo:

> Pocos días antes de cumplir sus dieciocho años, Víctor se iba a graduar de secundaria. Pero supo que reprobó su curso de inglés avanzado y que no podría ir con sus compañeros a la plataforma para recibir su diploma. Tres días más tarde, Audrey encontró una nota en el parabrisas de su camionetica amarilla, en la que se leía: *Madre, papá... Debo irme. No se preocupen, Vic.*

Audrey quedó estupefacta. «Nunca me ha dado ningún problema», me dijo. «Tenía tantas esperanzas de que le sirviera al Señor con todo su corazón en cualquier carrera que escogiera. Tengo otro hijo que es retardado, un marido terriblemente difícil y ahora un hijo perdido. Tuve que pedirle ayuda al Señor».

Audrey buscó frenéticamente a Víctor hasta que por fin localizó a uno de sus amigos íntimos. «Si sabes algo de Vic, por favor, llámame a casa», le suplicó.

Esa noche sonó el teléfono. Una débil voz al otro lado de la línea musitó un breve mensaje: «¡Mamá, estoy bien!» Y colgó, dejándola sin ninguna posibilidad de rastrear la llamada para saber dónde estaba su hijo.

«Tenía solo una opción y lo sabía», me dijo Audrey al recordar la experiencia. «Si quería sobrevivir emocionalmente, tenía que perdonar a Vic por el disgusto que sentí porque no se graduó y porque se fue de la casa sin decir adiós. También tenía que dejar de lado mi orgullo, mi dolor y finalmente mi ira. Me sentí torturada por lo que hizo y preocupada por no saber dónde se encontraba. Así que tomé la decisión: Lo perdoné, liberando todos mis sentimientos acumulados y lo encomendé de nuevo al cuidado de Dios».[5]

A pesar del cambio de perspectiva de Audrey, el pródigo no volvió a casa de inmediato. Es más, tuvieron que pasar tres largos meses antes que regresara. Dios guió a Audrey a un amigo de Vic porque ella sintió en su corazón que estaba en esa misma área. Cuando al fin lo vio, su hijo estaba delgado, viviendo en un sector malo de la ciudad y usando ropa raída.

---

5. Quin Sherrer y Ruthanne Garlock, *How to Forgive Your Children* [Cómo perdonar a sus hijos], Aglow Publications, Lynnwood, WA, 1989, pp. 66-67.

Las primeras palabras para su hijo fueron, simplemente: «Hola, Vic».

Él le contestó: «Hola, mamá. Te extrañé» —eso fue música a los oídos de Audrey.

A veces la restauración es un proceso lento y no se consume con la rapidez de un horno electrónico como quisiéramos. Para los que se encuentran en medio de este proceso, les recomiendo el excelente libro de Marcia Mitchell, *Surviving the Prodigal Years* [Cómo sobrevivir a los años derrochados], de Emerald Books.

También puede ser de ayuda para perdonar y recibir sanidad del dolor subsecuente estudiar algunos de los libros escritos por Quin Sherrer y Ruthanne Garlock. Son excelentes y profundizan bastante en el área del perdón. (Véanse las obras recomendadas al final de este libro.)

Este capítulo ha sido extremadamente difícil porque una mujer nunca alcanzará su potencial más alto, en el hogar o en la iglesia, si no es una persona completa en cada aspecto de su vida.

Estoy segura de que le gustará leer el capítulo siguiente. Parte de nuestra restauración como personas viene a través de las amistades que cada día Dios pone en nuestras vidas.

Querido Dios,
necesito un amigo

Mi esposo Mike solía jugar básquetbol los domingos por la tarde en el pequeño parque cerca de nuestra casa en Weatherford. Le gustaba tratar de conservar la bola debajo del aro hasta que se la quitaban. (La verdad es que Mike es un buen atleta. Pero le encanta engañar a algún compañero ingenuo y algo torpe que no tenga mucha práctica dentro del rectángulo, como cuando la araña le dice a la mosca: «Ven. No tengas miedo que no te va a pasar nada».

Básicamente jugaba con el mismo grupo por cerca de seis semanas. Y fui a verlo jugar, como su mejor animadora, en una sola ocasión. Un día que mi sudoroso, maloliente, pero feliz marido llegó a casa después de su juego habitual de básquetbol, le pregunté: «¿Cómo se llaman esos muchachos con los que juegas básquetbol?»

Me miró pálido de sorpresa. «¡Cómo se llaman!... bueno», tartamudeó, «la verdad es que no sé el nombre de ninguno!»

Para mi estructura mental femenina aquello era insólito. ¿No sabía cómo se llamaban aquellas personas con las cuales venía jugando desde hacía seis semanas? ¡Increíble! ¡Sencillamente mi mente no lo aceptaba!

Quizás entendí mal, que *no sabía nada* acerca de ellos. Así que insistí: «¿Son casados? ¿Tienen hijos?»

La expresión del rostro de Mike era la misma. Así que tuve que aceptar que no sabía absolutamente nada de sus vidas.

La brecha entre los géneros

¿Ha visto a los hombres jugar básquetbol? El contacto físico es constante. Después de un buen tiro se dan golpes afectuosos en la parte baja de la espalda o expresan la satisfacción en una forma que las mujeres *jamás* harían. (Está bien, es posible que algunas mujeres que juegan en equipos universitarios lo lleguen a hacer, pero sin duda será después que se conozcan muy bien.) Yo tendría que conocer a una persona realmente bien para tener esos contactos físicos, e incluso así, creo que no lo haría.

Por otro lado, ¿se ha fijado cómo hacen las mujeres cuando se reúnen por primera vez? Su meta es establecer una relación firme cuanto antes y para eso se dedican a reunir información. De modo que cuando dos mujeres llegan a ser amigas, saben prácticamente todo la una de la otra, todo, excepto quizá el número de su tarjeta de seguridad social. En el capítulo «Género a género» entraré en más detalles respecto a las diferencias entre hombres y mujeres. Pero por ahora, es suficiente con decir que la forma en que la mayoría de los hombres y las mujeres cultivan la amistad es bastante diferente.

El amigo en el cual puede confiar

Quizás sienta que el título de este capítulo, «Querido Dios, necesito un amigo» resuena en su corazón. Para muchas de nosotras es así. Y por eso es que hablaré en cuanto a dejar que Dios sea su mejor amigo. Él, a través de su Hijo, Jesús, quiere ser el primero en nuestras vidas en orden de prioridad. Él es un amigo que nunca le fallará. Más aún, es un «amigo más unido que un hermano» (Proverbios 18.24).

Los atributos de Dios están absolutamente más allá que los de su mejor amigo. Consideremos juntas algunos de ellos. Él, es o está...

1. Siempre disponible. (Su línea jamás está ocupada o desconectada.)
2. Nunca murmura de nosotros o nos trata injustamente.
3. Es incondicional en su forma de amarnos.
4. Es generoso en cada cosa.
5. Es quien nos escucha con mayor atención.
6. Es el mejor consejero, siempre con consejos imparciales.
7. No es interesado ni egoísta.

¡Casi nada! ¿Verdad? Al repasar la lista, siento que en lo que a mí respecta, tengo un largo camino que recorrer antes de llegar a ser una buena amiga.

Pero la Biblia nos dice que Moisés fue amigo de Dios y que «hablaba Jehová a Moisés cara a cara, como habla cualquiera a su compañero» (Éxodo 33.11). ¡Imagínese tener esa clase de relación con Él!

Quizás Moisés pudo hablar cara a cara con Dios porque no tenía nada de qué avergonzarse. Tiene que haber andado delante de Dios con lo que las Escrituras llaman «el temor del Señor».

¿Qué es el temor del Señor y cómo puede una desarrollarlo? Digo «desarrollar» porque ciertamente no es algo que produzca sola nuestra naturaleza carnal. Joy Dawson, una maestra de Biblia internacional, autora e intercesora, es una de las personas que más influyó en mi vida en cuanto a aprender lo que es el temor del Señor.

El amigo sabio odia el mal

Joy Dawson me enseñó que una de las consecuencias de andar en el temor del Señor es la «sabiduría». Quiero ser sabia para ayudar a mi familia y a mis amigos, y «el principio de la sabiduría es el temor del Señor» (Proverbios 9.10). Empezamos a desarrollar sabiduría cuando nos damos cuenta de cuán poco seria es nuestra actitud hacia el pecado y hasta qué punto nuestra cultura ha contaminado nuestra manera de pensar respecto de lo bueno y lo malo. No podemos ser amigos de

Dios cuando no tenemos claro lo que le agrada y le desagrada en su santidad, porque el pecado es lo que nos separa de Dios.

En su libro *Amistad íntima con Dios*, Joy Dawson nos da cuatro distintos niveles de actitudes hacia el pecado:

Nivel uno: La persona que no peca debido a que las consecuencias son grandes. Esta persona siente lujuria en su corazón pero no llega a cometer adulterio o fornicación con su cuerpo porque las consecuencias son demasiado grandes. O puede odiar y desear que la persona motivo de su odio se muera, pero no la mata por temor a las consecuencias. Obviamente, no hay odio al mal y, por lo tanto, tampoco hay temor del Señor.

Nivel dos: La persona que vive por la Regla de Oro. Quiere la paz a cualquier precio y no puede entender a alguien que sea tan radical que quiera cambiar el *statu quo* de su vida o de otros. Esta persona puede estar llena de pecados de orgullo y creerse una santa sin haberse percatado de ello. Puede ir regularmente a la iglesia y dar sus diezmos, pagar sus cuentas, producir en el patio de su casa seis repollos y pasarle uno a su vecino por encima de la cerca. A menudo hace buenas obras. Si usted va y le dice: «¿Temes al Señor?» la mirará con indignación por siquiera haberle formulado esa pregunta. «¡Por supuesto!», le dirá. Y ese «por supuesto» tendrá el sentido de «¡Qué poco observadora eres! ¡No te percatas para nada de lo que es obvio!»

Si le pregunta: «¿Desde cuándo vienes pasando una hora o más en oración por las almas perdidas? ¿Cuán profundo es tu compromiso con el Señor Jesucristo por las almas perdidas para alcanzarlas basado en tu testimonio personal? ¿Cómo es tu vida de oración en favor de los millones de musulmanes, hindúes, sintoístas, animistas, budistas, comunistas, ateos, humanistas, santeros y «nadadenadistas» que no tienen conocimiento del plan de salvación de Dios ni la seguridad de la vida eterna? ¿Hasta dónde llega tu preocupación por los millones que aun no son alcanzados en todo el mundo?» Es posible que sinceramente le conteste: «Muy poco», o «La verdad es que nada».

En los pecados de egoísmo, falta de oración, egocentrismo, autocomplacencia y autosuficiencia no hay temor del Señor. La persona que vive en este nivel no reconoce que estos pecados forman parte de su vida.

Nivel tres: El cristiano sincero que ansiosamente desea agradar al Señor Jesucristo. No quiere pecar y está profundamente preocupado por los pecados que lo acosan. Desearía encontrar una respuesta a por qué tiene que estar una vez tras otra confesando los mismos pecados. Quizás comete los pecados de crítica y juicio; orgullo y egocentrismo constante; los pecados de incredulidad en cuanto a no poder confiar plenamente en Dios y que se manifiestan en miedo, dudas y desobediencia. O quizás sean los pecados de lujuria, envidia, celos o resentimiento contra Dios o contra el hombre. Está profundamente preocupado y anhela sentirse libre de todo eso.

Nivel cuatro: La persona que tiene el temor del Señor en sí misma. Odia el pecado, y por lo tanto, rara vez peca. Y si lo hace, se da rápidamente cuenta de ello, se arrepiente sin más demora y voluntariamente se humilla ante quien sea si es dirigido por el Espíritu Santo a hacerlo.

Joy Dawson sigue diciendo que «pecamos porque queremos pecar, porque nos gusta pecar, pero que "con el temor de Jehová los hombres se apartan del mal"» (Proverbios 16.6).[1]

---

1. Joy Dawson, *Amistad íntima con Dios*, Editorial Betania, Miami, 1990.

Como su hijo y mi amigo John Dawson diría: «Eso limpiará tu arado». ¡Tengo *el temor del Señor* repiqueteando sobre mí en los cuatro niveles!

Humildad: Solución rápida para los males humanos

A menudo pienso en las pequeñas mascotas que con una correa muy corta son tan bien guiadas por sus amos. Si quieren alejarse corriendo, un tirón a la correa los hará levantar las patas. Así es como a veces el Señor actúa conmigo. Una vez que trazo como límite de mi vida el temor del Señor, si pienso siquiera en alejarme en la dirección incorrecta mi Padre celestial, en su misericordia, tira de la correa y me encuentro en el suelo, en una posición bastante humillante.

Estoy agradecida de saber que Dios me ama lo suficiente como para evitar que me extravíe lejos de su amor (véase Hebreos 12.10). Quiero solucionar mis males con rapidez y correr a disfrutar del compañerismo con Él. Quiero que Cindy Jacobs sea una persona en la que Él pueda confiar. Que cualquier cosa que haga, lo haga con integridad y compasión. Sé que me va a tomar toda la vida ser la clase de amigo que Moisés fue con Dios, pero como también sé que Él no hace acepción de personas, estoy segura que lo lograré.

He aprendido que una forma en que Dios se nos manifiesta es a través de amigos que pone en nuestro camino. Aunque nuestra primera necesidad es la amistad con Dios, podemos pedirle a Él un amigo que en verdad nos ame y nos tenga paciencia. El amor incondicional de un amigo así es sanador y es una tremenda fuente de fuerzas y consuelo (véase Eclesiastés 4.12). Un verdadero amigo es alguien que aun en nuestros peores momentos sigue pensando que somos algo especial.

Rut: modelo de amistad

Tanto los hombres como las mujeres necesitamos amigos, pero su amistad tiene que ser muy diferente. Por ahora me enfocaré básicamente en la clase de amigas que las mujeres necesitan. (Hombres, sería bueno que se mantengan sintonizados en relación con lo que vamos a decir, porque las siguientes sugerencias los ayudarán en sus relaciones con estos misteriosos seres llamados «mujeres».)

Una de las historias más hermosas en cuanto a la amistad que encontramos en la Biblia está en el libro de Rut. Este libro está lleno de lecciones que podemos aplicar a nuestra vida diaria. Mientras lea acerca de Rut, fíjese en las cualidades que ella le aporta a sus amistades y pregúntese cuáles de ellas necesita cultivar usted.

Comencemos estableciendo un contraste entre los personajes principales de este libro: Dos mujeres se unen en tiempos de sufrimiento mediante una relación de pacto. Rut, una joven gentil, nuera; y Noemí, una suegra, judía, con razones suficientes como para sentirse amargada y decepcionada. Sus diferencias pueden ofrecernos una amplia gama de cuadros mentales. Parece que Rut era muy hermosa y sin duda tenía esa elegancia que le habría hecho fácil encontrar a un joven bien parecido. En realidad, no necesitaba de Noemí.

Obviamente, Rut estaba consciente de lo estrictas que eran las leyes religiosas del pueblo hebreo, ya que estuvo casada con un joven judío. Entonces, ¿por qué habrá decidido irse con Noemí a Belén?

Sin duda, sabía que si se iba con Noemí perdería el derecho a protección de su propio pueblo y se expondría a una oposición hostil en cuanto a hacer el viaje. Seguramente que esta fue una decisión difícil con posibles consecuencias desagradables. Aun así, Rut decidió viajar con su suegra.

Pacto de amor

El diálogo entre estas dos mujeres es a menudo cantado en bodas, representando el amor entre marido y esposa, pero, como sabemos, fue en realidad un saludable pacto de amor entre dos mujeres.

No me ruegues que te deje, y me aparte de ti;
porque a dondequiera que tú fueres, iré yo,

> y dondequiera que vivieres, viviré.
> Tu pueblo será mi pueblo,
> y tu Dios mi Dios.
> Donde tú murieres, moriré yo,
> y allí seré sepultada.
> Rut 1.16-17

Noemí no solo se ganó el cariño personal de Rut, sino que su vida fue motivo para que su nuera tuviera una experiencia de conversión, lo que dio como resultado que abandonara sus dioses paganos y creyera en el verdadero Dios viviente. ¡Qué impacto más grande puede hacer una amistad!

A medida que leemos el libro de Rut, observamos que Noemí tenía otra nuera, Orfa. Pero Rut y Orfa eran muy diferentes en la forma de expresar su amistad. Hagamos una comparación:

Rut	Orfa
Una decisión de amor inteligente	Una decisión de amor emocional
Fiel	Afecto apasionado
Amor que resiste la prueba	Amor que falló en la adversidad
Base espiritual genuina en conducta y decisión	Prejuicio egoísta al tomar la decisión
Resolución a ejercer su voluntad	Un fácil cambio de emociones.[2]

Rut fue paciente

La gente amargada, como Noemí, por lo general tiene dificultades con los demás. Y es probable que de vez en cuando Noemí fuera dura con Rut mientras asimilaba la muerte de su marido. Pero el amor de Rut tenía tal poder sanador que Noemí se vio beneficiada por él.

Estoy convencida de que el amor de Dios puede penetrar a cualquier alma sin importar lo adolorida y furiosa que esté. La animo

---

2. *The Women's Study Bible* [Biblia de estudio para mujeres], Thomas Nelson, Inc., Nashville, 1995 p. 437.

a que no abandone a sus amigas cuando estén atravesando por momentos difíciles como la pérdida de un hijo, del esposo o de un padre. Ese es el tiempo cuando ellas están menos listas para retribuir el amor. Pero las Escrituras nos dicen que amemos aun cuando no seamos correspondidos (véase Mateo 5.44, 46).

Rut fue diligente

Admiro particularmente a la Rut de la Biblia por sus excelentes cualidades de carácter. No tenía nada de perezosa. En lugar de ir a rastrillar los campos, pudo haberle dicho a Noemí: «Mire, suegrita, vamos usted y yo, a ver si encontramos algo de comida, ¿está bien? Usted y yo perdimos lo mismo y no solo eso, sino que estoy en esta pobre tierra extraña y no entiendo las costumbres de la gente».

Rut era sufrida

En vez de eso, Rut fue tierna con Noemí (que debió estar sumamente acongojada y avergonzada por haber tenido que regresar a Belén con las manos vacías). Es muy probable que sus viejos amigos, quienes tal vez los trataron de persuadir a ella y a su esposo a no irse del país, estarían ahora dándole rienda suelta a la lengua y diciendo: «¿No les dijimos que no se fueran a aquella tierra pagana? Ahí la tienen. ¡Consiguieron lo que se merecían!» Rut era sensible al dolor y vergüenza de su suegra. Ella se encontró con el Dios viviente y lo demostraba en sus acciones.

Debido a que ahora Rut era una hija de Dios, Él la dirigió al campo de alguien que llegaría a ser su esposo y pariente redentor (esto es, un tipo de Cristo. El pariente redentor era un familiar que podía «redimir» la herencia del fallecido. ¿No es esta una historia llena de romance?) La Biblia dice que Rut *se llegó a* el campo de Booz (véase Rut 2.3).

Rut era agradecida

Rut trabajó incansablemente todo el día y cuando se encontró con Booz, cayó a sus pies en gratitud. (Probablemente alzó sus hermosos ojos café y lo miró por entre sus largas pestañas. ¡Y eso bastó para impresionarlo!) ¿Qué hombre podría resistirse ante mujer tan humilde y agradecida?

Rut se comprometió

Cuando Rut se sirvió el almuerzo que Booz le proveyó, apartó algo para Noemí, sabiendo que su suegra estaba hambrienta en casa. Pudo habérselo comido todo, pensando que al fin y al cabo, fue ella la que hizo el duro trabajo.

En el capítulo 3, vemos que Noemí empezó a recuperarse de su desesperación y se preocupó por la seguridad de su nuera. Aconsejó a Rut para que apelara a Booz como su pariente redentor. Esta estrategia se basaba en el conocimiento del matrimonio levita (véase Deuteronomio 25.5-10). De acuerdo con esta práctica, una viuda llegaba a ser la esposa del hermano de su marido u otro pariente cercano con el propósito de procrear un hijo que pudiera heredar las propiedades de su padre y preservar su nombre. La lealtad de Rut a la tradición del pueblo de su marido y su deseo de cuidar a Noemí casándose con alguien dentro de la familia fue un tributo a su compromiso con la familia de su esposo fallecido.[3] Por supuesto, sabemos que Booz era una figura que simbolizaba a Cristo, que es nuestro Pariente Redentor, el Señor que nos redime de nuestros pecados y provee descanso y relaciones para todos los que ponen sus vidas a sus pies en sumisión a su señorío.

Rut era dócil

Rut hizo tal como le dijo Noemí, lo que demuestra que tenía un espíritu dócil y una voluntad presta a escuchar y aprender de sus mayores. Cuando Noemí trató de instruirla acerca de cómo acercarse a Booz, pudo haberle dicho: «Escuche, Noemí. Reconozco que usted sabe mucho de las cosas de su pueblo Israel, pero yo conozco a los

3. *Ibid.*, p. 437.

hombres mejor que usted. Usted pertenece a la generación equivocada y es obvio que no sabe al igual que yo, cómo hacer que un hombre se fije en una mujer».

Rut era obediente

Hay grandes bendiciones para el que es obediente. No estoy hablando de obediencia ciega, sino de obediencia piadosa, amorosa. La Biblia dice que el obedecer es mejor que los sacrificios (véase 1 Samuel 15.22).

Me gusta leer *The Woman's Bible Study* [Biblia de estudio para mujeres] por la riqueza de sus notas al margen acerca de las interrelaciones de las mujeres. Uno de los puntos analiza el compromiso mutuo entre las mujeres (Rut y Noemí):

> La gratitud por parte de una, despierta lealtad en el corazón de la otra.
> La generosidad por parte de una, demanda abnegación de la otra.
> La amargura en una, da a la otra oportunidad de ser creativa.
> El interés de una es recompensada por una comunicación creativa de la otra.
> El consejo de una produce frutos al ser aceptados y puestos en acción por la otra.[4]

Uno de los grandes temas del libro de Rut es el de la restauración. La doctora Fuchsia Pickett señala:

> Rut está entre los más grandes libros de la Biblia por su enseñanza, la forma en que trata la restauración espiritual y porque en el amor de Booz por Rut se prefigura el amor redentor de Cristo.[5]

4. *Ibid.*, p. 440.
5. Dra. Fuchsia Pickett, *The Prophetic Romance* [El romance profético], Creation House, Orlando, FL, 1996, p. 29.

Las amistades piadosas bendicen a ambas personas

Noemí le dijo a Rut que fuera a la era y se acostara a los pies de Booz y le dijera: «Yo soy Rut tu sierva; extiende el borde de tu capa sobre tu sierva, por cuanto eres pariente cercano» (Rut 3.9).

En la cultura oriental, «extender la capa sobre», o cubrir a alguien, era una forma simbólica de ofrecer protección. Más aún, involucra entrar en un pacto con una persona con propósitos de redención. Aun hoy en muchos países orientales decir que un hombre cubrió con su capa a una mujer significa que se casó con ella.[6] (¡Qué carácter tenía Rut! En todo estaba resultando la mujer adecuada para Booz.)

Es posible que a nuestras vidas lleguen
nuevos amigos solo por un tiempo o que
el encuentro, propiciado por Dios, sea
permanente y llegue a cambiar el curso
de nuestro futuro.

Al pedirle a Booz que la cubriera, Rut le estaba diciendo: «Necesito un redentor. Soy viuda, dsgraciada, sin herencia. Tú puedes tomar mi vergüenza, mi pobreza, mi futuro vacío y darme una herencia. Tú puedes redimirme absolutamente, si lo quieres».[7]

Esta hermosa amistad trajo redención y restauración a *ambas* mujeres. Rut consiguió un nuevo esposo, y tuvo un hijo. Llegó a ser la señora de la casa donde había espigado. Noemí recibió herencia y

---

6. *The Women's Study Bible*, p. 108.
7. *Ibid*., p. 108.

el linaje de su hijo se preservó. No solo ambas mujeres fueron totalmente restauradas, sino que las generaciones futuras vieron que no solo el rey David sino también el Mesías, Cristo Jesús, que redimió los pecados del mundo, proceden de esa herencia.

Esta historia me toca muy profundamente porque mis amigos están entre los más grandes tesoros que Dios me ha dado. Tengo una amiga a la que conozco desde que estábamos en el segundo grado. Aun cuando raras veces nos vemos, siempre estoy maravillada y gozosa por la forma en que vivimos nuestra amistad, como si nunca nos hubiéramos separado físicamente.

Algunas personas, como Rut y Noemí, van más allá de tener sencillamente una amistad satisfactoria por corto tiempo. Su amistad es ordenada por Dios. Joy Dawson enseña que Dios marca las etapas de nuestra amistad. Es posible que a nuestras vidas lleguen nuevos amigos solo por un poco de tiempo o que el encuentro, propiciado por Dios, sea permanente y llegue a cambiar el curso de nuestro futuro.

Los siguientes son unos cuantos ejemplos de amistad en la Biblia:

- Ester y Mardoqueo: «sobrina» y «tío».
- David y Jonatán: pastor y príncipe.
- María y Elizabeth: madre de Jesús y madre de Juan.

Esta clase de amistad de pacto es sobrenatural en su propósito. ¿Ha tenido la experiencia de encontrarse con alguna persona con quien de inmediato la unen lazos de amistad? Eso es indicador de que Dios hará algo importante a través de ese encuentro. Por supuesto, esto va más allá del género femenino. Mike y yo somos extremadamente cercanos a una cantidad de ministros y sus familias que han hecho un impacto tremendo en nuestras vidas: Chuck y Pam Pierce, Peter y Doris Wagner, John y Julie Dawson, Ed y Ruth Silvoso, Dutch y Ceci Sheets y otros.

No dudo en decir que en muchos sentidos somos familia. Hemos reído, orado, llorado y lamentado juntos. Muchos de nosotros hemos estado en el frente de la batalla y hemos sido heridos tantas veces que tenemos que orar unos por otros en una especie de unidad de cuidado intensivo. Sabemos que podemos llamarnos a cualquier momento del día o de la noche aunque por supuesto no abusamos de este privilegio.

Cómo cultivar la intimidad

Una de mis amigas íntimas de muchos años es Beth Alves, de Intercesores Internacionales. Hemos tenido numerosas aventuras en el Espíritu del Señor juntas. Por ejemplo, hace algunos años pasaba por lo más hondo del valle de la desesperación. En lo más oscuro de mi desaliento, decidí poner fin a mi ministerio. Llamé a Beth por teléfono y lloriqueando le dejé un mensaje en su máquina contestadora. Mi llanto era tan intenso que era difícil reconocer mi voz. Días después, Beth me contó:

«Regresamos a casa y Floyd [su esposo] activó la máquina para escuchar los mensajes».

Se escuchó una voz y Floyd le dijo: «Oye Beth, ¿quién es esta mujer?»

Aun cuando, como digo, mi voz era irreconocible, Beth supo que era yo. Ella es mi amiga y no era la primera vez que oía mi llanto.

«Floyd. Es Cindy. ¡Algo terrible le ha ocurrido!», exclamó. Llamó una y otra vez hasta que logró ubicarme. Cuando le expliqué la situación y mi decisión, me dijo: «¡No hagas nada! Tranquilízate y déjame que lleve tu carga de oración por los siguientes tres días». Beth no solo oró, también *ayunó*. En tres días estaba lista para seguir adelante en el ministerio.

Quizás esté pensando: *Cómo me gustaría tener una amiga como esa.* Bueno, amistades como la de Beth y yo se forjan en las trincheras de la vida. Hemos andado juntas por tanto tiempo que logramos construir un fundamento de confianza. He pasado noches enteras orando por ella y sus hijos, al igual que ella por los míos. Amistades como la nuestra requiere una inversión sustancial de tiempo y energía. No se producen de la noche a la mañana. Tienen que cultivarse.

Muchas personas esperan que alguien toque a su puerta con un pastel y les diga: «Hola. Soy tu nuevo mejor amigo y he venido a levantarte el ánimo». Aun cuando esto podría ocurrir, por lo general la amistad no ocurre de esa forma. Las Escrituras nos dicen que «el hombre [y la mujer] que tiene amigos habrá de mostrarse amigo [o amiga]» (Proverbios 18.24).

Siembra semillas de amistad, siega gran cantidad de amigos

Debido a que cuando era niña nos mudábamos de un lado a otro, recuerdo haber estado insoportablemente sola. Un día, cuando estaba en el quinto grado tomé la decisión que si iba a tener amigos, tenía que empezar a ser amistosa. No tenía idea que con esa decisión estaba dando cumplimiento a un principio de las escrituras. ¡Y resultó! Cuando empezaba una amistad con alguien trataba de que saliéramos. Quizás la invitaba a casa después de clases. También empecé a pensar en hacer para los demás algo que les fuera agradable y dentro de poco, la gente respondía. No me interesaba hacer amistades entre los más populares, sino que buscaba personas que tuvieran gustos parecidos a los míos: leer, analizar libros, andar en bicicleta.

Cuando nos íbamos a vivir a otro lugar, procuraba mantener correspondencia con mis amigos mientras ellos respondieran mis cartas. Así evitaba desconectarme completamente de ellos. Mediante cartas les presentaba mis nuevos amigos a los antiguos y así el círculo de amistad se expandía.

También aprendí a desarrollar amistad con personas de todas las edades. Hablaba con los vecinos cuando podía, especialmente con los ancianos. Me entretenía limpiándoles el patio, sacando a pasear a sus perros o sentándome a comer alguna galleta con ellos. Un vecino de mi abuelita, la señora Lippy, a la que siempre le dije «señora Mississippi», me dejó de recuerdo un plato de cien años de edad que hoy todavía adorna la pared de nuestro comedor. ¡Un verdadero tesoro!

Ahora estoy aprendiendo de la generación de los adolescentes y siento un gran llamado hacia ellos. Muchos me han comunicado sus temores y desafíos, y aunque nos relacionemos a un nivel diferente, algunos me dicen «mamá», enriquecen mi vida. En una ocasión volví a casa después de un viaje para encontrar a ocho de ellos allí mientras mi propio hijo tuvo que salir a hacer un mandado. «Hola, mamá», dijeron a coro. Perpleja, observé cada rostro para ver si reconocía alguno. Negativo. No conocía a nadie. Pero me dijeron que mis hijos les habían dicho que podían quererme y que podían llamarme «mamá».

Deje que Dios sea el Señor de sus amistades

Las amistades tienen altos y bajos, y estas transiciones no deberían ser una amenaza. ¡Si las jovencitas pudieran darse cuenta de esto cuando sienten que sus vidas terminan porque Dottie tiene una nueva amiga! Hay veces que me siento extremadamente cercana a una persona en particular, pero entonces el Señor parece empezar a hablarnos en direcciones diferentes por una etapa de nuestras vidas. Eso no significa que no sigamos teniéndonos un afecto profundo, pero vamos por caminos distintos. Uno o dos años más tarde es posible que volvamos a encontrarnos de nuevo en el mismo lugar. De una cosa puede estar segura: Si Dios le está dando un amigo que es parte de su propósito en Él, Él se preocupará de que vuelvan a encontrarse.

Mi amistad con Janna es una ilustración perfecta de cómo ocurre esto. En 1990 el comunismo aún no había caído en Rusia, de manera que fui con un equipo de Aglow Internacional a orar para que las puertas pudieran abrírsele al ministerio allí. Uno de nuestros contactos rusos era una mujer joven de unos veinte años llamada Janna. Sentí amor por la joven y me rompió el corazón tener que dejarla en Rusia. Pasamos preciosos momentos juntas orando y hablando en cuanto a lo que Dios pudiera tener para nosotras en el futuro.

Cuando salí de Rusia, perdí contacto con Janna aun cuando con frecuencia oraba por ella y le pedía a Dios ayuda para traerla a Estados

Unidos. Como amiga, ella tocó profundamente mi corazón y sentí que tenía un gran futuro y un llamado de Dios. A veces le decía al Señor: «Señor, por favor, ayúdame a encontrar a Janna».

Varios años después me encontraba en Seattle, Washington, en una reunión de la directiva internacional de Aglow cuando recibí un mensaje diciéndome que llamara a un joven que habíamos conocido en Moscú. Me sentí feliz de poder hablar con él de nuevo. Ni me imaginaba que estaba a punto de recibir la sorpresa de mi vida. Steve dijo: «Hola, Cindy. Aquí hay alguien que quiere hablarte». Unos segundos después oí una voz familiar con acento ruso. ¡Era Janna! Empecé a saltar, a gritar y a llorar por el teléfono. ¡Era un milagro!

Gracias a muchas intervenciones divinas, Janna y su esposo al fin vinieron a los Estados Unidos y actualmente ella trabaja con Gospel Light, la casa publicadora de este libro en idioma inglés. Janna traduce material de Escuela Dominical del inglés al ruso. Dios trabaja en formas misteriosas.

Amistad a través de la evangelización

Una forma poderosa en que Dios usa la amistad es a través de la evangelización. En su vecindario hay muchas personas que se sienten solas. A menudo ellas ven a Jesús observando su comportamiento y la forma en que se relaciona con ellas. Mi amiga JoAnna Cinnani tiene un ministerio dedicado a los perdidos a través de la amistad y la oración evangelística.

El principio que guía a JoAnna es: «Predique a Jesús, pero hasta donde sea posible, no use palabras». Aunque esto pudiera parecer raro, le aseguro que en el momento preciso ella sabe cómo guiar a las personas a una relación salvadora con el Señor.

En una entrevista publicada en el *Navigator's Community Newsletter* JoAnna dijo que la forma en que Jesús se relacionó con la gente fue a través de una progresión natural de amistad. Su simpatía lo hacía atractivo y asequible, pero nunca dejó que eso interfiriera con los desafíos a la gente para que hiciera decisiones difíciles.

Luego, ella ilustró cómo Jesús no condenó ni juzgó a los perdidos. Él los amaba y se ganó su amor. Por ejemplo, su conversación con la mujer en el pozo le dio a ella esperanza más que hacerla sentir vergüenza. JoAnna intenta modelar su vida y sus relaciones según el ejemplo de Jesús, de modo que los demás puedan ver cómo Él:

1. Tocó los corazones preocupándose por las personas y alentando en ellas un sentimiento de familia.

2. Fue un hombre notablemente receptivo, escuchando tanto como aconsejando y compartiendo tensiones y penas.

3. Fue un hombre profundamente compasivo, alcanzando a los despreciados y rechazados por los demás.

4. Fue obediente a Dios, actuando en una forma silenciosa y humilde.

5. Fue un servidor de primera clase, y entregó su vida voluntariamente por el bien de nosotros.

6. Confrontaba y se exasperaba cuando era necesario, llevando a la gente a tomar decisiones difíciles, como ocurrió con el hombre rico de Lucas 18 y su confrontación constante con los fariseos.

7. Mediante un amor permanente, algo que difícilmente hacemos a menos que tengamos en nuestros corazones la vida dinámica y transformadora de Jesús, trató con la raíz de los problemas en la gente.

Mientras sigue el ejemplo de Jesús, JoAnna también hace su trabajo silencioso en oración y en guerra espiritual. Y presenta el siguiente desafío a los lectores:

Cuando nos acercamos a nuestros vecinos, amigos y compañeros de trabajo ¿lo hacemos realmente basados en la oración? ¿Le pedimos al Espíritu Santo que nos guíe cada día? ¿Estamos pidiendo a Dios que imponga su derecho soberano en nuestro quehacer? ¿Es la oración algo corriente en nuestras actividades diarias? ¿Estamos siguiendo el llamamiento de Dios en vez del llamado del hombre en nuestro trabajo con el mundo?[8]

JoAnna ha sido una amiga muy especial para mí en muchas maneras. Cuando nos trasladamos desde Weatherford, Texas, a Colorado, dejé atrás dos buenas amigas que me ayudaban a limpiar la casa o a cualquier otro quehacer. Cuando estaba sobrecargada, ellas me hacían cualquier mandado o me acompañaban espontáneamente cuando iba de compras. Un día, me di cuenta de que estaba sola sin esa clase de amigas, así que oré: «Señor, me siento sola y necesito amigas como Laurie y Margarita». Pronto conocí a JoAnna, que es italiana igual que mi amiga Laurie, y llena de «salsa» como Margarita.

Antes de nuestro viaje de oración a Vietnam, en 1996, me enfermé seriamente. El día anterior al que debía partir, me sentía tan mal que ni siquiera me pude levantar de la cama. JoAnna vino a mi casa, buscó en el ropero y preparó todo para el viaje. Fue una aventura descubrir lo que había en mis maletas. ¡Gracias Dios por el don de la amistad!

¿Qué impide que la gente desarrolle amistades íntimas?

A veces es el miedo. Quizás nos hemos sentido muy, muy heridos a través de lo que podría llamarse el «fuego de la amistad».

Quizás alguna vez ha sido «herido en casa de tus amigos» (Zacarías 13.6). Este es un dolor muy profundo. Sin embargo, usted será quien pierde si no deja que su corazón se abra y reciba la sanidad del Señor que viene a través de la amistad. Es un riesgo digno de tomarse.

Algunas mujeres casadas esperan que sus esposos les den la clase de amistad que necesitan recibir como mujeres. Esta expectativa puede crear tensiones en el matrimonio. Aunque considero a mi esposo mi mejor amigo, sé que a él no le gusta insistir en detalles al grado

---

8. Carrie Wagner, *Community* [Comunidad], Colorado Springs, Enero Febrero, 1997, pp. 1-2.

que necesito hacerlo yo. Cuando una mujer es herida, necesita hablar de eso, y a veces más de una vez. Esto puede reducir el dolor que siente, pero también puede impacientar a los hombres, ya que casi siempre discuten un asunto una sola vez, lo solucionan y lo dejan de lado.

Las buenas amistades enriquecen nuestras vidas

Las mujeres de otros países, aparte de los Estados Unidos, expresan su amistad en maneras diferentes que las estadounidenses. En Argentina, me tomaba de la mano con mi buena amiga Marfa Cabrera, y caminábamos por las calles. En Estados Unidos, sin embargo, sería reacia a hacer eso porque la gente aquí piensa que las mujeres que andan tomadas de la mano son lesbianas. Creo que los estadounidenses nos privamos de la dulzura de una relación pura en la cual es posible abrazarse y besarse en la mejilla sin sentimientos extraños. A veces me gusta tomar de la mano a mi madre. Con frecuencia, cuando estamos en la iglesia y oramos, ella lo hace conmigo. ¡Qué don más precioso es este!

¿La he convencido de enriquecer su vida con amistades más profundas? Espero que sí. A continuación hay algunas sugerencias para desarrollar amistades y encontrar nuevos amigas:

1. Ore, y sea sincera ante el Señor. Diga: «Dios, necesito una amiga». Incluso puede ser específica así como lo fui yo acerca de mi necesidad de una amiga que pudiera ayudarme en la casa y en mi vida personal.

2. Recuerde las amistades pasadas y deje que el Señor la sane de cualquier amargura, dolor o abandono que pudiera haberle hecho construir murallas y no recibir los buenos dones que Dios quiere darle.

3. Observe a la gente que la rodea en su vecindario o en la iglesia y que está sola. Muchas personas solteras necesitan comunión en sus vidas y podrían disfrutar pasando con usted algunos días feriados y otros tiempos especiales.

4. Ore por su vecindario o quizás por sus compañeros de trabajo, pidiendo cómo poder expresarles a Cristo a través de la amistad.

Una de las más grandes mujeres de oración que conozco es Mary Lance Sisk. Mary Lance enseña en los barrios sobre la oración. Ella me contó la historia de una joven madre que se mudó a un barrio en el cual apenas se habían construido unas cuantas casas. Tomaba a su bebé, la ponía en su cochecito y caminaba por las calles del barrio. En cada lote vacío donde habría de levantarse una vivienda, se detenía y oraba. Pedía la salvación de cada persona que habría de vivir en esas futuras casas. Años más tarde, Mary Lance informó que casi todas las personas en su manzana eran cristianas.

Oro para que Dios le dé una estrategia para su barrio. Quizás pueda desarrollar un ministerio de cocer pan para los nuevos vecinos que llegan a vivir allí, o una fiestecita para los vecinos. Usted puede hacer una diferencia mediante una amistad amorosa e interactiva.

Con esto de dejar que Dios la use para hacer una diferencia en el mundo en el que vive, la invito a pasar al próximo capítulo, titulado: «Mujeres de propósito».

Mujeres de propósito

¿Se ha preguntado alguna vez «*Para qué habré nacido*»? ¿Lucha con un sentimiento de propósito y de pertenencia? Cada persona es única en su formación y ha sido designada a alcanzar tareas y metas específicas. Y sin embargo, hablo con muchas mujeres que afirman que les habría gustado haber nacido hombres. Me dicen: «La vida habría sido mucho más fácil...», o «Los hombres tienen todo lo bueno y las mujeres lo más duro y difícil».

El punto es que si nació mujer, es porque Dios quería que lo fuera. Dios le dio vida para que fuera una mujer con un propósito y para impactar la vida a su alrededor. Pero para lograr eso, debe descubrir el propósito de Dios para su vida y cumplirlo con lo mejor de sus habilidades. Quizás pueda impactar como Susanna Wesley cuyos hijos, John y Charles llegaron a ser poderosos reformadores para el Reino de Dios. Recuerde, el Señor la llama «para esta hora» como ocurrió con el llamado de Dios a la reina Ester (véase Ester 4.14).

No hay duda que algunas de ustedes tendrán montañas y desafíos más grandes por vencer que otras personas. Algunas habrán nacido en hogares donde se les maltrató, donde se consumía drogas u otras situaciones difíciles. Otras quizás tuvieron la ventaja de nacer en hogares con mucho dinero y grandes oportunidades para educarse. Afortunadamente no es lo que tenga sino a quién conoce lo que hace la diferencia.

Lo poco llega a ser mucho en las manos de Dios

La historia está llena de mujeres que creyeron que Dios podía transformar sus circunstancias difíciles, por lo que vieron milagros asombrosos. Considere a la mujer de 2 Reyes 4.1-7. ¡Es una situación realmente triste! Su esposo murió, los acreedores la amenazaron con apropiarse de sus dos hijos para convertirlos en esclavos si no pagaba la deuda que dejó su marido. (Quizás usted ha estado en alguna circunstancia parecida, aunque posiblemente el peligro no haya sido la esclavitud de sus hijos sino el desalojo.) ¡Esta mujer necesitaba un milagro! ¿Qué hizo? Fue a ver al profeta de Dios, que le pregunta: «¿Qué tienes en tu casa?»

A esta viuda probablemente le pareció una pregunta extraña, pero de todos modos contestó con amabilidad: «Nada, excepto una vasija de aceite».

A menudo pensamos que estamos en un lugar árido sin esperanza, pero le aseguro que en su casa siempre habrá algo: un talento, una habilidad o alguna cosa tangible, como una vasija de aceite que se puede multiplicar para bendición suya. Dios no nos va a dejar sin consuelo.

Esta viuda estaba en una situación aparentemente sin salida, pero Dios tenía un plan para ella. El profeta le indicó que le consiguiera con los vecinos todas las vasijas vacías que pudiera encontrar. Luego le dijo que se encerrara en su casa y que con la botella de aceite que tenía, empezara a llenar todas las vasijas que logró reunir. En el momento en que obedeció al profeta, entró en el dominio de lo milagroso.

Imagínese la escena: Sus niños corriendo de un lado a otro mirando con sus grandes ojos, asombrados, cómo el aceite fluye sin agotarse. Al fin, quizás un poco sin aliento, dicen: «Mamá, esta es la última vasija». Posiblemente ella echó una mirada a su alrededor para ver maravillada todas las vasijas llenas.

Tal vez se agarró la falda y salió corriendo a ver al profeta Eliseo. Estoy segura de que estaba sonriendo cuando él le dijo que fuera a pagar la deuda y que se quedara con todo el dinero producto de la venta del resto del aceite.

Dios conoce su dirección

Hace algunos años me encontraba ministrando en Argentina en una iglesia muy grande. El templo estaba lleno e incluso en los balcones no cabía más gente. En medio de la reunión, me detuve y el Señor habló suavemente a mi corazón: *Cindy, alguien aquí está planeando suicidarse. Dile a esa persona que no lo haga.*

Consciente de lo urgente de la situación, interrumpí el mensaje y entregué la palabra que el Señor me dio. Cuando finalicé el sermón, el pastor hizo un llamado para que la persona que pensaba suicidarse pasara al frente. Lentamente, una señora de unos treinta años, que vestía una blusa blanca y falda oscura, se dirigió a la plataforma. Suavemente, con una voz más bien ahogada, la joven mujer contó que la estaban desalojando de su casa y que había planeado que una vez que regresara después de terminado el culto, mataría a sus tres hijos y luego se suicidaría. Diciendo eso, abrió su cartera y extrajo un arma y la puso en las manos del pastor. «Pastor», le dijo, «cuando oí a Dios hablándome a través de Cindy, supe que Él intervendría para que no nos echaran a la calle».

Sin duda que la mujer había orado y Dios había intervenido. Me alegró ser fiel a la voz del Espíritu Santo e interrumpir el mensaje para decirle a esa señora que Dios tenía la solución a su problema.

Anclados en el propósito de Dios

Es posible que se sienta golpeada y controlada por las circunstancias que la rodean, cuando en realidad Dios tiene un plan para hacerla pasar por sobre los problemas o la desesperación. Romanos 8.28 dice: «Y sabemos que a los que aman a Dios, todas las cosas les ayudan a bien, esto es, a los que conforme a su propósito son llamados».

Si estudiamos este versículo con cuidado, vemos que las cosas actúan juntas para bien de aquellos que tienen «el ancla del propósito». Quizás si estamos desorientados y no conocemos nuestro propósito es posible que todas las cosas no nos ayuden para bien.

A través de las edades, Dios ha usado a las mujeres de una forma tremenda para influir en sus familias, las iglesias y las naciones. Muchas mujeres me dicen: «Yo sé que Dios me ha llamado para ser madre». Y otras, como Elizabeth Dole, Directora de la Cruz Roja Americana, sienten que su lugar es servir y ejercer liderazgo en cuestiones de negocios o de gobierno. El asunto no es lo que está haciendo sino si está haciendo lo que Dios planeó para su vida en este tiempo. Romanos 8 promete que nada podrá separarnos del amor de Dios, pero a veces fracasamos tanto y nos sentimos muy frustrados, y es porque no estamos en el lugar de nuestro propósito.

Mujeres de empuje y valor

La historia revela que no importa cuáles fueron sus comienzos, las mujeres son capaces de levantarse y asumir sus responsabilidades cuando Dios se involucra en el asunto. Por ejemplo, Catherine Booth fue una mujer enferma que por lo regular estaba en cama durante días, pero que nunca dejó que su salud quebrantada le impidiera hacer la obra de Dios. Sacrificialmente «reclamó» para el Señor a las mujeres que vivían en la prostitución y perseveró hasta 1890 cuando finalmente murió de cáncer a los sesenta y un años de edad. Cuando Dios la llevó a su presencia, Catherine Booth había impactado la vida de todo el mundo a través del Ejército de Salvación.

Otra mujer que cambió notablemente la faz de la nación estadounidense fue Frances Willard. Cuando participé en una gira de oración al Capitolio, en Washington, D.C., quedé impresionada ante la estatua de mármol de ella que se encuentra junto a un púlpito que tiene grabadas las palabras «Por Dios y mi país». Eso me inspiró a escurrirme en busca de los libros de historia. Así supe que esta gran mujer de Dios vivió de 1839 a 1898 y fue una de las líderes femeninas en pro de la temperancia mejor conocidas del siglo diecinueve. Estuvo activa fundando y dirigiendo la Unión de Mujeres Cristianas en pro de la Temperancia [WCTU, por sus siglas en inglés], la más grande organización de mujeres del siglo pasado.

La vida y ministerio de Frances Willard ilustra cuán cercano estuvo el movimiento en pro de la temperancia de las actividades religiosas. A pesar de la intensa oposición, el trabajo en pro de la temperancia ofreció a muchas mujeres del siglo diecinueve el único ministerio público viable. Con frecuencia, las actividades religiosas asociadas con la WCTU fueron campañas evangelísticas dirigidas a los hombres.

El departamento de trabajo evangelístico de la WCTU, respaldó el trabajo de lectores bíblicos y predicación del evangelio en las cárceles, cuarteles de la policía como también entre los empleados del ferrocarril, soldados, marinos y madereros. El trabajo de la señora Willard no se limitó a Estados Unidos. Sin duda, la WCTU fue probablemente la primera organización de mujeres a gran escala en extenderse a través del mundo. Por los años de 1880, las «Misioneras de la Cinta Blanca» estaban organizando oficinas en Asia, África, Sudamérica y otros lugares a lo ancho y largo del mundo.

Estrechamente vinculado a su trabajo con la temperancia estuvo su apoyo al sufragio femenino, porque ella creía que las leyes que respaldaban la prohibición se promulgarían solo si las mujeres tenían derecho al voto. En su labor en pro de la temperancia, Frances Willard reconoció el liderazgo directo de Dios:

> Mientras un día de descanso permanecía sola sobre mis rodillas en el capitolio del estado donde se realizaba la cruzada, elevé llorando mi corazón a Dios: «¿Qué quieres que yo haga?», se hizo clara en mi mente esta declaración, como procedente de las más elevadas regiones: *«Tienes que hablar en favor del voto de las mujeres porque es un arma para la protección de sus hogares».* [1]

1. Ruth A. Tucker y Walter Liefeld, *Daughters of the Church* [Hijas de la iglesia], Zondervan Publications, Grand Rapids, 1987, pp. 272-273.

Frances trabajó con Dwight L. Moody durante su campaña en Boston, y un domingo por la tarde, Moody incluso la invitó a predicar. Aunque ella finalmente sintió que esa no era la voluntad de Dios para su vida, más tarde dijo: «Estimo como uno de los más selectos sellos de mi llamado que Dwight L. Moody se atreviera a invitarme a compartir su gran ministerio como evangelista».[2]

«Mujer de carrera» no es un término nuevo

El propósito de algunas mujeres es servir en el mundo de los negocios, así como la mujer de Proverbios 31.16 que compró un campo y plantó una viña. En esta familia bíblica, pareciera que tanto la madre como el padre trabajaban fuera de casa. Las mujeres de hoy (especialmente las cristianas) a menudo tienen sentimientos de culpa por haber seguido una carrera, pero la mujer de Proverbios 31 fue claramente ensalzada por su contribución.

Creo que Dios está levantando un ejército de mujeres para el ministerio que son dueñas de negocios. Recientemente, nuestro ministerio, Generales de Intercesión, ha estado trabajando con líderes de negocios para ayudarles a desarrollar estrategias de oración dentro de sus compañías. Esto, en parte, me llevó a estudiar la vida de una mujer de Asia llamada Lidia, una de las más fascinantes historias de una mujer en la Biblia. Su historia se encuentra en Hechos 16.13-15.

Los sucesos que llevaron a la conversión a Lidia son cautivantes. Pablo recibió una visión del Señor de un hombre que decía: «Pasen a Macedonia y ayúdennos» (v. 9). Antes de esta visión, Pablo intentó ir a Asia, pero el Señor se lo había impedido; sin embargo, Él tenía un plan para empezar a tocar a Asia a través de esta pequeña mujer.

Lidia recibió el nombre de una provincia en Asia Menor en la cual estaba ubicada la ciudad de Tiatira. Las mujeres de Lidia eran famosas por la manufactura de la hermosa tintura púrpura que

2. *Ibid.*, p. 273.

obtenían de un molusco llamado murex.[3] Siempre me he preguntado por qué Lidia se fue a vivir a la ciudad de Filipo en Macedonia, ya que pareciera que entre las dos ciudades había una distancia de casi quinientos kilómetros. ¿Vino en una caravana? ¿O montando un camello? ¿Cómo se las habrá arreglado una mujer sola para superar todos los obstáculos que pudieron habérsele presentado en el camino? Evidentemente Dios tenía un plan para su vida, y ese plan incluía que en el momento en que Pablo entrara a la ciudad, ella estuviera allí, en la ribera de un río, tratando de saber más de Él.

El hecho que estuviera junto a un río adorando es históricamente importante. El lugar quizás era una *proseucha*, un lugar de oración y adoración donde no había sinagoga. Por lo general se trataba de un anfiteatro espacioso y descubierto.[4] Una sinagoga podía establecerse únicamente cuando se contaba con un grupo estable de al menos diez hombres. Por alguna razón, cuando Pablo entra en escena solo había mujeres.

Lidia estaba hambrienta de la verdad. Nótese la estrategia de Dios. Pablo no fue a Asia, pero la primera convertida en Europa fue una asiática. El Señor sabe cuando el corazón de alguien está listo para recibir la verdad. Lidia no sólo se convirtió, sino que toda su casa recibió a Cristo y se bautizó con ella.

Creo que tenía el don de dar, con el que influyó a la iglesia en Filipo y la cual comenzó en su propia casa. ¿Recuerda la carta que Pablo escribió a la iglesia de Filipo?

> Y sabéis también vosotros, oh filipenses, que al principio
> de la predicación del evangelio, cuando partí de Macedonia,
> ninguna iglesia participó conmigo en razón de dar y recibir,
> sino vosotros solos; pues aun a Tesalónica me enviasteis una
> y otra vez para mis necesidades. Pero todo lo he recibido,

3. Finnis Jennings Dake, *Dake's Annotated Reference Bible* [Biblia de referencias anotada por Dake], Dake Bible Sales, Lawrenceville, GA, 1963, p. 142.

4. *Ibid.*, p. 142.

y tengo abundancia; estoy lleno, habiendo recibido de Epafrodito lo que enviasteis; olor fragante, sacrificio acepto, agradable a Dios. Mi Dios, pues, suplirá todo lo que os falta conforme a sus riquezas en gloria en Cristo Jesús (Filipenses 4.15,16,18,19).

Incluso es posible que en alguna forma Lidia ayudara a iniciar la iglesia en Tiatira, que encontramos en Apocalipsis. La carta a los líderes allí dice:

Soy consciente de todas tus obras buenas: tu bondad hacia los pobres, tus dones y servicio a ellos (Apocalipsis 2.19).

Es también interesante notar que la iglesia en Tiatira permitió que la falsa profetisa Jezabel introdujera herejías en la iglesia. Esta es, ciertamente, una nota seria. Las mujeres deben ser muy cuidadosas en cuanto a la piedad y no manipular o tratar de retener el control.

Cuando Dios la llamó, ella tomó su hacha y salió

Una de las líderes más interesantes de la historia de Estados Unidos fue una señora llamada Carry Nation. Su fama se basó en la destrucción de los bares o cantinas con un hacha. Esta actividad fue el resultado de lo que describió como un «llamado divino»:

Un día... abrí la Biblia con una oración pidiendo iluminación divina, y vi estas palabras: «Levántate, resplandece; porque ha venido tu luz, y la gloria de Jehová ha nacido sobre ti».[5]

Por ese tiempo, Carry trabajaba con la WCTU en Medicine Lodge, Kansas. A menudo, sus destrozos eran acompañados con la

---

5. Tucker y Liefield, *op. cit.*, p. 274.

predicación de un mensaje evangelístico. ¿Qué significaba «destruir» un bar? En sus propias palabras:

> Atacaba lo más rápidamente que podía, destrozando espejos, botellas y vasos; era asombroso con la rapidez que podía hacerlo. Los hombres estaban aterrorizados, con las manos en alto y parados todos en una esquina. Mis fuerzas eran como las de un gigante. Me sentía invencible. No hay duda de que Dios estaba conmigo.[6]

Recuerde, esto ocurría a principios de siglo, en los días del salvaje oeste. No le recomendaría que usara la misma estrategia hoy. Sin embargo, es posible que Dios la llame a orar fervientemente cada día para que se cierren todas las tiendas de pornografía que hay en el sector donde vive. ¿Estaría dispuesta a responder sí a ese llamado?

Muchas mujeres están siendo llamadas por Dios para defender la justicia en sus países. Si viera a una de esas mujeres, a primera vista no la impresionarían. Muchas de ellas son abuelitas. Otras son adolescentes luchando por la abstinencia en sus escuelas. Me gusta lo que dice Aglow: «¡Mujeres comunes. Dios extraordinario!»

Unidas permanecemos, divididas caemos

En 1985 estaba en un tiempo de oración y ayuno por los Estados Unidos de América. Al tercer día de ayuno, le pregunté al Señor: «¿Cómo es que Satanás ha hecho tanto daño a los Estados Unidos? ¡Él no es omnipotente, ni es omnisciente!»

El Señor me contestó: «Él tiene una estrategia y mi pueblo no. Convoca a todos los generales a que se reúnan (líderes de oración) y cuando cada uno venga con algo de estrategia, me revelaré en su medio».

6. *Ibid.*, p. 275.

Mi primer libro, *Conquistando las puertas del enemigo* (Editorial Betania, Miami, FL), cuenta las instrucciones específicas que recibí. Lo que quiero destacar aquí es que el Señor me dijo que seríamos como Juan el Bautista, preparando el camino para un movimiento de unidad. Él me dijo: «Si los intercesores se unen en los años ochenta, los pastores se van a unir en los noventa». Por supuesto, eso es exactamente lo que está ocurriendo.

Con la ayuda de amigas como Sally Horton, B.J. Wilhite y otras, los generales tuvimos una primera gran reunión. Nunca olvidaré cuando esa noche pasaba mi vista por el salón lleno de grandes líderes de oración y pensaba: *Señor, ¡aquí va a haber un milagro grande!* Algunas personas trataron de desalentarnos, incluso intentaron traer gente de todos los trasfondos posibles para que oraran. ¡Ellos creían que esto no resultaría!

Fue un tremendo desafío. Mientras observaba aquella audiencia, reflexionaba en lo que sabía acerca de las organizaciones y las iglesias representadas. Pensaba que todo era el resultado de demonios, y la otra que los cristianos no podían ser oprimidos por los demonios. Otra creía que éramos perfeccionados a través del sufrimiento y la de más allá que estamos llamados a sufrir lo que sea por ser cristianos. Interesante... muy interesante.

Dios se manifestó en una forma poderosa y a la mañana siguiente todavía me solazaba en la bondad de Dios. Sentimos que necesitábamos unirnos de nuevo para orar por una estrategia. Sin embargo, justo en la mitad del resplandor de los acontecimientos, sonó el teléfono. ¿Se da cuenta cómo el diablo se aparece después de cada gran bendición? Un familiar lejano de uno de los amigos de Job estaba en la línea: «Cindy, mi pastor dice que si Dios quiere unir a los líderes de oración, ¡no lo va a hacer usando para ello a una mujer!»

¡No podía creer lo que estaba oyendo! Para ser sincera, estaba profundamente afectada por la llamada. Esa noche no le dije nada a Mike porque llegó cansadísimo después del trabajo. Pensé: *Tú puedes tratar eso. No le des más importancia de la que tiene.*

Al día siguiente, mientras pensaba en mis propios asuntos, el teléfono sonó de nuevo. Era una señora. (Por lo general, he descubierto que las señoras son mucho más crueles que los hombres en lo que a estar en el ministerio se refiere.) La voz dijo: «Cindy, *mi pastor dice que* (¡Oh, no! Antes que me dijera algo, supe que no sería nada bueno) *aun si Dios quisiera usar a una mujer para unir a los generales, no usaría a una de tu edad*».

Por ese tiempo tenía treinta y tres años. (El año tanto de la crucifixión como de la resurrección. ¡En ese momento estábamos en la parte de la crucifixión!) De inmediato, imaginé mi figura con un gran relleno en la parte posterior de mi cabeza, mechones de pelo gris, medias enrolladas por debajo de la rodilla y venas varicosas.

Sentí dentro de mí como vidrios rotos. Uno de mis más grandes miedos era que me hiciera una presumida y me alejara de la voluntad de Dios para mi vida. *¿Qué habré hecho?*, pensé desatinadamente. *¿Cómo he podido ser tan estúpida e ignorante?*

Cada vez que Dios te llama a algo nuevo pareciera que viejos duendecillos se te sientan en el hombro y te preguntan: «¿Quién te crees que eres?» Cuando escribí *Conquistemos las puertas del enemigo*, el diablo trató de decirme una y otra vez que nadie iba a leer ese libro. En este momento se ha traducido a diez idiomas. Luego, cuando escribí mi segundo libro, *La voz de Dios*, otro «amigo» me dijo sagazmente: «Bueno, Cindy, sabes que algunas personas solo tienen un libro bueno». ¡Qué pánico! ¡Había firmado un contrato sin la luz de esa importante información!

Llamé a mi mentor y papá espiritual, Peter Wagner, y derramé mi corazón en él. «¿Cree usted que solo pueda escribir un libro bueno?» le pregunté temerosa. «¿Habré sobrepasado mis posibilidades?» Gracias al Señor que Peter estaba allí para llevarme a través de aquel valle de dudas. Me explicó que muchas personas tienen estos mismos sentimientos cuando escriben su segundo libro. Al menos me sentí aliviada, pero cuando terminamos de hablar, sentía la paz de Dios muy dentro de mi corazón.

El Goliat insultante se desploma

Cuando recibí la segunda llamada telefónica después de la primera reunión de generales, estaba bajo intensos sufrimientos. Recuerdo que pensé: *Oh, Dios, ¡he sido una presumida! ¿Cómo pude llegar a esto?* Mentalmente empecé a hacer una lista de hombres y mujeres más viejos que yo que pudieron finalizar su visión.

Cuando Mike llegó a casa esa noche, estaba sumamente deprimida y desanimada. Lloraba amargamente sentada al borde de la cama. (Créanme, el aspecto que tenía no era nada agradable. Tenía el rostro desfigurado por el llanto.) Mike me miró y dijo: «¿Qué te pasa?», y trató de calmarme.

«Oh, Mike», le dije sollozando, «he cometido un horrible error. Pensé que Dios me había dicho que organizara a los Generales de Intercesión para que oraran por nuestro país». Y le conté sobre las dos llamadas telefónicas que había recibido.

Pobre Mike. ¡Me ha ayudado tanto a través de los años! Por el solo hecho de haberse casado conmigo, tendrá derecho a una estrella muy especial en su corona. Cuando me tranquilicé un poco, me dijo: «Voy a orar y a pedirle al Señor palabra para esta situación y en un par de días te diré qué me responde».

Fiel a su palabra, unos días después Mike me dijo lo que había recibido. «Mi amor, esto es lo que el Señor me dijo. Cuando el jovencito David fue al campamento de los israelitas, todos los hombres estaban en formación de batalla. Goliat venía día tras día y los insultaba, y se mofaba del Dios de Israel. Solo David se levantó para enfrentar al gigante. Le dijo: "¿Quién eres tú, filisteo incircunciso, para permitirte desafiar a los ejércitos del Dios Altísimo?"»

Y siguió diciéndome: «Cindy, no fuiste la primera opción de Dios. Él trató de llamar a un hombre. Tú no fuiste la segunda opción de Dios. Él trató de usar a alguien de más edad que tú. (Mi ánimo iba mejorando paulatinamente.) Fuiste la tercera opción de Dios, pero Él sabía que si te lo pedía, lo harías porque eres obediente. Él sabía que harías cualquiera cosa que te pidiera».

De ahí en adelante, Mike y yo fuimos socios de una manera diferente. En 1985, fundamos juntos Generales de Intercesión y aun cuando Mike trabajó hasta 1991, llevamos a cabo muchas reuniones reclutando líderes para interceder y traer sanidad a sus naciones.

El Señor también mandó algunas profecías alentadoras con personas que apenas conocía. Una de ellas me amonestaba dar a otros la visión que Dios me dio. En los primeros días la guerra era tan cruenta (¿Qué estoy diciendo? ¿Los primeros días? ¡La guerra sigue siendo cruenta aún!) que cada vez que teníamos una reunión, Mike y yo decidíamos que esa sería la última. Pero entonces algún profeta se presentaba y empezaba a profetizar: «Y el Señor dice, quiero que lleven esta visión a todo el mundo». ¿Se ha sentido alguna vez tan mal espiritualmente que le dan ganas de pegarle al profeta? Nosotros no teníamos ningún interés en ir alrededor del mundo. ¡Si solamente una reunión fue tan complicada, cuánto más no sería llevar la visión a todo el mundo!

La fe está siempre «en rojo». Cuando usted se siente tan cómoda creyendo en Él por una cosa, Dios la sacude de su estado de comodidad y le dice: «Ahora haz esto».

Los músculos de la fe se fortalecen cuando nos concentramos en el llamado que viene de arriba

Tengo que decir que la fe crece con la visión. Aunque no hay duda que nuestra fe estuvo a punto de fallar en innumerables ocasiones, ahora podemos creer mucho más que en los primeros días. Recuerdo cuando en 1991 conseguimos una oficina fuera de nuestra casa. Nos preguntábamos cómo íbamos a hacer para reunir los doscientos dólares mensuales de la renta. Ahora creemos en decenas de miles de dólares para proyectos regulares. Cuando escribo estas líneas, la carta informativa que comenzamos en 1992 la enviamos a no menos de cuarenta y dos países. Ahora también sabemos que la fe está «siempre en rojo». Cuando se siente tan cómoda creyendo en Él por una cosa, Dios la sacude de su estado de comodidad y le dice: «Ahora haz esto».

En esta hora, Dios está llamando mujeres, no a militantes feministas que insistan en sus derechos y exijan un lugar de servicio, sino mujeres que busquen su lugar en el Reino de Dios. Si Él no le abre las puertas, entonces en vano se esforzará tratando de pasar por ellas (véase Apocalipsis 3.7).

En su libro *The Desires of a Woman's Heart* [Los deseos del corazón femenino], Beverly LaHaye describe el llamado de Dios a las mujeres. Ella dice:

> Cada llamado es único. Para algunas obedecer a Dios equivale, digamos, a ser «echada a los leones», o a ser enviadas a un clima hostil donde los cristianos y la Biblia son escarnecidos por anticuados y puritanos. Para otras, la obediencia a Dios puede llevarlas a una existencia privada más apacible. Lo importante es, sin embargo, obedecerle y «estar firmes y constantes, creciendo en la obra del Señor siempre, sabiendo que vuestro trabajo en el Señor no es en vano» (1 Corintios 15.58).[7]

Y sigue diciendo:

7. Beverly LaHaye, *The Desires of a Women's Heart* [Los deseos del corazón femenino], Tyndale House Publishers, Wheaton, IL, 1993, p. 87.

Cientos de miles de mujeres hoy están participando en organizaciones como Concerned Women for America [Mujeres preocupadas por América], Christian Action Council [Consejo de acción cristiana], Eagle Forum [Foro Águila], American Life League [Liga de vida americana], Enough is Enough [Suficiente es suficiente] y Mothers Against Drunk Driving [Madres contra conductores borrachos] para nombrar solo algunas. Estas mujeres saben quiénes son ellas. Están seguras de lo que valen; ven la declinación de la sociedad estadounidense y están participando activamente en tratar de parar esto.

Las mujeres comprometidas con «Mujeres preocupadas por América» [la organización fundada por LaHaye] por ejemplo, están trabajando en iglesias y comunidades para establecer una red de oración y acción. Trabajan activamente a nivel local y nacional para impedir legislaciones y programas de educación que causarán daño a sus familias. Están preocupadas por proteger los derechos de las familias más que los suyos. Su interés primario no es su autorrealización ni tampoco están tras algún nebuloso ideal de felicidad. Están tratando de satisfacer una necesidad concreta: proteger de la destrucción al núcleo familiar y a la sociedad.[8]

¿Recuerda la historia en el capítulo 1 del manzano que creía que era un árbol de flores? Ella representa a muchos pasajes o etapas de hombres y mujeres mientras van por la vida. A lo largo de los años, todos experimentamos cambios de enfoque, de ocupación e incluso de funciones. Pocos de nosotros sabemos qué haremos finalmente; sin embargo, la palabra profética nos da a veces un indicio.

8. *Ibid.*, pp. 86-87.

Cree a sus profetas y serás prosperado
(2 Crónicas 20.20)

Cuando en 1984 Dick Mills profetizó que yo tendría un ministerio mundial, me fue muy difícil entender lo que estaba diciendo. Por aquel tiempo predicaba en reuniones locales de mujeres mediante invitaciones y en cuanto a ministrar fuera de los Estados Unidos, solamente lo había hecho en Canadá. Tenía que ir entendiendo la profecía de Dick Mills, acerca de la cual no había dado detalles: «El próximo año te voy a hablar acerca de un ejército de oración que llamarás Generales de Intercesión, luego hablarás en congresos nacionales para pastores y líderes alrededor del mundo».

¡Pero me alegro tanto no haber tenido idea de nada! Todavía no estaba lista. Francamente, me habría asustado saberlo. Para darle un marco de referencia de hasta donde he llegado hablando ante grandes audiencias necesitaría explicar cuando los miércoles por la noche teníamos en nuestra iglesia lo que llamábamos «tiempos de oración». Tendría no más de veinte años y tenía que luchar contra mi timidez natural. Cada miércoles, la congregación oraba en voz alta en oraciones tipo frases que se van juntando una tras otra. Semana tras semana, me decía: *La próxima vez que tengamos tiempo de intercesión, voy a orar en voz alta*. Pero de alguna manera, cuando ese tiempo llegaba, mi lengua se me pegaba al paladar. ¡Sencillamente no podía conseguir pronunciar palabra!

Si alguien me hubiera dicho entonces que les hablaría a veinte mil personas al mismo tiempo, habría quedado en estado catatónico. Gracias a Dios que Él me dio solo lo que en cada momento he podido cargar.

Posteriormente, después de haber tenido mis hijos, a menudo me frustraba por no disponer de más tiempo para orar e interceder. Y en tales circunstancias, muchas veces el Señor me aseguraba: «Cindy, el día viene cuando tus hijos estén en la escuela, y entonces podrás pasar horas en oración». Aprendí a tener momentos breves de oración mientras lavaba la loza o mecía al bebé. Por lo general oro tarde en la noche o me despierto muy temprano para tener mis devocionales.

Quizás usted sea una joven madre frustrada que siente una culpa terrible porque quiere hacer más para el Reino de Dios. Déjeme asegurarle que si está sintiendo el llamado de Dios y está dispuesta a mantenerse obediente, llegará el día cuando estará en condiciones de hacer todo lo que está en su corazón.

Confianza a través de las estaciones de la vida

La vida es una serie de estaciones y todos experimentamos inviernos, primaveras, veranos y otoños. A medida que lea acerca de estas estaciones, pídale a Dios que le muestre en cuál está y qué es lo que Él quiere enseñarle durante esta etapa de su vida.

Invierno, cuando la tierra «no produce nada»

Si está en la estación del invierno, quizás se sienta muerta o improductiva. Puede ocurrir que Dios quiera que se tome un tiempo de descanso y deje que el suelo de su vida recupere su consistencia. Esta es una de las estaciones más duras para personas tipo A (como yo).

Después que finalmente logré aceptar el llamado de Dios para mi vida, entonces me pidió dársela a Él y asumir un papel no público de intercesión. Me sentía como una pelota de ping-pong espiritual. Ahora que había dicho que sí, tenía dentro de mí un fuego tal que quería conquistar el mundo para Cristo Jesús. En lugar de eso, Él me dijo: «Cindy, quédate tranquila y recuerda que yo soy Dios. Yo no desperdicio la unción. Quiero que estés segura que sé donde vives y que te usaré en el momento apropiado».

Había días en que le decía: «Dios. ¡Temo que vayas a volver antes que predique una sola vez!» ¡Era tan difícil esperar! Se siente como si Dios se hubiera cambiado de domicilio y perdió la dirección de uno. Los cielos son como bronce y uno puede aun luchar con sentimientos de abandono. Pero este tiempo de preparación es necesario porque ayuda a desarrollar el carácter y a que sus raíces sean más profundas en la tierra de la Palabra.

Una vez que el plan de Dios se desarrolla es como si se lanzara velozmente hacia adelante. Entonces es cuando necesitará toda la Palabra que deposita en ti para sobrevivir a las bendiciones de las otras estaciones.

La primavera: estallidos por doquier

Durante la primavera la vida parece ser excitante. Por lo general, esta estación está acompañada de un sentido de gran anticipación. A menudo siente como si fuera a estallar a una nueva vida. Tiene la sensación de que algo maravilloso está a punto de ocurrir, pero no sabe con certeza qué es. Así es como me sentía en 1989 cuando Mike y yo fuimos a una cumbre de oración en Washington, D.C., auspiciada por Ray Bringham.

Una noche durante la cumbre, traté de dormir pero no pude a causa de la emoción que sentía. (La única experiencia que puede compararse a lo que sentía era la víspera de Navidad cuando era pequeña. Abríamos los regalos la mañana de Navidad y no podíamos resistir el deseo de abalanzarnos sobre nuestros padres y sacar de la cama sus cuerpos cansados.) A la mañana siguiente fuimos con Peter Wagner, su esposa Doris, y con Len LeSourd a quien acabábamos de conocer, a una reunión del consejo ejecutivo de la Embajada de Oración Nacional. Peter y Doris nos observaban mientras elaborábamos un modelo de oración entre Inglaterra y Estados Unidos en algo que ahora llamamos «arrepentimiento nacional». Estaban fascinados y trabajaron con nosotros sugiriendo preguntas respecto a cómo sanar a las naciones.

Yo había empezado a escribir un libro sobre la oración e hice algunas oraciones un tanto radicales, tales como: «Dios, si quieres que escriba un libro tendrás que ayudarme. Necesito un guía y no tengo la más mínima idea de cómo encontrar un editor». En medio de nuestra conversación, Len, que por ese entonces era vicepresidente de *Chosen Books*, se inclinó y me dijo: «¿Ha escrito un libro?» y me pasó su tarjeta.

Peter saltó: «¡Cindy, esta tarde a las 4.30 tengo una reunión con Jane Campbell, la editora de *Chosen* porque ellos quieren un libro sobre la oración. Ellos no necesitan mi libro, necesitan el tuyo. Reúnete con nosotros en la cafetería y te la presentaré».

Desde entonces, mi vida ha sido un remolino. Peter Wagner llegó a ser mi mentor, y me asesoró con mi primer libro. En realidad (para mi absoluto horror), tiró a la basura los primeros tres capítulos que había escrito. El punto es que la primavera es un tiempo para traer cosas nuevas a nuestras vidas.

A veces, durante la primavera de su vida, quizás esté al borde de algo nuevo y se sienta como una mujer encinta en su noveno mes: Es una suerte de gruñona susceptible; sabe que Dios está a punto de hacer algo; puede sentirlo moviéndose dentro de usted, pero no sabe a qué se parece. Cada día vive con la esperanza que Dios se lo revelará de modo que pueda seguir con su vida.

El fruto del verano es dulce, pero algunos días pueden ser calientes

El verano es mayormente tiempo de recoger frutos. Aunque puede ser bastante ardiente en la proporción de guerra espiritual que experimente, esta estación casi siempre es muy productiva. Es durante este tiempo que usted experimenta la riqueza de las buenas amistades.

¡En el otoño me siento deshilachada!

El otoño es tiempo de siega. Las semillas que sembró han madurado con el sol del verano y están listas para cosecharlas. Lo vasto de las responsabilidades durante esta estación, tanto en lo personal como en relación con todo el Cuerpo de Cristo, puede parecer algo abrumador. ¡Cuídese de las grandes presunciones! Si se mueve demasiado rápido en cuanto a los planes de Dios para la cosecha, puede estar adelantándose y causar grandes daños a la siega. Y si no observa las señales de las tormentas en las relaciones, puede ver destruida la mayor parte de su trabajo de toda una vida. Este es un tiempo crítico para reunir a su alrededor a otras personas que puedan hablarle a su vida.

Hago esto en diversos niveles, tanto ministerialmente como en mi condición de mujer. Tengo amigos que sienten un amor especial por nuestra familia con quienes puedo compartir de corazón a corazón cuando paso por tiempos difíciles. Otros saben mejor que yo lo que estoy pasando como ministerio.

Pero este no siempre es el caso. En los primeros días de ministerio, no conocía a ninguna otra mujer en posición de liderazgo. Aun después, las que conocía o no tenían hijos o eran mucho mayores que yo, de modo que tenían factores temporales diferentes que considerar. Como por lo general he sido la más joven de mi grupo de iguales, me he sentido un poco «fuera de sincronización» para decirlo de algún modo, con el resto. He tenido responsabilidades únicas y siempre me sentí como que estaba haciendo alguna forma de trampa: tratando de ser la supermamá, la mejor esposa del mundo y sobre eso pasando suficiente tiempo con Dios. ¡Sí, el otoño puede ser muy ocupado!

Además de la cosecha, el otoño es también un tiempo de morir al yo. Así como la naturaleza refleja las transiciones en sus estaciones, de igual modo es generalmente durante el otoño que Dios llama para los grandes cambios en su vida. A menudo, Él le restablecerá para una mayor efectividad. A veces hará que deje un ministerio para trabajar en otro, o le pedirá que baje un poco su ritmo de trabajo para estar más tiempo en casa. Me da la impresión de que Dios está permanentemente restableciendo una gran parte del Cuerpo de Cristo a fin de preparar a su Iglesia para la acometida del evangelio al final de los tiempos. Mucha gente se está moviendo físicamente a nuevas ciudades y esta clase de cambios requiere gran flexibilidad y paciencia. Pero el resultado será mucho mayor efectividad para su pueblo y mayor gloria para su Reino.

Romper el molde para refundir el sistema

Las mujeres de propósito tienen grandes desafíos ante ellas. A veces Dios no escoge a los más obvios o a los más talentosos para los lugares superiores. Hay algunas mujeres que han estado en la estación del invierno, en un tiempo de aparente olvido, mientras Dios las prepara para que sean una gran bendición al Cuerpo de Cristo.

La joven Ester fue una de ellas. La Biblia nos cuenta que era huérfana. Por sobre eso, había sufrido el trauma del cautiverio, para no mencionar el hecho de que era de una raza mala. Tenía al menos tres golpes en contra. Obviamente, Ester no era el mejor prospecto que Dios tenía para usar en algo importante. ¿Verdad? Falso. Él la hizo una mujer de una gran belleza física y su tío Mardoqueo tiene que haber trabajado duro con ella para desarrollar su belleza interior. Me pregunto si alguna vez pensó, cuando era una niña, que algún día sería reina. Quizás sí. Probablemente no.

Ester fue una mujer que rompió el molde con el cual se habría hecho una buena niña judía. Debió necesitar gran valor y flexibilidad de su parte para responder a los requerimientos del rey. Así mismo, Dios está llamando hoy a mujeres que estén dispuestas a responder a cualquier pregunta con un simple: «Aquí estoy, Señor. Envíame».

Esta respuesta podría significar quebrar el molde para los estereotipos de la sociedad. Las feministas proclaman: «Nunca te realizarás a menos que tengas una ocupación fuera de casa».

Otras voces dicen: «Eres una persona mala si piensas que Dios pudiera tener algo para ti que no sea preocuparte por tu casa».

En su libro *Women at the Crossroads* [Mujeres en la encrucijada], Kari Torjesen Malcolm analiza algunos de los asuntos que impiden que las mujeres alcancen el lugar y llamado que Dios tiene para ellas. Estoy de acuerdo con su perspectiva cuando dice:

> Nos olvidamos tan fácilmente que Jesús prometió que si buscamos primero su Reino y su justicia, todo el resto de las cosas vendrán por añadidura (Mateo 6.33). Si nuestra relación de amor con Él tiene el primer lugar, entonces

todas las otras relaciones encontrarán su justo lugar en nuestros corazones y en nuestras agendas. La mujer que se concentra en Cristo llegará a ser, en consecuencia, una mejor esposa y madre que aquella que permanece todo el día en el hogar sin propósito alguno, como una reacción o un escapismo. Para una mujer que ama al Señor, la Palabra de Dios le quemará como fuego en sus huesos hasta el punto que no podrá hacer otra cosa que hablar de su Señor, sea que se dirija a un grupo grande o pequeño, que la gente sea de su propio linaje o pertenezcan a una cultura diferente.[9]

Destrucción de fortalezas que estrangulan el propósito

Cuando recuerdo mi vida pasada, puedo identificar al menos cinco grandes fortalezas con las cuales he tenido que luchar para poder dar cumplimiento a mi propósito. Creo que muchas mujeres se sentirán identificadas con algunas de esas en diferentes niveles.[10]

1. Fortaleza de la mente
Me gusta la forma en que Edgardo Silvoso describe esta fortaleza:

Un estado mental impregnado de desesperanza hará que el creyente acepte como inalterable situaciones que sabemos son contrarias a la voluntad de Dios.[11]

---

9. Kari Torjesen Malcolm, *Women at the Crossroads* [Mujeres en la encrucijada], InterVarsity Press, Downers Grove, IL, 1982, pp. 30-31.
10. Nota: Escribí acerca de estas cinco fortalezas para un capítulo titulado «Derribando fortalezas» en el libro de Aglow International, *Women of Prayer* [Mujeres de oración]. Para un estudio más completo, léanse las páginas 89-105 de ese libro.
11. Ed Silvoso, *That None Should Perish* [No perecerán], Regal Books, Ventura, CA, 1994, p. 155. Memoricé esta cita de Ed mucho antes que la escribiera en su libro.

En otras palabras, algunas de las formas que pensamos y sentimos en cuanto a nosotros, y las situaciones que nos afectan son contrarias a la voluntad de Dios. Básicamente, hay formas que creemos y sentimos sobre nosotros que pueden realmente impedirnos alcanzar nuestro propósito en Dios. Cosas tales como traumas de nuestra niñez, inseguridades y complejo de inferioridad.

Una de las más importantes en que creo que la mujer debe participar es en la oración. El enemigo quiere que sienta que su situación no tiene solución, que su marido jamás va a entregarse a Cristo, que sus hijos seguirán siendo rebeldes, etc. Para que podamos correr con diligencia la carrera de intercesión, estas fortalezas deben ser echadas abajo como temores vanos.

2. La fortaleza del miedo

Una de las peores fortalezas con la que las mujeres tenemos que luchar es la del miedo. Este viene en muchas formas y se esconde detrás de las mentiras. A veces encubrimos nuestros miedos con una capa de falsa santidad, y decimos: «Es que sencillamente no soy digna de pararme en público y orar».

A menudo tenemos miedo de las opiniones de los demás. Recuerde, al final de nuestros días, el Señor preguntará a cada una de nosotras qué hicimos con nuestros talentos. Espero que ninguna de ustedes tenga el patio de atrás de su casa sembrado de talentos escondidos, tales como el de la música, el de escribir, el de organizar, el de servir, etc.

El miedo no será una excusa aceptable cuando estemos frente al Rey del universo, porque Él nos dio la capacidad de vencer mediante la sangre del Cordero. Si nos sentimos superadas por el miedo, ese sentimiento no proviene de Dios. Porque Él nos da «poder, amor y una mente sana» (véase 2 Timoteo 1.7).

Algunas de ustedes necesitan desempolvar sus talentos y sueños y dárselos al Señor. La diferencia entre las mujeres que hallan su lugar en el Reino de Dios y las que nunca lo encuentran puede ser sencillamente la disposición a ser usadas por Dios. Cada persona puede hacer alguna cosa. Usted puede unirse a un grupo de *Moms In Touch* [Madres en contacto], que interceden por las escuelas de sus hijos o algún otro grupo de servicio que le permita expresarse y usar sus capacidades.

3. La fortaleza de la intimidación

A menudo, las mujeres son atacadas por la intimidación. Esto ocurre cuando miramos a nuestras limitaciones más que a la grandeza de Dios. Sea que hayamos sido llamadas a cantar o a testificar, el enemigo nos dirá algo así como: «Si lo haces, la gente va a creer que eres una orgullosa». A menudo, el enemigo nos ataca a través de nuestros puntos débiles, sean personales o situaciones familiares, o trata de hacernos comparar nuestras habilidades con las de otros para producir sentimientos opresivos que nos impidan alcanzar todo nuestro potencial en Dios.

4. Fortalezas generacionales

Algunas fortalezas comienzan a formarse mucho antes que nosotras vengamos al mundo. Las heredamos. Quizás usted diga: «¡Un momentito, Cindy! ¡Eso no es justo!» Éxodo 20.5 dice que Dios visita las iniquidades de los padres sobre los hijos hasta la tercera y cuarta generaciones. Si somos redimidas de nuestras iniquidades, necesitamos apropiarnos de nuestra libertad a través del nombre de nuestro Señor Jesucristo. En mi libro *La voz de Dios*, doy una extensa enseñanza acerca de este asunto. Estas fortalezas pueden producir maldiciones tales como enfermedad, pobreza, demencia y otros males.

5. Fortalezas de tradición

Siendo que vengo del sur de los Estados Unidos, la tradición es otra de las grandes fortalezas de mi vida contra la cual tengo que luchar para derribar. Las buenas cristianas del sur sencillamente no viajaron alrededor del mundo predicando el evangelio. Como puede decirlo al leer este libro, luché intensamente para aceptar el llamado de Dios para que dedicara mi vida a servir como ministra del evangelio.

Necesité dos años para admitir ante los demás que era ministra, incluso después de haber obtenido mi licencia como tal. Ni siquiera pronunciar la letra «m» de ministra me era fácil. Supongo que tenía miedo a la reacción de la gente. Hoy me siento orgullosa (en el buen sentido) de contar lo que hago en el Reino de Dios. Le digo a la gente: «Tengo un tremendo jefe y el plan de retiro está fuera de este mundo».

A menudo me he preguntado si la reina Vasti, en el libro de Ester, rehusó presentarse cuando fue llamada por el rey porque no era la costumbre hacerlo. Cuando el Rey nos llame a nosotras, debemos estar seguras de que no seremos impedidas de acudir por cuestiones de tradición.

Señor, pónme en el camino de mi llamado

Quizás ha tenido un deseo genuino de llegar a ser una mujer de propósito y cumplir el alto llamado de Cristo para su vida. Tenga presente que el Señor está levantando por todo el mundo un gran ejército de colaboradoras. No se deje intimidar por la opinión del hombre (o de la mujer). Sencillamente siga la guía de Dios. Si Dios la llama para estar todo el tiempo en casa incluso después que sus hijos hayan crecido, entonces hágalo. Quizás sea soltera y Dios la llama al campo misionero; si es así, ¡vaya! (Tendremos mucho que decir sobre esto en los siguientes capítulos.)

La invito a que haga conmigo, ahora mismo, la siguiente oración:

Dios, quiero ser una mujer de propósito. Te entrego toda mi vida, mis hijos, mi familia e incluso la opinión que los demás pudieran tener de mí. Aquí estoy, Dios. Pónme en el camino a mi llamado. Ayúdame a destruir las fortalezas en mi vida que impiden que te sirva completamente. Iré adonde quieras que vaya y haré lo que me digas que haga mientras sepa que es tu voluntad para mi vida. Oro en el nombre de tu Hijo Jesús. Amén.

Una manera de fortalecer su decisión de ser una mujer de propósito es estudiar las vidas de otras heroínas de la fe. Puede comenzar por sumergirse en el maravilloso «Capítulo de la fe» (Hebreos 11) para saber de aquellos pioneros que pavimentaron el camino para las generaciones futuras. Quizás encuentre a alguien de quien pueda decir: «Señor, quiero ser como ella. Es mi heroína. Si ella lo hizo y acabó su obra, yo también podré».

Heroínas de la fe

¿No es maravilloso cómo Dios escoge las cosas tontas para confundir a los sabios? Algunas de las más grandes obras del Señor han sido hechas por mujeres quienes, por su forma física, trasfondo y otras circunstancias parecían ser la última opción de Dios para los propósitos del Reino.

Durante la era de la reconstrucción en los Estados Unidos, después de la Guerra Civil, una joven atractiva de menos de un metro cincuenta de estatura recibió el llamado de Dios para dedicar su vida lejos de aquí, en el norte de China. Esta amorosa joven pertenecía a una familia rica y aristocrática durante los tiempos en que a las mujeres se las consideraba hermosos ornamentos. Si has visto la película *Gone With the Wind* [Lo que el viento se llevó], podrás tener una idea de la cultura durante ese tiempo. Las mujeres jóvenes de los hogares de las plantaciones eran expertas en el arte del flirteo, el cual usaban para retorcer entre sus pequeños dedos los corazones de los jóvenes cándidos. Pero este no fue el caso de Lottie Moon.

La herencia de la justicia

Lottie era descendiente de Robert Barclay, teólogo y predicador cuáquero, de nacionalidad escocesa y que fue pionero junto con hombres tales como George Fox y William Penn. El padre de Lottie fue Edward Harris Moon, cuyo hogar, «Viewmont» en el Condado de Albermarle, Virginia, no estaba lejos de los hogares de tres presidentes de Estados Unidos: «Monticello» de Thomas Jefferson, «Montpelier» de James Madison y «Ashlawn» de James Monroe.

Su madre, una fiel bautista del sur, fue una fuerza positiva para bien dentro de su comunidad. Debido a que no había ninguna iglesia cerca, la señora Moon celebraba servicios para los vecinos, siervos y sus hijos, en la sala de su casa los domingos por la mañana. Cuando no había un ministro, ella se encargaba de todo.[1]

Lottie no solo tenía una herencia virtuosa sino que además recibió la mejor educación. Fue una de las primeras mujeres sureñas en obtener una maestría, la que recibió en 1861.

Por un breve período, Lottie se sintió satisfecha con enseñar y trabajar para que el sur cambiara. Pero cuando su hermana, Edmonia salió en 1872 para China, su corazón se inclinó también por la obra misionera. Devoraba las cartas de su hermana hasta que al final, en la primavera de 1873 y después de oír un sermón sobre el versículo «Alzad vuestros ojos y mirad los campos, porque ya están blancos para la siega» recibió también el llamado de ir a China. Tenía treinta y tres años.

Lottie era novia de un joven profesor, pero cuando este abrazó el darwinismo, ella terminó la relación y nunca se casó. A veces, en el campo misionero, era atacada por profundos sentimientos de soledad.

En su viaje a China (en barco, por supuesto; no había aviones en aquellos días) y mientras soportaban una fuerte tormenta, escribió a su casa:

> Mientras observo la furiosa inmensidad de las aguas bramando como si desearan tragarnos, pienso que no me

---

1. Edith Dean, *Great Women of the Christian Faith* [Grandes mujeres de la fe cristiana], Barbour and Company, Inc., Uhrichsville, OH, 1959, pp. 240-241.

sorprendería ver una forma divina caminar por sobre ellas mientras escucho dulcemente en lo profundo de mi alma las palabras consoladoras: «No temas, estoy aquí».[2]

Nacida en América, transformada en China

Lottie se estableció con su hermana en una casa que tenía trescientos años a la que llamaron «La casa del cruce de caminos». Nostálgica por Virginia Lottie plantó un mirto de Virginia y en frente de su ventana árboles de granada como los que había en su casa.

Imagínate si puedes, a esta hermosa joven de suaves modales y cabello oscuro viviendo ahora en China. Rápidamente adoptó los modales y la vestimenta china al punto que parecía una de ellas. Usaba un vestido sencillo y una túnica china y zapatos de raso bordados con suela hecha de restos de ropa tan usados que era imposible remendarlos. Más tarde estimó que sus zapatos para tres cuartas partes del año costaban menos que ochenta centavos de dólar, y sus botas de invierno un poco más que un dólar. Dormía en una cama de ladrillos y se alimentaba de comida comprada en el mercado del pueblo y preparada en pailas chinas.[3]

A menudo, Lotty escribía cartas profundamente amonestadoras a la sede de los Bautistas del Sur:

> Es extraño que millones de bautistas en el sur puedan suministrar solo tres hombres para toda China. Es extraño que quinientos predicadores bautistas solo en el estado de Virginia deban depender de un ministro presbiteriano para ocupar un púlpito bautista. Me pregunto cómo se verán estas cosas desde el Cielo. Desde China, no hay duda que se ven bastante raras.[4]

2. *Ibid.*, p. 242.
3. *Ibid.*, p. 243.
4. *Ibid.*, p. 244.

Lottie Moon también provocó la ira de algunos de su propio pueblo cuando escribió acerca de la posición de la mujer en el campo misionero:

> «Lo que las mujeres quieren al venir a China», dijo, «es oportunidad y libertad para hacer el mayor trabajo posible ... Las mujeres tienen el derecho de exigir igualdad perfecta». Y de nuevo, «La justicia simple exige que las mujeres tengan igualdad de derecho con los hombres en las reuniones de la misión y en la forma de llevar a cabo su trabajo».[5]

Otras misioneras lanzaron contra ella andanadas de críticas, como la esposa del misionero congregacionalista Arthur Smith, la que sugirió que Lottie Moon tenía que estar mal de la cabeza para exigir tales cosas».[6]

Esto debería servir de consuelo a los lectores de quienes la gente pudo haber pensado que estaban locos por seguir el llamado de Cristo. A menudo (más al comienzo de mi ministerio) me sentí totalmente incomprendida y a veces me preguntaba si no me encontraría desorientada en mi ministerio de intercesión.

Discutible hoy, lugar común mañana

Debido a que es muy apropiado, quiero intercalar aquí algo de mi experiencia personal. Un día había recibido las críticas de costumbre por causa de mi ministerio y me sentía realmente molesta. (Recuerda que yo no solo soy una mujer ministra sino que enseño sobre la sanidad de las naciones y cómo pelear la guerra espiritual, etc.) Para ser sincera, estaba hablándole algo fuerte a Dios acerca de mi situación.

5. *Ibid.*, p. 244.
6. Ruth A. Tucker y Walter L. Liefeld, *Daughters of the Church* [Hijas de la iglesia], Zondervan Publications, Grand Rapids, 1987, p. 303.

Las cosas discutibles de hoy son el lugar común de mañana. Las personas controversiales hacen grandes cosas para [Dios].

«Dios», le dije, «¿no es suficientemente malo que sea una mujer ministra y que además enseñe sobre la guerra espiritual? Si voy a ser una mujer ministra, ¿no podría enseñar algo menos controversial?» Y añadí: «¡Estoy cansada de las críticas!»

Aun cuando en ese momento merecía ser consumida por fuego del cielo, Dios tuvo misericordia de mí y pacientemente replicó, «Cindy, las cosas controversiales de hoy son el lugar común de mañana. La gente controversial hace grandes cosas para mí. Solo haz tu trabajo». Y en seguida me recordó de la andanada de crítica que recibió John Wesley por usar melodías mundanas para sus himnos. En su tiempo, aquello era sencillamente atroz.

Intrépida, firme y fiel hasta la muerte

Hablando de aquellos que han sido atrevidos y valientes para Dios, Lottie Moon viajó de aldea en aldea en una litera cargada por una mula y por lo general dormía en posadas infestadas de chinchas y piojos. A menudo, el área por donde tendría que pasar era tan peligrosa que sus cargadoras tomaban la precaución de envolver el badajo de la campanilla de la mula con paja para evitar cualquier ruido que delatara su presencia. Lottie era tan intrépida y firme como un hombre, aunque tiernamente femenina.

En 1888 lanzó un desafío a las mujeres bautistas del sur, diciéndoles: «Considerando lo que la Navidad significa para ustedes, ¿no querrían compartir algo con nosotros?»[7] Ese año se recogieron tres mil dólares como respuesta a su llamado. Y aun después de su muerte, los Bautistas del Sur siguieron enviando esa ofrenda anualmente. Hasta 1992 se habían levantado, en el nombre de Lottie Moon mil millones de dólares para la obra misionera.

Ella sufrió muchas penalidades, incluyendo la sublevación de los Bóxers lo que la obligó a salir de China y radicarse en Japón donde empezó a enseñar. Muchos cristianos chinos murieron durante ese tiempo como mártires, despreciando su vida ante la muerte. Cuando regresó a China, la vida se le hizo financieramente más y más dura hasta que en 1911 estalló la revolución. El cónsul de Estados Unidos y muchos de sus amigos trataron de convencerla para que saliera del país, pero ella decidió permanecer en Tengchow. Mientras más sufrían sus amigos chinos por la guerra, las epidemias y la pobreza, más dinero daba Lottie Moon para atender a los pobres. Por fin, cuando ya frisaba los setenta años, sencillamente dejó de alimentarse.

En diciembre de 1912, Lottie cedió a la presión de salir para los Estados Unidos. Cuando abordó el barco, estaba débil y desnutrida. Cuatro días más tarde, mientras entraban al puerto de Kobe, en Japón, esta fiel guerrera de la Cruz fue promovida a la gloria.

Sus seres amados recibieron y sepultaron sus cenizas en Crowe, Virginia. La tumba de Lottie tiene esta sencilla inscripción: «Fiel hasta la muerte».

Diez años antes, Lottie Moon había dicho: «Si tuviera mil vidas, las daría todas a las mujeres de China». No tuvo mil vidas, pero la única que tuvo la dio y la influencia de esa sola vida se multiplicó por mil.[8]

Cuando termino de escribir esta historia las lágrimas corren por mis mejillas. Dentro de mí hay una voz que grita, «¡Oh, Dios. Quiero ser una heroína de la fe como Lottie Moon! ¡Quiero serte fiel hasta la muerte!» No es que desee ser una mártir, pero si llegara el momento

7. Edith Dean, *Great Women of the Christian Faith*, p. 244.
8. *Ibid.*, p. 246.

en que tuviera que decidir entre negar a Cristo y vivir, bueno, hace tiempo que esa pregunta la tengo contestada. Lo hice cuando tenía doce años, en el campamento de la iglesia.

Nunca voy a olvidar cuando mi consejero me escogió para participar en una representación teatral donde se trataba el asunto del martirio. La representación se hizo en un anfiteatro al aire libre y durante la noche. Proyectores iluminaban diferentes situaciones en naciones alrededor del mundo donde había cristianos que estaban enfrentando la decisión de morir o negar a Cristo.

Mi parte se desarrollaba en un país comunista, donde se nos hacía arrodillarnos con una pistola apuntándonos a la cabeza y se nos decía: «Niega a Cristo o muere aquí mismo». Mientras esa noche me preparaba para hacer mi representación, esas palabras jugueteaban repetidamente en mi cabeza, «¡Niega o muere... Niega o muere!» ¿Qué habría hecho yo si la situación hubiese sido real? ¿Me habría decidido por Cristo, o habría sido una cobarde y lo habría negado?

Muy tarde en la noche, la representación parecía ser real ante mí. Cuando me arrodillé en el suelo duro y pedregoso, de pronto no tuve ni una duda de cuál sería mi respuesta. ¡Nunca, nunca, nunca lo negaría! A partir de esa noche llegué a ser un «mártir viviente». En un sentido, aquella noche cuando hice mi decisión, yo morí.

La que halla su vida debe perderla

La historia está llena de mujeres que dieron sus vidas por la causa de Cristo. Una de las primeras en hacerlo fue Vibia Perpetua (181?-203). Perpetua vivía en Cartago, África del Norte. Su historia me fascina especialmente porque África del Norte, al momento de escribir este libro es una fortaleza del fundamentalismo musulmán. (¡Estamos orando ansiosamente y creyendo en que esta situación va a cambiar!) Los cristianos de Roma habían llevado el evangelio a esa parte del mundo durante el reinado del emperador Septimio Severo.

Debido a que Severo temía al desarrollo del cristianismo, emitió un edicto prohibiendo cualquier enseñanza que llevara a que la gente se convirtiera. Los nuevos creyentes venían a Cristo conscientes que la oportunidad de vivir mucho tiempo era de mínima a ninguna, a menos que Dios tuviera una razón para que escaparan de la persecución.

Es inspirador estudiar los escritos de estos primeros cristianos, sabiendo que el martirio era inherente a sus vidas. En realidad, ser un mártir se consideraba un privilegio. Escritos primitivos cuentan de la conversión de Pablo después del martirio de Esteban. A la mayoría de nosotros no se nos ocurriría pensar que martirio es sinónimo de evangelización, pero la iglesia primitiva creía fuertemente que en realidad lo era.

Confiados en que su martirio habría de hacer que muchos siguieran a Cristo en la ciudad pagana de Cartago, los creyentes creían que su sangre podría ser la semilla de la Iglesia. En el momento de su bautismo, Perpetua estaba bien consciente de esa posibilidad. Al salir del agua dijo: «El Espíritu Santo me ha inspirado a orar pidiendo nada más que paciencia ante los dolores del cuerpo».[9]

¿Te podrías imaginar tú en el lugar de esta joven mujer de no más de veinte años de edad? ¿Cómo reaccionarías si fueras arrestada? Para añadir intensidad a la situación, Perpetua tenía un bebé de pocos días.

Un día fue arrestada con otros cinco creyentes. Mientras estaba en prisión, su padre la visitaba de cuando en cuando, rogándole que se retractara por su propio bien y el de su bebé. Se enojaba con ella, se iba y volvía, implorándole de todas las formas.

Posteriormente, dos diáconos consiguieron que llevaran a Perpetua y a su sirvienta, Felicitas, a un lugar más cómodo de la prisión. Felicitas estaba en su octavo mes de embarazo y tenía miedo de que no le permitieran ir a la arena con sus compañeros de fe. No quería morir en medio de extraños, sino junto a sus hermanos cristianos.

Del diario que llevaba, podemos conocer las palabras de Perpetua poco antes de su muerte. Mientras leía el párrafo siguiente acerca

9. *Ibid.*, p 4.

de su pequeño hijo, mi corazón se me encogía al pensar en mis dos hijos:

> Yo estaba amamantando a mi hijo, y ahora se debilitaba por falta de alimento. En mi ansiedad por la salud del niño, hablé con mi madre, alenté a mi hermano y le pedí que cuidara de mi hijo. Me sentí desfallecer al verlos a ellos desfallecer por mí. Estas ansiedades las sufrí por muchos días, hasta que conseguí que me dejaran tener al niño junto a mí en la prisión. Inmediatamente recuperé mis fuerzas y me sentí libre de mi ansiedad acerca del niño; de repente, mi prisión se transformó en un palacio. Prefería estar allí más que en ninguna otra parte.[10]

Más tarde, cuando le trajeron su hijo por última vez, confesó, «Dios hizo que ya no fuera necesario que siguiera amamantándose, ni que la leche siguiera siendo un inconveniente para mí».[11]

Al estudiar la vida de Perpetua, vez tras vez ha venido a mi mente el siguiente pasaje de la Escritura:

> No penséis que he venido para traer paz a la tierra; no he venido para traer paz, sino espada. Porque he venido para poner en disensión al hombre contra su padre, a la hija contra su madre, y a la nuera contra su suegra ... El que ama a *padre* o madre más que a mí, no es digno de mí; el que ama a *hijo o hija* más que a mí, no es digno de mí; y el que no toma su cruz y sigue en pos de mí, no es digno de mí. El que halla su vida, la perderá; y el que pierde su vida por causa de mí, la hallará (Mateo 10.34-35, 37-39, cursivas añadidas).

10. *Ibid.*, p. 4.
11. *Ibid.*, p. 5.

¡Verdaderamente, el mundo no era digno de ti, Perpetua! ¡Oh, Dios, oro para que yo pueda seguirte con amor tan ardiente como mi hermana de Cartago!

El dragón asesino de quien triunfó sobre la muerte

Perpetua tuvo algunas visitaciones sobrenaturales por parte del Señor mientras esperaba ser llevada a la muerte. Una fue en forma de visión en respuesta a su oración para que Dios le revelara el futuro de sus compañeros y de ella misma:

> Anoche, en una visión, vi una escalera dorada de gran tamaño que alcanzaba al cielo; era tan estrecha que solo una persona podía ascender por ella a la vez. A sus lados había toda clase de instrumentos de hierro, espadas, lanzas, garfios, dagas. Si uno subía descuidadamente, recibía heridas en su carne, y pedazos de uno podían quedar en aquellos objetos de hierro. Al pie de la escalera había un dragón de inmenso tamaño que estaba ahí para aterrorizar a todos los que subían por ella.
>
> El primero en ascender fue Saturo [su maestro]. Se había entregado voluntariamente después de nuestra detención y lo había hecho porque había sido él quien nos había instruido en la fe y no había estado presente en el juicio que nos hicieron. Cuando hubo llegado al último peldaño de la escalera, se volvió y me dijo, «Perpetua, te espero aquí, pero ten cuidado que no te coma el dragón». Yo le dije: «En el nombre de Jesucristo, no podrá hacerme ningún daño». El dragón, como si me temiera, bajó lentamente la cabeza y yo puse mi pie sobre su cabeza, como si fuera el primer peldaño.[12]

12. *Ibid.*, p. 5.

Felicitas, cuya preocupación no era morir, sino *con quien* moriría, había dado a luz a una mujercita un mes antes. Un guardia se mofó de sus dolores de parto, diciendo: «¡Si gritas ahora, no te quedarán fuerzas para hacerlo cuando te lancen a las fieras en el circo!»

Su respuesta fue: «No sufro por mí, pero entonces habrá otro en mí quien sufrirá por mí, porque yo sufro por Él».

La hija que le nació en la prisión fue entregada a su hermana.[13]

Al final llegó el día del honor y la gloria de los mártires. Fueron llevados a la arena. La conclusión de la historia de Perpetua es digna de citarse completa:

El día de su victoria llegó, y con gozo en sus semblantes marcharon a la arena como si estuvieran camino al cielo. Si había algún temblor en ellos, era de gozo, no de miedo. Perpetua caminó con pasos rápidos como una verdadera esposa de Cristo, la amada de Dios, su mirada era brillante mientras paseaba sus ojos por la muchedumbre, sosteniendo su mirada. También Felicitas, feliz porque había sobrevivido al parto y podía participar en el combate con las fieras salvajes, pasando de un derramamiento de sangre a otro; de parturienta a gladiador, lista para su purificación después del parto por un segundo bautismo...

Para las jóvenes mujeres, el diablo había preparado una vaca furiosa, un animal que pocas veces se usaba en estos espectáculos, pero seleccionada para que el sexo de las mujeres pudiera ser igual al del animal que acabaría con sus vidas. Después de haber sido desnudadas y entrampadas en redes, las mujeres fueron echadas a la arena. Tan horrorizada quedó la gente al ver que una era casi una niña y la otra una madre con sus senos cargados de leche, porque recién había dado a luz un hijo, que fueron sacadas rápidamente del ruedo y vestidas con túnicas amplias.

13. *Ibid.*, p. 6.

Perpetua fue lanzada primero a la arena y cayó de espaldas al suelo. Se sentó, y más preocupada por su sentido del pudor que por el dolor, cubrió sus muslos con la túnica que se había deslizado de su cuerpo y yacía botada a su lado. Luego buscó su sujetador del pelo que también se le había caído, se echó hacia atrás el cabello arreglándoselo con el cintillo. Le parecía que no correspondía a una mártir sufrir con el pelo desgreñado y que al mantenerlo desordenado, podría dar la impresión que se estaba lamentando en su hora de triunfo. Se puso de pie. Al percatarse que Felicitas estaba muy golpeada, corrió hacia ella, abrazándola y ayudándola a ponerse de pie...

Y cuando la multitud exigió que las prisioneras fueran llevadas al centro del ruedo para poder deleitar sus ojos cuando las mataran con la espada, ellas voluntariamente caminaron hacia el lugar donde la gente quería verlas.

Antes de hacerlo, sin embargo, se besaron, con lo cual su martirio se completó perfectamente con el rito del beso de paz. Los demás, sin hacer un solo movimiento o sonido, fueron muertos a espada; pero a Perpetua, para que sufriera y lanzara alaridos se la quiso herir entre las costillas, pero ella tomó la mano temblorosa del gladiador y la dirigió a su garganta.

Quizás esta mujer era tan grande que se le temía como si hubiese estado poseída por un espíritu inmundo, que no habría sido muerta si ella no hubiese querido».[14]

Tertuliano, el padre de la iglesia, añadió esta nota al final de la vida de Perpetua: «Oh, muy valientes y bendecidas mártires, habéis abandonado la prisión en lugar de entrar a ella. Sus calabozos están llenos de oscuridad, pero ustedes son luz. Sus calabozos tienen cadenas, pero Dios las ha hecho a ustedes libres».[15]

---

14. Tucker y Liefield, *Daughters of the Church*, pp. 101-102.
15. Edith Dean, *Great Womens of the Christian Faith*, p. 7.

Vengar la sangre de los mártires

Recientemente, el Señor me dio una palabra en el sentido de que Él está preparándose para vengar la sangre de los mártires. Esto ocurrirá cuando muchos reciban a Cristo en los lugares donde la sangre de los mártires clama a Dios desde la tierra (Véase Génesis 4.10).

La primera vez que dije esto públicamente fue en una conferencia de Aglow. Una señora de Rwanda, donde cientos de miles han sido muertos, habló a la siguiente mañana de haber dado yo la profecía. Cuando se paró para hablar, empezó diciendo, «Me siento tan animada porque sé que Dios ha oído mis oraciones». Dijo, además, que Dios la había librado milagrosamente durante las masacres. «Sin embargo», dijo suavemente, «otros de mis amigos cristianos murieron». Y continuó: «Mientras veía sus cuerpos muertos, alcé mis ojos al cielo y clamé: "Dios, venga la sangre de estos mártires"».

Sé que esto va a suceder. Dios se está preparando para vengar la sangre de los mártires a través de todo el mundo. En Rwanda, miles de personas se volverán a Cristo en un gran avivamiento; lo mismo ocurrirá en Italia y España y en otros lugares donde se ha derramado tanta sangre de seguidores de Cristo.

¿Por qué es tan importante este capítulo sobre las heroínas? Una razón es que a través de los años se han escrito muchos libros sobre héroes, pero se ha puesto muy poco énfasis en las proezas de grandes mujeres. Yo creo que las madres van a leer a sus hijas historias de mujeres de Dios que han venido antes que ellas para preparar el camino. Y al hacerlo, las mujeres jóvenes podrán saber sobre las debilidades y grandezas de estas heroínas para estar mejor preparadas al momento de contestar las preguntas que plantea una vida de servicio a Dios. Por ejemplo:

- ¿Debo casarme si Dios me ha llamado a entregarle mi vida a Él?
- ¿Debo tener hijos?
- ¿Cómo debe ser el marido con quien me voy a casar?
- ¿Cómo resolvieron otras mujeres estos asuntos?

Estoy segura que a lo largo de mi vida he cometido errores que pudieron haberse evitado si alguien hubiese puesto en mis manos un libro como este para que me sirviera de guía.

Juana de Arco, la Débora de Francia

Una heroína de la fe que fue guiada por Dios a través de visiones y que fue usada para cambiar el futuro de una nación fue Juana de Arco. A menudo se le llama la *Débora de Francia*.

Juana de Arco vivió de 1412 a 1431. Una corta vida, indudablemente; solo diecinueve años. Aparentemente sus visiones empezaron cuando tenía unos doce años de edad y continuaron hasta que comenzó su misión en Francia a los dieciseis.

La joven Juana era una pastora que vivía en una pequeña aldea y era la menor de cuatro hermanos. Aunque algunas de las visiones y voces que ella tenía y oía parecían proceder de fuentes extrañas, tales como santos martirizados, yo creo que era el Espíritu Santo que hablaba por intermedio de ella. Quizás, en su ignorancia, ella no tenía una comprensión cabal de la voz de Dios, pero los frutos de lo que oía eran buenos.

Al Señor lo llamaba *Messire* («mi Maestro») y lo que oía de Él era dulce y directo:

> Cada vez que me pongo triste porque lo que digo, que es una orden de mi Maestro, no lo creen, me aparto con mi Maestro y le hago saber mi queja, diciéndole que aquellos a quienes hablo no están dispuestos a creerme. Y cuando he terminado mi oración, inmediatamente escucho una voz que me dice, «Hija de Dios, anda, yo seré tu ayudador». Y esta voz me llena con un gozo tan grande, que en esta condición me apoyaré siempre».[16]

16. *Ibid.*, p. 61.

(Una nota entre paréntesis: Algunas de ustedes que leen este libro quizás sean adolescentes. ¡Déjenme decirles que Dios va a usar esta generación en una forma poderosa! El Señor quiere encontrar entre ustedes Déboras que le sirvan para cambiar sus naciones, quizás no exactamente en la misma forma, pero sí en la forma que Él escoja para sus vidas).

Para entender un poco el momento político que vivía Francia en los tiempos de Juana de Arco, digamos que Francia estaba en guerra con Inglaterra y sus aliados en Francia, los borgoñeses, que eran del norte de Loira. Las circunstancias parecían amenazantes para el heredero al trono de Francia, el delfín Carlos, quien había sido desheredado por Enrique VI y la reina madre, Isabel de Francia, que favorecía a Enrique VI.

Cuando Juana tenía dieciséis años, empezó a recibir más y más instrucciones sobrenaturales y fue llamada emisaria de Dios ante el grito de angustia de su pueblo. En mayo de 1428 un familiar de más edad viajó con ella desde Domrémy a Vaucouleurs (unos veintisiete kilómetros) para ver al gobernador militar, quien la envió de vuelta a sus padres.

Juana era una mística que acostumbraba esperar dirección espiritual, de modo que sencillamente se fue a su casa a esperar. Durante ese tiempo recibió muchas instrucciones específicas, las cuales envió al gobernador militar. Este, en retribución la envió con una carta al delfín. Pero antes de partir, Juana procedió a cortarse el cabello para parecerse a un muchacho y cambió su vestido rojo por un uniforme de soldado. Esto le valió muchas críticas, y más aun porque creía haber recibido dirección divina para hacerlo. Pero la crítica no la perturbó. Vestida como un hombre, le fue muy fácil conducir un caballo y confundirse entre los soldados.

La ayuda de Dios para que cumpliera su misión fue extraordinariamente evidente cuando esta pequeña adolescente amonestó a soldados toscos, bebedores empedernidos y maldicientes advirtiéndoles que Dios podría no darles la victoria, a menos que llegaran a ser personas morales. Asombrados por sus palabras, muchos soldados experimentaron cambios dramáticos en sus vidas.

La historia no nos describe al delfín como a una persona particularmente agradable, sino como a un incompetente, aburrido y feo. Ella le dijo, en una entrevista que sostuvieron en privado: «Soy un mensajero de Dios, enviada para decirle que usted es el hijo del rey y el verdadero heredero de Francia. Y Francia tiene que ser un reino santo».[17]

Después de ser interrogada durante tres semanas por clérigos en Poitiers, Juana recibió la autorización para seguir adelante con la divina guía que había recibido de parte del Señor para comandar al ejército en la batalla de Orléans. Debe de haberse visto imponente, pues el delfín la proveyó de una brillante armadura para que dirigiera las tropas. Como arma, Juana usó una espada que tenía cinco cruces que le había dado una iglesia, y además llevaba un estandarte rociado con agua bendita con el que identificaba su compañía.

Cuánto me habría gustado ser testigo de cómo esta joven Débora de Dios le decía a su compañía que se arrepintieran y renunciaran a sus vidas de pecados y tomaran el sacramento juntos. Después de su exhortación, se produjo un notable cambio en las vidas de estos hombres quienes alcanzaron el nivel ético que ella les pidió. Al frente de su compañía marchaban sacerdotes cantando salmos e himnos. (Lo que me trae a la memoria a Josafat, primer enviado de Judá).

El ejército ganó la batalla, la nación perdió una santa

Juana recibió instrucciones específicas para la batalla y aun cuando el viento había estado soplando en la dirección contraria, cambió cuando las tropas necesitaron cruzar el río Loira en pequeños botes cerca de Orléans. La Voz del Señor dijo, entonces a Juana, «En el nombre de Dios avanza contra ellos, porque serán derrotados y completamente confundidos; y tú perderás muy pocos hombres. Levántate y persíguelos».[18]

17. *Ibid.*, p. 63.
18. *Ibid.*, p. 63.

Ese día, las tropas del Señor tomaron Orleans y Juana dirigió otras cuatro batallas. Luego le dijo al delfín que entrara en la ciudad donde tradicionalmente se coronaba a los reyes de Francia y viera que fuera ungido con aceite. (Ya era el rey Carlos VII de Francia.)

Finalmente, el día después de su coronación, Juana fue capturada y juzgada como una bruja y una hereje ante un tribunal de 40 teólogos y juristas en Ruan. Ella se mantuvo firme y contestó claramente a todos los cargos. En un momento sus acusadores la llevaron a la cámara de tortura para intimidarla. Ella les dijo:

> Aunque ustedes despedacen mi cuerpo y me arranquen el alma no diré nada diferente a lo que he dicho, y aun cuando dijera algo diferente, haría claro que he sido forzada violentamente a hacerlo...[19]

La sentencia final estuvo basada en 12 puntos. Entre ellos estaba que se retractara de su don de profecía y del uso de ropa masculina.

El 30 de mayo de 1431, a los diecinueve años de edad, Juana fue atada a una estaca y quemada viva. Ni una vez rogó ser liberada, porque haya tenido miedo del martirio. Había terminado el curso y peleado la buena batalla. Sus últimas palabras fueron simplemente las palabras más dulces que labios humanos puedan pronunciar... *Jesús, Jesús*.

Se dice que los ingleses, al volver al campamento, solo pudieron decir: «¡Perdimos! ¡Hemos quemado a una santa!»[20]

Más tarde, el rey Carlos VII derogó el veredicto contra ella y en 1922 Juana fue declarada patrona de Francia. Igual que Jeremías, no creyó que su juventud podía ser un obstáculo en el cumplimiento de su propósito en Dios. Murió habiendo cumplido el propósito de Dios para su vida en su generación (véase Hechos 13.36).

---

19. *Ibid.*, p. 65.
20. *Ibid.*, p. 65.

¿Ha hablado esta historia a tu corazón? Quizás Dios está llamándote a que seas una Débora de tu generación. Actualmente hay mujeres en el congreso que están allí porque sienten un llamado claro de Dios a ayudar a Estados Unidos. Otras mujeres en diversas naciones alrededor del mundo están recibiendo llamados similares. Aun cuando tú no recibas un llamado a ser como Débora, te reto a que estudies las mujeres de la Biblia y encuentres a una con la cual te sientas más identificada. Dios está levantando a muchas mujeres como Ester y Noemí (abuelas piadosas), para traer sanidad a su generación mediante sus vidas.

c a p í t u l o   6

Madres y otras grandes colaboradoras de la fe

Al leer pilas de libros sobre grandes mujeres de la fe, me he encontrado una y otra vez con un factor determinante: la influencia de madres piadosas sobre sus hijos e hijas.

Madres de mérito

Muchos de los grandes líderes, reformadores, teólogos y pensadores fueron tocados profundamente por las vidas de sus madres quienes, al igual que Eunice y María la madre de Jesús, creyeron en sus hijos.

De alguna manera, muchas mujeres del día de hoy consideran la maternidad un llamamiento secundario. Yo creo, sin embargo, que nada está más lejos de la verdad. Si el Señor no me hubiera llamado a predicar y a viajar, habría permanecido encantada en mi casa con mis hijos hasta que ellos hubieran crecido. De hecho, después de haber completado mi quinto año de universidad, dejé de enseñar para quedarme en casa con mi hija porque no quería que otra mujer que no fuera yo misma la criara.

La madre de Crisóstomo

Aun el mundo pagano ha sido influido por las madres piadosas. Líbanio, un notable orador pagano exclamó admirado cuando supo

del sacrificio y pureza de Antusia, la madre de Crisóstomo, «¡Cielos!
¡Qué mujeres tienen estos cristianos!»[1]

Antusia vivió desde aproximadamente el año 347 al 407 en la
ciudad de Antioquía, la misma ciudad donde Pablo inició sus tres
viajes misioneros. Su hijo Crisóstomo, se llamaba originalmente Juan,
pero se destacó tanto como predicador que llegó a conocérsele como
«boca de oro» o Crisóstomo.

Como muchas mujeres de hoy, Antusia estaba preocupada por
la corrupción en su ciudad. Durante los años formativos de Crisóstomo, Antusia le enseñó a amar la Biblia y la estudiaron juntos. Esto
le dio un profundo amor por la Escritura, lo que más tarde habría de
manifestarse en las muchas homilías que escribió. Como resultado de
la buena guía que le dio su madre, Crisóstomo llegó a ser uno de los
predicadores expositores más grandes de la iglesia conocidos hasta
ahora.

La madre de Agustín

Las oraciones de Mónica (331-387) ayudaron a que el joven Agustín
dejara su vida rebelde y se volviera al Señor. De su madre, Agustín
dijo que era «colaboradora de Dios que derramó en mis oídos mucho
acerca de Dios, nada de lo cual profundizó en mí sino hasta que tuve
más edad. Privadamente, ella me advertía contra cometer fornicación;
pero sobre todas esas cosas, nunca profanar la mujer de otro hombre».
Y sigue diciendo: «Pero esto yo no lo sabía, de modo que entré
temerariamente en esa ceguera hasta el punto que entre mis iguales
me avergonzaba de ser un sinvergüenza».[2]

Agustín vivió una vida de depravación desenfadada. A los diez y
seis años, se hizo de una concubina con la cual tuvo un hijo. Luego
entró en la secta herética de los maniqueos. Mientras tanto, su madre

1. Edith Dean, *Great Women of the Christian Faith* [Grandes mujeres de la fe
   cristiana], Barbour and Company, Inc., Uhrichsville, Ohio, 1959, p. 26.
2. *Ibid.*, p. 23.

lavaba sus oraciones en lágrimas. En su autobiografía *Confesiones*, Agustín escribió cómo Dios «sacó su alma de la profunda oscuridad gracias a su madre, que lloraba por él más que lo que la mayoría de las madres lloran por sus hijos que han muerto».[3]

Mónica no obtuvo la victoria en la lucha por el alma de su hijo de la noche a la mañana. De hecho, durante nueve años, Agustín se sumió más y más en el pecado. A veces parecía levantarse, para luego caer más profundo en las garras de Satanás. Era un pródigo en todo el sentido de la palabra.

Finalmente, Agustín se trasladó de Cartago a Roma y luego a Milán. Su madre, ya viuda, lo siguió aun cuando era extremadamente peligroso en aquellos días que una mujer viajara sola. Ella, como Pablo, tuvo una visión en medio de una tormenta de que todo se salvaría y dio esta palabra profética a los marineros a cargo de la nave.

En Milán, fue a ver a su hijo y lo animó a que dejara a su concubina de 15 años. Se alegró cuando Agustín mandó a la mujer de vuelta a Africa, solo para hacerse de otra en su lugar.

Finalmente, como un pródigo al final de él mismo, Agustín, solo en un jardín, entró en una intensa lucha entre su carne y su espíritu, donde admite que gritó a Dios:

> ¿Hasta cuándo, Señor? ¿Estarás enojado para siempre? ¿Por qué en esta hora no pones fin a mi inmundicia? De pronto, oyó la voz de un niño cantando en el jardín: «Toma y lee. Toma y lee». Rápidamente él tomó un volumen de las Epístolas de Pablo y leyó Romanos 13.13-14. «No en glotonerías y borracheras, no en lujurias y lascivias, no en contiendas y envidias, sino vestíos del Señor Jesucristo, y no proveáis para los deseos de la carne». No siguió leyendo, porque en forma instantánea, «todo el cúmulo de dudas se desvaneció».[4]

3. *Ibid.*, p. 23.
4. *Ibid.*, p. 24.

Agustín corrió a darle la noticia a su madre. Poco tiempo después, ambos decidieron volver a África, junto a sus amigos. Pararon en Ostia, que está en la desembocadura del Tíber, para descansar. ¡Qué placentero fue para Mónica pasar largas horas hablando del Señor con su hijo!

Desafortunadamente, su gozo a este lado del cielo estaba determinado a que fuera breve, pues mientras todavía estaba en Ostia, se enfermó gravemente y dentro de nueve días murió, de una dulce muerte. Tenía 56 años. Había pasado muchos años de su vida clamando porque su hijo pródigo volviera a casa y había estado allí para darle la bienvenida con los brazos abiertos.

Agustín se dedicó, con la ayuda del obispo Hippo, a salvar el cristianismo cuando el imperio romano se desintegraba. A menudo parece que mientras más grande es el llamado de Dios, más fieramente lucha Satanás por el alma de una persona.

¿Hay un hijo pródigo en tu vida? Si es así, ruego porque esta historia te dará ánimo para no dejar de orar y luchar por su alma. Muchas veces la batalla te parecerá más larga y más dura que tus fuerzas, pero si no te cansas en el bien hacer, alcanzarás la victoria. Tu pródigo volverá. No te fijes en lo que ven tus ojos naturales, sino intercede con los ojos del amor que ven el propósito de Dios plantado en el corazón de tu hijo o de tu hija.

La madre de Juan y Carlos Wesley

Otros reformadores fueron grandemente impactados por las vidas de sus madres. Es el caso de los hermanos Juan y Carlos Wesley y su progenitora, Susana, a quien ya mencioné brevemente.

Susana, o «Sukey», era una mujer de notable hermosura, con un sedoso cabello oscuro y ojos de un azul intenso. La última de veinticinco hijos, Susana, hija de un clérigo acomodado, creció en Londres, Inglaterra, en el siglo XII. Durante aquellos tiempos, cuando pocas mujeres eran educadas, el padre de Susana le enseñó hebreo, griego y latín. Ella podía escribir tan bien como un hombre y su aguda mente le permitía discutir teología tan articuladamente como un estudiante de seminario.

Cualquier hombre se habría sentido intimidado por la inteligencia de Susana, no así el joven Samuel Westley, quien más tarde cambió su apellido a «Wesley». Samuel conoció a Susana cuando esta tenía trece años de edad y se frecuentaron durante siete años antes de casarse.

Susana y Samuel tuvieron un tormentoso matrimonio, por decir lo menos. Él llegó a ser un soñador manirroto que los mantuvo endeudados la mayor parte de su vida. Tuvieron diecinueve hijos, nueve de los cuales murieron. Su casa se les quemó más de una vez y Samuel abandonaba a Susana por largos períodos de tiempo.

En medio de toda su pena, Susana educó en casa a sus diez hijos, enseñándoles a leer hebreo y griego y a memorizar la Escritura. También encontró tiempo para invertir una hora al día con cada uno de sus hijos separadamente para conocerlos y poder identificar sus sentimientos. Como una maestra rigurosa, puso estándares altos para sus hijos, no permitiéndoles usar lenguaje vulgar o fallar en sus estudios. Susana llamaba a esto su «método» de organizar el día. Este término debe de haber tenido un impacto tan grande sobre sus hijos, que dos de ellos más tarde llamaron al nuevo mover de Dios, «metodismo».

Uno de sus momentos de mayor angustia fue ver a su hijo menor, Jackie, en una habitación superior de su casa mientras esta era presa de las llamas. Algunos jóvenes labriegos se pararon unos sobre los hombros de otros, hasta que lograron rescatarlo y salvarlo de morir quemado. Jackie habría de transformarse, con el tiempo, en el gran reformador Juan Wesley.

A pesar de todas sus fallas, su esposo, Samuel, era un firme creyente que Dios quería enviar un avivamiento a Inglaterra, y oraba diligentemente en tal sentido. Por sobre sus grandes errores, Samuel disfrutó del amor de su esposa Susana, quien lo amó todos los días de su vida.

Increíble para una mujer con tanto conocimiento de Dios, Susana en realidad no lo conoció como su Señor y Salvador personal sino hasta el final de su vida terrenal. Había oído acerca del testimonio interior y leído cómo Cristo había conmovido los corazones de otros, pero en realidad no entendió, hasta un día en que estaba tomando la comunión, y comprendió que Cristo había muerto por ella. ¡Cómo transformó su vida tal pensamiento! Su corazón se incendió y fue cambiada eternamente.

Susana murió en julio de 1742 con sus hijos rodeando su lecho. Mientras los miraba uno por uno, decía, «Por favor, hijos míos, tan pronto como yo parta, canten un salmo de alabanza a Dios».[5]

Nunca subestimes el poder de la oración de una madre. Los hijos de Susana cambiaron la faz del cristianismo y hoy ella vive a través de las iglesias metodistas establecidas por todo el mundo.

Algo personal

Pienso que quizás haya algunos lectores que, como Susana, han ido a la iglesia la mayor parte de sus vidas, pero nunca han tenido una experiencia personal con Jesucristo. Quizás alguien te regaló este libro y aun cuando tú has amado a Dios, en realidad nunca has llegado a conocerlo.

¿Por qué no tomas un minuto conmigo, en este momento, para orar y pedirle a Jesús que venga a vivir en tu vida? Lo que ocurrirá será que lo aceptarás a Él y el precio que pagó por ti en la cruz. Él te ama y dio su vida por ti. ¿No quisieras darle tu vida a Él?

Haz esta oración conmigo:

Querido Dios,
Hoy le pido a Jesús que venga a mi corazón y sea mi Salvador. Por favor perdona mis pecados y lávame de todas las cosas malas que he hecho. Quiero que seas el Señor de mi vida. Gracias, Jesús, por venir a mi corazón.

En el nombre de Jesús. Amén.

5. Sandy Dengler, Susana Wesley Moody Press, Chicago, 1987, p. 201.

Quizás otros necesitan rededicar sus vidas al Señor. Quizás tú tengas un corazón frío hacia Dios o has venido viviendo una vida de egoísmo y sientes que estás muy lejos de Él. Haz conmigo esta oración de rededicación:

Querido Dios:
Hoy me doy cuenta que en mi corazón he estado muy lejos de ti. Aunque una vez oré para recibir a Cristo como mi Salvador, Él en realidad no ha sido el Señor de mi vida. Señor Jesús, hoy quiero entronarte como el Rey de mi corazón. Toma mi vida y úsala. Hazme una mujer con un propósito, como Susana Wesley.
En el nombre de Jesús. Amén.

Esa última oración la hice contigo en mi propio corazón. Mi corazón arde por hacer con mi vida más para el Señor Jesús que lo que estoy haciendo actualmente. Parte de mi lucha al escribir este capítulo está en haber tenido que dejar fuera muchas mujeres de fe. Me he sentido tan poca cosa al leer de los grandes sacrificios que tantas mujeres misioneras han hecho. Muchas, como Susana, han perdido hijo tras hijo debido a enfermedades y otros males. En verdad, las naciones han sido evangelizadas al alto costo de los corazones de las madres.

No quisiera hacer de este capítulo solo un «Salón de la Fe» de la mujer blanca, pues mujeres de todas las razas y colores han hecho grandes sacrificios para que el evangelio sea conocido hasta lo último de la tierra. La siguiente sección está dedicada a misioneras no occidentales.

Gracias a Dios por las imprescindibles «mujeres de la Biblia»

Un estudio como este estaría incompleto si no incluyera una sección sobre las «mujeres de la Biblia». Este fue el título que se dio a las mujeres cristianas nacionales empleadas con salarios muy bajos. En su libro *Western Women in Eastern Lands* [Mujeres occidentales en tierras orientales], Helen Barrett Montgomery escribió: «La mujer Biblia ha llegado a ser una institución. Su trabajo es imprescindible; ella multiplica la influencia misionera, va adelante preparando el camino, y atrás para grabar la verdad. Una de las más humildes, es al mismo tiempo una de las fuerzas más poderosas de la cruz en tierras no cristianas».[6]

Rosaline Goforth en China

Las mujeres Biblia estaban representadas por muchas nacionalidades. Misioneras tales como Rosaline Goforth, que fue misionera en China a principios de siglo, trabajó con las mujeres Biblia que le hicieron contactos para ella que ella misma no podría haber hecho. Las mujeres Biblia también trabajaron independientemente de las mujeres misioneras. Estas mujeres eran incansables y a menudo tuvieron que enfrentar tremendas presiones familiares. Esto fue especialmente doloroso en sociedades orientales y lugares como la India.

Kieko Yammamuro en Japón

Las mujeres Biblia desempeñaron un papel crucial en el desarrollo de la iglesia cristiana en Japón. Según Winburn Thomas, la mujer Biblia era la «equivalente femenina del evangelista hombre», pero debido a la baja posición de la mujer en la sociedad oriental, su lugar en la iglesia, especialmente en los primeros años, no era tan segura como la de los evangelistas varones. En la década de 1880, cerca de cuarenta mujeres Biblia llegaron a ser empleadas en Japón de siete diferentes misiones.

Además de las mujeres Biblia, los misioneros no occidentales han sido extremadamente valientes en el área de las misiones, servicio

---

6. Ruth A. Tucker y Walter L. Liefeld, *Daughters of the Church* [Hijas de la iglesia], Zondervan Publications, Grand Rapids, 1987, p. 342.

humanitario y educación. A principios del siglo veinte, Kieko Yam-mamuro ayudó a dirigir la lucha contra la prostitución en su país natal, Japón. Dirigía un hogar del Ejército de Salvación que aceptaba jovencitas que habían sido secuestradas y obligadas a trabajar en el escandaloso distrito de Yoshiwara. También estableció un sanatorio para pacientes tuberculosos. Las luchas que tenía que sostener Kieko eran tan intensas que escribió en su diario:

> Parece tan temerario, pero Dios es capaz. No tengo a nadie que haya sido salvado que el Espíritu Santo no haya venido sobre él. Mi salud tan débil y mi falta de habilidad parecen negarme el éxito, pero cuando parezco desfallecer, Dios es fuerte. Dependiendo únicamente en Él, sigo adelante en el empeño de establecer un sanatorio. Estar con los niños me hace feliz y quizás alguien pueda decir de mí que soy negligente en mi papel de madre. Pero aunque mis ojos se me humedecen por las lágrimas, debo seguir adelante. Oh, Señor, lléname con el Espíritu Santo. Dame poder para mover a la gente. Amén.[7]

Pandita Ramabai de India

Una de las más insignes educadoras cristianas fue Pandita Ramabai, de la India. Aunque bastante controversial, tuvo éxito en establecer escuelas para niñas, entre ellas una para niñas viudas en Pooma. Sin duda que ustedes recordarán que incluso hoy día, a pesar que han tenido lugar tantos cambios, las viudas son quemadas en las piras funerarias de sus maridos.

El concepto de educación para mujeres en la sociedad hindú era extraño al pensamiento de escritores e intérpretes, quienes afirma-ban:

7. *Ibid.*, p. 351.

Las mujeres de las castas alta y baja, en cuanto a clase social, eran malas, muy malas, peores que demonios, tan impías como infieles, y no podían lograr *el moksha* como los hombres. La única esperanza para que alcanzaran tan ansiada liberación del karma y sus resultados... era la adoración de sus maridos. Se decía que el marido era el dios de la mujer; no hay otro dios para ella.[8]

El trabajo de Ramabai creció, especialmente durante la hambruna de 1900. En ese tiempo, más de mil niñas recibieron a Cristo y el trabajo experimentó el mayor avance. Ella anhelaba profundamente un avivamiento y amaba su país y su cultura. Ramabai creía que era su responsabilidad hacer que el cristianismo se conociera en su cultura. Aunque fue una pionera, y seguramente cometió algunos errores en su camino, Dios la usó en forma poderosa en su propio país.

Amy Carmichael, una misionera occidental

Aunque Amy Carmichael es una misionera occidental, ningún capítulo como este estaría completo si no se mencionara su trabajo en la India. Ella probablemente fue la misionera más conocida de su tiempo. Escribió también treinta y cinco libros sobre misiones y estableció una escuela y un hogar para prostitutas llamado «Compañerismo Dohnavur». En 1916 fundó la Hermandad de la Vida Común para guiar a mujeres jóvenes que habían sido llamadas a permanecer solteras dentro de un ministerio para solteros.

Particularmente animó a las solteras a estudiar la vida de Amy Carmichael. Ella, como Lottie Moon, se aferró al pensamiento de permanecer soltera. En su tiempo, a menudo se esperaba que las mujeres misioneras fueran solteras, lo que significaba un alto costo para ellas. Y aun cuando muchas de ellas jamás tuvieron hijos propios, Dios les dio muchísimos hijos espirituales que consideraban a estas mujeres misioneras sus «madres».

8. *Ibid.*, p. 344.

Tiempo después, Amy relató de la siguiente manera sus luchas durante los comienzos de su servicio misionero en Japón:

Hace muchos años me fui sola a una caverna en la montaña llamada Arima. Había venido sintiendo miedo del futuro. Así es que lo que quería era estar a solas con Dios. El diablo no dejaba de susurrarme: «Eso está bien por ahora, ¿pero y después? ¡Te vas a sentir terriblemente sola!» Y me pintaba cuadros de soledad. Todavía los puedo ver. Entonces, desesperada, me volví a mi Dios y le dije: «¿Qué puedo hacer, Señor? ¿Cómo debo arreglármelas para llegar al final?» Y Él me dijo: «Nadie que confíe en mí estará solo». Esas palabras me han acompañado desde entonces.[9]

Amanda Smith, una ex esclava

Cualquier capítulo que trate sobre las heroínas de la fe estaría incompleto sin honrar el papel de las mujeres afro-americanas en el cristianismo. Entre las más notables y valientes de esas mujeres está la metodista renovacionista Amanda Smith, que vivió de 1837 a 1915. Amanda nació esclava en Maryland. Trabajó en un tiempo como mujer de limpieza.

Al estudiar su vida, siento gran admiración por ella como pionera que fue antes que yo y quedó como para un ejemplo para mi generación. A veces he tenido que sufrir persecución y hostilidad pero nada comparado con lo que tuvo que enfrentar Amanda. Elliot Wright lo dice de esta manera:

Era un espectáculo inusual en tiempos de la post guerra civil en Estados Unidos. Una muy negra evangelista, ex esclava, atravesando el norte y el sur, predicando a todas las razas y luego pasando catorce años evangelizando en Inglaterra,

9. *Ibid.*, pp. 305-306.

India y África. También formó parte del movimiento de santidad.[10]

La historia de Amanda Smith no estaría completa sin hacer referencia al piadoso ejemplo de su madre y de su abuela. ¿Dónde estaríamos ahora sin las madres de la iglesia?

Amanda tuvo que enfrentar fuerte oposición de la Iglesia Metodista Episcopal Africana Negra tanto como de los blancos. Cuando la Iglesia Metodista Episcopal Africana Negra celebró su primera conferencia al sur de la línea Mason-Dixon, Amanda decidió en su corazón que concurriría. Su presencia provocó una ola de chismes, aun cuando ella dijo en sus propias palabras:

> Jamás ha entrado en mi mente el pensamiento de ordenación, porque yo he recibido mi ordenación de aquel que dijo: «No me elegisteis vosotros a mí, sino que yo os elegí a vosotros, y os he puesto para que vayáis y llevéis fruto.[11]

Oh, querida Amanda, tus hermanas a través de las edades y las de hoy día responden a tu declaración con un gozoso, «¡Amén, hermana, amén!» Si no es Dios quien nos llama, ¿entonces por qué habríamos de querer decir sí para ser colaboradoras del Señor?

Colaboradoras santas que lucharon con el llamado

Al estudiar a las mujeres de Dios a lo largo de los siglos, hay un tema notoriamente unificador: la mayoría de ellas, como yo, fueron extremadamente reacias a transformarse en mujeres ministros o a aceptar cualquier clase de papel de liderazgo en la iglesia. No fue fácil entonces, y aunque mucho ha cambiado desde los tiempos de Amanda Smith,

10. *Ibid.*, p. 270.
11. *Ibid.*, p. 271.

hoy día sigue no siendo fácil. (Nos referiremos más extensamente a esto en capítulos siguientes.)

Debido a que muchas más mujeres de fe merecen estar en este libro, es con cierta angustia que cierro mencionando solo con unas pocas heroínas contemporáneas. Te sugiero que compres algunos de los excelentes libros escritos sobre este asunto (revisa la bibliografía) y que te busques en sus páginas.

También te sugiero que leas sus historias a tus hijos e hijas. Necesitamos ejemplos de madres de fe, tanto como de padres. Los pastores deben predicar sobre estas heroínas desde sus púlpitos e inspirar a las generaciones que van surgiendo con sus ejemplos.

Las últimas mujeres mencionadas en este capítulo han impactado grandemente mi vida. Cada una de ellas me ha dado algo muy especial y único en cuanto a amor y fortaleza, por lo cual les estoy eternamente agradecida.

Gladys Aylward fue una doncella inglesa llamada por Dios a China bajo desigualdades imposibles de imaginar. Su historia no deja de inspirarme para tener fe en Dios, a pesar de las grandes montañas de adversidad. ¡En verdad hay muchas mujeres de las cuales el mundo no es digno!

Personalmente, Margaret Moberly y las líderes de Ministerios de Mujeres Internacionales me ayudaron con sus consejos. Grandes mujeres tales como Marilyn Hickey, Jane Hansen y otras han tocado mi vida con su amistad. En los siguientes capítulos aparecerá mucha de su influencia entretejida con mi propia vida.

Freda Lindsay, una gigante del Reino

Una de las gigantes del Reino de Dios que tuvo que luchar con el llamado fue la señora Freda Lindsay. Nacida en Canadá, en una gran finca triguera cerca de Burstall, Saskatchewan, fue una de doce hermanos. Sus padres de origen germano crecieron en Bielorrusia pero se conocieron y se casaron en Estados Unidos. Posteriormente, al saber de las oportunidades que habían en Canadá, se establecieron allí. ¡Pareciera que en los planes de Dios estaba que la pequeña Freda fuera canadiense! (¡Me pareció haber oído un «amén» proveniente del país al norte de Estados Unidos!)

Aunque Freda quería fervientemente ir a la secundaria, su padre pertenecía a la vieja escuela que cree que las mujeres no necesitan educarse. Afortunadamente, con la misma tenacidad con que actuó más tarde en la vida, convenció a su madre de que podría encontrar un trabajo si hablaba con su padre acerca de su educación. No nos sorprende que Freda encontrara un trabajo y pudiera irse a vivir a la ciudad para asistir a la escuela.

Posteriormente, visitó a su hermana que le habló de unas reuniones de avivamiento que estaba llevando a cabo un joven evangelista llamado Gordon Lindsay. En su libro *My Diary Secrets* [Los secretos de mi diario], ella cuenta de la lucha que sostuvo para aceptar a Cristo:

«Como no tenía nada mejor que hacer, asistí a la campaña esa noche. Cuando se dio la invitación a aceptar a Cristo, aunque bajo convicción por el Espíritu Santo, yo era demasiado orgullosa como para pasar adelante, sabiendo que la gente en la iglesia estaba al tanto que yo venía de una familia cristiana. Me engañé a mí misma pensando que ellos creían que yo era cristiana. Estoy segura que muchos de ellos sabían que durante mis años de trabajo lejos de casa había dejado de seguir al Señor.

Sin embargo, después de la oración de despedida, pasé adelante. Allí, el diablo me dijo que si me hacía cristiana viviría una vida insípida y monótona (aun ahora, cuando lo leo en mis diarios, parecen historietas), que nunca tendría amigos y así por el estilo. De todas maneras, con el Espíritu Santo luchando con mi alma, rendí mi vida al Señor esa noche y fui gloriosamente convertida».[12]

---

12. Freda Lindsay, *My Diary Secrets* [Los secretos de mi diario], Christ for the Nations Publishing, Dallas, 1984, p. 14.

Esa noche en el altar, Freda oyó que el Espíritu Santo le decía que un día Gordon llegaría a ser su esposo. Cinco años después se casaron.

Gordon era bastante romántico, como lo demuestran sus cartas. Como Gordon estaba pastoreando una iglesia en San Fernando, California, fue sumamente difícil para la pareja esperar el día de la boda. Una de sus cartas me parece excepcionalmente significativa:

San Fernando, California
Septiembre 3, 1937

Queridísima Freda:

Se dice que los siete años que Jacob tuvo que esperar por Raquel le parecieron unos cuantos días, pero quiero que sepas que estos dos meses me han parecido años. Sin embargo, cada vez que pienso cuán poco falta, siento como si alabara al Señor, porque sin duda que Él me ha dado la mujer entre miles a la que realmente amo. El Dr. Jeffries podrá unir el vínculo, pero tú ya estás unida a mi corazón inseparablemente.

Tu amado,
Gordon

Las vidas unidas de Freda y Gordon han estado lejos de ser aburridas, como alguien pudo haber imaginado. Podrían escribirse volúmenes acerca de su trabajo durante los días de «La voz de sanidad» cuando trabajaban con grandes hombres y mujeres de Dios como William Branham y otros. El Señor los llevó a comprar un viejo club nocturno en Dallas, Texas, y dio a Gordon la visión de establecer un instituto bíblico, al que llamó Instituto Cristo para las naciones, ICPN. Mi hermana y mi cuñado son graduados de ese instituto, de modo que mi propia familia se ha beneficiado grandemente así como mi pastor, Dutch Sheets, y muchos otros amigos en el ministerio.

Marzo de 1973 fue, como era usual, un mes muy ocupado para los Lindsay, por entonces ya padres de tres hijos: dos niños y una niña.

Hacia el final del mes, cuando fueron al lago, Gordon quiso que se leyera 1 Corintios 15 para las devociones familiares. El capítulo se refiere a la resurrección de los muertos, lo que es particularmente interesante para mí porque cuando fui a recoger las cosas de mi padre después de su muerte, este era el único pasaje subrayado en su Biblia.

El 1 de abril de 1973, Gordon Lindsay fue trasladado a la gloria mientras estaba sentado en la plataforma del ICPN. Freda y Gordon habían estado casados treinta y cinco años. *La voz de sanidad* (una revista dedicada al avivamiento y milagros que surgían del movimiento) comenzó el 1 de abril de 1948.

Freda empezó a recibir mensajes proféticos por parte de respetables líderes que le aseguraban que el manto de Gordon había caído sobre los hombros de ella, y un día después del funeral, la junta del Instituto votó para que ella sucediera a su esposo.

El peso de la responsabilidad de tan grande trabajo para el Señor cayó sobre sus hombros, apagando aparentemente su pequeña llama. Dentro de Freda Lindsay, sin embargo, vivía un gran Dios a quien ella había servido sin reservas desde aquella noche en que se arrodilló en el altar en Portland, Oregon.

Después del funeral, Freda informó:

Después que familiares y amigos regresaron a sus hogares, yo quedé sola con Carole [su hija]. Al día siguiente, al querer levantarme de la cama, descubrí que no tenía fuerzas para hacerlo. Me acosté de espaldas y llamé a Carole. Le dije que el trabajo era demasiado grande, que la responsabilidad de nuestro trabajo misionero que estaba alcanzando a más de cien países era mucha... que terminar de construir el edificio del Instituto... que las trescientas iglesias nativas que por ese tiempo estábamos ayudando a construir... que el instituto bíblico en Serka, Jordania, que apenas habíamos comenzado a levantar... que todo eso era más de lo que yo podía llevar.

Carole me dijo: «Madre, vamos a orar. Y vamos a vivir de día en día. El Señor te va a dar fuerzas para hoy». Me arrastré fuera de la cama y caí sobre mis rodillas. Durante un tiempo permanecí así, lamentándome por mi incapacidad ante lo inmenso del trabajo, cuando de repente el Espíritu Santo se hizo cargo de la situación.

Me bañé, me vestí y me fui al trabajo. Y el Señor me ha provisto cada día de las fuerzas que necesito para todas las necesidades que se han presentado.[13]

Mientras escribo estas líneas, la señora Freda Lindsay tiene ochenta y tres años y sigue viajando por todo el mundo. El Instituto Cristo para las Naciones ha levantado diez mil iglesias nativas en países del tercer mundo, tiene cuarenta institutos bíblicos afiliados, y por las puertas de estos institutos han pasado veintiseis mil estudiantes. Algunos pesimistas querían que después de la muerte de Gordon las puertas del Instituto se cerraran por seis meses. Supongo que se equivocaron, ¿no lo creen? Todo porque una pequeña niña nacida en una familia de doce personas dio todo su corazón, alma y mente a amar y servir a su amado Salvador.

Evelyn Christenson, un cuadro de humildad y virtud

Cuando pienso en las mujeres que he admirado a través de los años, al tope de la lista está Evelyn Christenson. Pocas mujeres han hecho más que ella para activar la oración. Es una mujer tan real como cualquiera que hayas conocido jamás. La llamé cuando estaba pasando a través de un valle profundo y sus palabras me dieron gran aliento.

Evelyn encontró a Cristo cuando tenía nueve años, y en 1967 fue llamada al ministerio de oración cuando el Señor le habló a través de Apocalipsis 3.8:

13. *Ibid.*, p. 250.

Yo conozco tus obras; he aquí, he puesto delante de ti una puerta abierta, la cual nadie puede cerrar; porque aunque tienes poca fuerza, has guardado mi palabra, y no has negado mi nombre.

Al principio, cuando se le pidió que dirigiera un experimento en su iglesia sobre lo que realmente ocurre cuando las mujeres oran, ella pensó que el Señor la necesitaba por unos seis meses. No se imaginaba que el tiempo se habría de extender hasta hoy, cuando ha ministrado durante treinta años.

Evelyn ha pasado a través de muchas pruebas de fe con su propia familia, pero a través de todas ellas ha visto la bondad de Dios. Ha salido victoriosa por haber aprendido a orar la Palabra. Su enseñanza sobre la oración ha circundado el globo. Pocas mujeres han enseñado la Biblia con más profundidad y pasión que Evelyn. Sin embargo, a pesar de todo esto, se ha mantenido humilde y alcanzable.

Una de las más grandes contribuciones que ha hecho al cumplimiento de la Gran Comisión vino a través del manual de entrenamiento sobre oración para la evangelización que escribió para el *A.D. 2000 Women's Track*.

Evelyn recibió un llamado al ministerio en la India, pero en realidad, treinta años antes, ella había participado en el cumplimiento de ese llamado. Su programa de radio se había estado transmitiendo en la India en hindú e inglés por cerca de dieciocho años, y Dios la había usado poderosamente para penetrar ese país con el mensaje de Cristo.

Estoy segura que esta querida heroína del Señor fácilmente podría decir a otras: «Sed imitadores de mí, así como yo de Cristo», aunque ella seguramente no querría jamás decir eso de ella misma. Gracias a Dios por su ejemplo a mi generación.

Vonette Bright: Su visión, mi llamado

Algunas de las mujeres líderes de Dios recibieron el llamado al ministerio a través de la visión que Dios dio a sus esposos. Un día, en una reunión de *Focus on the Family* [Enfoque a la familia] para *A.D. 2000 and Beyond* [El año 2000 y después], le pregunté si Dios la había llamado independientemente de su marido. Guardó silencio por un momento, reflexionó, y luego me dijo, «Bill recibió la visión de ayudar a alcanzar el mundo para Cristo y que empezara en el ámbito universitario. Asumimos que el llamado de Dios a Bill era también mi llamado. Temerosa de lo que eso significaba, pedí a Dios una respuesta a mi corazón. Bill me llamó cofundadora».

Esta gran mujer, sin embargo, no es solo escritora, sino que también fue usada por Dios junto a otras para convocar al gran Congreso de Oración en 1984, el cual algunas personas creen que fue el comienzo, en algunos sentidos, del movimiento de oración que hoy día circunda la tierra.

Corinthia Boone

Ningún capítulo sobre las heroínas de la fe podría considerarse completo sin honrar a la doctora Corinthia Boone, una de las líderes afroamericanas más grandes de los tiempos modernos. Durante muchos años, ella ha sido una buena amiga de Mike y mía y yo la admiro profundamente.

Corinthia nació en el condado de Prince George, Maryland. Por el lado de su madre fue bautista y por el de su padre, pentecostal. Cuando tenía ocho años, tuvo una experiencia que marcó su vida para siempre.

Un día, mientras estaba sentada en la parte de atrás de la iglesia, se vio de pronto inmersa en la presencia de Dios. Para decirlo en sus propias palabras, «Dios había respondido a mi deseo de conocerlo». El cambio que experimentó se hizo evidente y a menudo era llamada al altar para guiar a la congregación en oración. Como es usual, el Espíritu Santo la guió en una manera que confirmó el que sería su primer ministerio de oración.

El impacto de este toque de Dios fue profundo y duradero. Con su voz que parece cantar con el gozo del Señor, Corinthia me dijo: «Después de esa experiencia, los árboles cantaban y para mí nada era igual que antes».

Un par de años más tarde, empezó a asistir a una iglesia de santidad donde comenzó a testificar, a profetizar, a cantar en el coro y a predicar. Cuando oí esta historia, pensé, *no es de extrañar que Jesús haya dicho: «Dejad a los niños venir a mí». A menudo, los niños son subestimados en cuanto a sus capacidades.*

El Señor permitió que esta poderosa pionera de Dios obtuviera su bachillerato en ciencias de la educación en la universidad estatal Bowie; más tarde, su maestría en supervisión de administración. De la Universidad Bíblica de Baltimore un certificado de escuela bíblica y por último, un costosamente conseguido doctorado en filosofía con énfasis en consejería de la Universidad Union.

Las pruebas... han arado grandes surcos en mi espalda, pero sin esos surcos no habría habido lugar para la semilla. Sin la apertura de la semilla, no habría podido caer en la tierra y producir fruto (Dra. Corinthia Boone)

Durante años, Corinthia trabajó con el obispo Meares en el *Evangel Temple* en Washington, D.C. y ayudó a establecer su departamento de Escuela Dominical, así como trabajar en otras áreas de la iglesia. En esa iglesia comenzó como ujier hasta que un día fue ordenada anciana.

En 1985 fue propuesta por unanimidad para ser la presidenta del Día de oración nacional del Gran Washington. Ha fundado *Together in Ministry International* [Juntos en ministerio internacional], un compañerismo de pastores que busca nuevas relaciones, amistad e inspiración en un formato multicultural, un oasis de frescor a través de la oración de adoración. Su ministerio, la *International Christian Host Coalition* es un grupo de líderes multiétnico comprometidos con la transformación de la comunidad. Este ministerio es la sombrilla para «Juntos en ministerio internacional» y el Día de oración nacional del Gran Washington.

Le pregunté a Corinthia si quería compartir algo con los que fueran a leer este capítulo. Empezó citando Salmos 129.3: «Sobre mis espaldas araron los aradores; hicieron largos surcos». Y luego dio la siguiente explicación: «Las pruebas me han enseñado más que cualquiera otra cosa en la vida. Las pruebas por las que he pasado han arado largos surcos en mi espalda, pero sin estos surcos no habría habido lugar para la semilla. Sin que la semilla se hubiese abierto, no habría podido caer en la tierra y producir fruto. Sí, he tenido muchas pruebas, pero siempre he sabido que solo harían que produjeran más fruto».

Corinthia, mi amiga, o quizás debiera decir la doctora Corinthia Boone, B.S., M.S., Ph.D., te ensalzo por tu valentía. Eres una auténtica pionera y una heroína de la fe con muchas lecciones para la gente de todas las etnias. Te saludo por no haberte amargado ante las tormentas de la vida. Gracias por tu ejemplo.

Fuchsia Pickett

La doctora Fuchsia Pickett nació en el área rural de Irishburg, Virginia. Pareciera que a través de toda su vida, Fuchsia fue una persona que en las cosas que hizo se adelantó a su tiempo, fiel a su naturaleza profética. Graduada de secundaria a los dieciseis años, se casó con su primer marido, George Parrish, apenas salida del colegio. A los diecisiete años dio a luz a su primer hijo, Darrell.

Fuchsia fue «arrullada en una cuna metodista». Cantó en el coro de la Iglesia Metodista Unida, fue una fiel maestra de la Escuela Dominical y de la Escuela Bíblica de Vacaciones, pero no conocía a Jesús personalmente. Finalmente, un joven amigo presbiteriano empezó a orar por su salvación. En un culto de avivamiento, el Espíritu Santo la tocó en una forma poderosa mientras cantaba el himno «Estoy bien con mi Dios».

Más tarde, hubo una ocasión en que Fuchsia tuvo una visita soberana. En sus propias palabras:

> Estaba en mi cuarto esperando que George llegara del trabajo... Mientras estaba recostada en la cama, oí una voz que en un tono más alto de lo normal me llamaba. Me incorporé y respondí con una pregunta, "¿Sí?" Mientras permanecía sentada por un momento, tuve la sensación que el cuarto estaba lleno de la presencia de Dios.
>
> No hubo respuesta, así es que me volví a recostar. Unos momentos más tarde, despierta, oí aquella voz que me llamaba de nuevo. Pensé que era la gente que vivía en el piso superior de nuestra casa, así es que me levanté y miré por la escalera, pero no vi a nadie ni sentí ruido alguno. Allí no había nadie. Volví a la cama y me acosté de nuevo. Y por tercera vez oí la voz que pronunciaba mi nombre. Me bajé de la cama temblando. Pregunté: "¿Eres tú, Dios?"»
>
> Él dijo: «Sí, Fuchsia. Quiero que prediques y enseñes mi Palabra».
>
> Aunque no sabía cómo, ni cuándo ni dónde cumpliría el mandato que me daba, esa noche me rendí a Él. Era esposa y una madre joven. Me pareció que no habría forma en que pudiera prepararme para predicar el evangelio. Pero Dios siempre provee donde Él ha dado órdenes a un corazón obediente.[14]

14. Dra. Fuchsia Pickett, *Stones of Remembrance* [Piedras de recordación], Creation House, Lake Mary, Fl, manuscrito.

El Señor proveyó para su educación en la escuela bíblica de la Universidad Aldergate y trabajó como graduada en la Universidad de North Carolina. Él hizo camino donde no había nada.

Fuchsia pasó por muchas pruebas. Muchos miembros de su familia murieron de una enfermedad hereditaria de los huesos que también la atacó tarde en su vida. El Señor la sanó milagrosamente y luego la usó en un poderoso ministerio de sanidad.

La doctora Fuchsia Pickett tiene una relación íntima y profunda con el Espíritu Santo. Él le ha hecho muchas y poderosas visitas y le ha enseñado sus verdades que han sido de una gran bendición para el Cuerpo de Cristo. Ella nunca ha dudado en su caminar con el Señor, aun cuando su primer esposo murió mientras lo sometían a cirugía. Más tarde, el Señor le dio a Leroy Pickett, quien ha estado fielmente a su lado en su ministerio por muchos años.

En 1963 el Señor le dio a Fuchsia una visión de una planta hidroeléctrica con muchos torrentes que iban a verter su agua en un río de Dios. Este fluía de la iglesia universal. El río se canalizaba en grandes transformadores desde cinco puntos geográficos en los Estados Unidos. Se instaló tubería subterránea y el Señor le dijo: «Cuando las tenga todas conectadas, voy a tirar del interruptor».[15]

El Señor le mostró las redes que se están formando en el día de hoy. Por debajo de la gigantesca planta de poder Fuchsia vio un campo listo para la cosecha que se extendía cubriendo todo el mundo. El Señor le dijo que cuando las aguas de esta planta de poder fueran liberadas, habría sanidad para el cuerpo, para el alma (es decir, las emociones) y el espíritu.

Finalmente, el Señor le mostró a Fuchsia que la iglesia debe liberarse de prejuicios, denominacionalismos, culturas, costumbres y tradiciones. Esta visión es asombrosamente similar a la iglesia de hoy día. Las barreras entre denominaciones están cayendo y muchos están trabajando juntos en proyectos para alcanzar a los aun no alcanzados. Un mover de reconciliación está ocurriendo entre las razas que traerá

15. *Ibid.*, manuscrito.

gran sanidad a las naciones de la tierra. Sin duda que la mano del Señor está poniendo en su punto todo para liberar un avivamiento jamás experimentado por los seres humanos.

La doctora Fuchsia Pickett obedeció el llamado de Dios en una época cuando era insólito que una mujer se parara en el púlpito. En el momento que se escribe esto, ella está en sus ochenta años y sigue viajando y enseñando la Palabra de Dios a todo vapor. Nunca ha decaído en su llamamiento y es por eso una verdadera heroína de la fe.

Incluyo en este capítulo a dos mujeres más, no tanto por sus ministerios en el púlpito, sino por el impacto que han hecho en mi vida. No estoy diciendo que no hayan influido grandemente en otras vidas a través de sus ministerios, sino que cada una de ellas me ha dado algo único en amor y enseñanza. A la primera que quiero mencionar es a Doris Wagner.

Doris Wagner, una leyenda viviente

Doris Wagner nació en una finca ganadera en St. Johnsville, estado de Nueva York. Su padre era un inmigrante alemán que se había establecido muy cerca de esta población de mil quinientos habitantes. (Esta historia prueba que nosotros nunca deberíamos menospreciar el día de los pequeños comienzos, porque un día la pequeña Doris crecería y llevaría al Señor a un joven que se estaba graduando en fincas ganaderas y cuyo abuelo había sido el médico del pueblo en St. Johnsville.) Me pregunto si Doris alguna vez soñó cuando era una adolescente con quién se habría de casar un día. Cualquier sueño que pudo haber tenido, sin duda que no pasó por el hecho que ayudaría a establecer una organización que influiría al mundo entero en oración.

Un día, Doris fue a una finca en otro pueblo, y vio a un joven ordeñando una vaca. Era el año 1949. Este joven quedó prendado de los ojos de Doris, pero los dos pertenecían a mundos distintos. Él era un jugador y un bebedor, en tanto que ella era una cristiana comprometida que una semana antes había entregado su vida a Cristo.

Aunque Doris le habló del Señor, el joven no mostró mucho interés en aceptar a Cristo. Era claro que si lo hacía tendría que renunciar a la vida que llevaba en la casa de la fraternidad en la Universidad Rutgers. Este joven tenía una mente tan brillante que podía manejar todas las posibilidades en el póker, lo que hacía de él un ganador perpetuo. En realidad, el juego le estaba proveyendo el dinero para estudiar. Finalmente, el amor y el Señor ganaron en la batalla por su alma, y él le pidió a Doris que fuera su esposa. Ella, mirándolo fijamente a los ojos, le dijo: «No puedo. Soy una creyente y prometí al Señor que solo me casaría con un cristiano».

Él entonces respondió: «Bueno, ¿cuánto toma hacerse cristiano? ¿Me podrías decir cómo llegar a serlo?»

«En un momento», le dijo ella, «pero antes debo decirte algo más. También he dado mi vida a Cristo para ser misionera».

«¿Misionera?», dijo él. «¿Qué es eso?» Cuando ella le explicó, él dijo: «¡Me temo que yo también voy a tener que ser misionero!» De modo que entregó su vida al Señor transformándose en un ex jugador y un ex bebedor. Esto ocurría en enero de 1950.

Es probable que algunos de ustedes se estén preguntando acerca de la validez de sus motivos, pero los años han probado que su experiencia tuvo que ver con algo más que simplemente una linda cara y unos coquetos hoyuelos en las mejillas. El doctor C. Peter Wagner fue con su esposa Doris a Bolivia donde sirvieron como misioneros por dieciséis años. Luego regresaron a Estados Unidos y pasaron los siguientes veinticinco años en el Seminario Fuller, donde Doris sirvió como la secretaria personal de Peter antes que lanzaran su *Global Harvest Ministries*.

Global Harvest Ministries fue fundado para coordinar el United Prayer Track del movimiento *A.D.2000 and Beyond*. En 1996, Doris y Peter trasladaron su ministerio desde Pasadena, California, a Colorado Springs para llegar a ser socios fundadores del *World Prayer Center*. Además de servir como directora ejecutiva de *Global Harvest,* Doris también lleva adelante un ministerio de liberación y predicación. Para muchos alrededor del mundo, es afectuosamente conocida como «Mami».

En aquellos días cuando fui a Argentina y me mantuve ocupada echando fuera demonios a diestra y siniestra, preparando el camino para un avivamiento en ese país, Doris fue mi compañera. Es una leyenda viviente y una de las heroínas de la fe.

Muchas mujeres hicieron el bien pero tú sobrepasas a todas (Proverbios 31.29)

La última, pero de ninguna manera la menos importante de las grandes mujeres a la que me quiero referir en este capítulo es mi propia madre, Eleanor Johnson Lidsey. He dedicado este libro a ella, porque soy lo que soy gracias a sus oraciones y a que creyó en mí. Cuando pasé por tiempos duros, aunque nunca rebeldías profundas, ella siempre estuvo a mi lado.

Conoció a mi papá cuando era presbiteriana. Cuando él le dijo que había recibido el llamado para ser un ministro, ella lloró. Ser esposa de pastor no era la idea de una vida divertida, pero él quería ser un ministro *bautista*, lo que quería decir que tendría que abandonar su iglesia presbiteriana y bautizarse de nuevo. Las noticias eran agobiantes.

Mamá es una mujer valiente, por tanto sus lágrimas son de corta vida. Después que papá se hubo graduado en Bailor, mamá y papá fueron al *Southwestern Seminary* en Fort Worth, Texas. Yo vivía en el *campus* universitario. Los tiempos eran difíciles. La casa en que vivíamos fue finalmente demolida a causa del estado ruinoso en que se encontraba.

Papá y mamá iniciaron iglesias bajo la Junta de Misiones Domésticas. El dinero era siempre escaso, pero no recuerdo haber oído a mamá quejarse. Sencillamente, oraba.

Mamá es actualmente una hermosa mujer de setenta y un años que sigue luciendo joven y radiante. Tiene una lista llena de nombres de su iglesia y de otros por los cuales ora, pero yo sé que no deja pasar un día sin orar por mí. Gracias, mamá. No podría hacer lo que hago sin ti. ¡Eres la mejor mamá en el mundo entero!

Género a género

Un día que iba en el automóvil rumbo a la tienda, empecé a prestar atención a mi hijo de cinco años que iba sentado en el asiento trasero. Al principio pensé que estaba conversando consigo mismo en voz alta. Pero cuando puse más atención, me di cuenta que la mayor parte de la conversación no era con palabras, sino con sonidos. Iba, sencillamente, haciendo sonidos como urrrr, bang, bang, uh-uh-uh, vroom, vroom, vroom y así por el estilo.

Hombres que ladran y mujeres que los aman

Intrigada por esto, me pregunté si imitar sonidos era un patrón en los niños pequeños. Para mi sorpresa, descubrí que es así. Quizás este descubrimiento no sea una total sorpresa para su papá... pensé. Así es que amplié mi investigación a otros hombres en general, y a mi esposo en particular. Escuchando, me sentí intrigada que aun después de crecidos, los hombres son a veces proclives a esta conducta peculiar; no en la misma forma, por supuesto.

Estando recién casados, recuerdo haber visto a Mike abrir la puerta y ladrar como un perro para asustar y hacer salir corriendo a varias mascotas que correteaban por el lado de afuera de nuestra casa. Acto seguido, Mike cerró la puerta con una sonrisa burlona mientras afuera las pequeñas mascotas respondían a sus ladridos. Entiendo que no todos los hombres harían esto y no quisiera ser estereotípica. (En realidad creo que solo unos pocos hombres disfrutarían de esto o a lo menos les haría gracia.) Sin embargo, David, amigo de mi esposo, que vive en los bajos de nuestro departamento, disfrutaba haciendo lo mismo. Incluso de vez en cuando ladraban a coro. Parecía una forma de esa cosa misteriosa que algunos llaman «el vínculo varonil».

Nacidas para ser diferentes

Las mujeres, por otro lado, son más inclinadas a las palabras, montones de palabras. Las niñas pequeñas aman tener largas conversaciones sobre sus fiestecitas. Hablan a sus muñecas y a sus mascotas. Y cuando crecen, con ellas crecen también sus deseos de seguir hablando. Un distinguido terapista matrimonial dijo que la esposa necesita diariamente a lo menos una buena hora de conversación con su esposo.

Cuando enseñé a un grupo de esposas de pastores en América Latina sobre la diferencia entre los hombres y las mujeres, las esposas rieron y riendo protestaron diciendo que sus esposos necesitaban una gran cantidad de palabras. Aunque esto puede ser verdad, hay una gran diferencia entre hablar y comunicar. En general los pastores pueden ser más inclinados a hablar, pero cuando hablan están comunicando a un nivel más íntimo y sincero de lo que las mujeres necesitan. Para ellos no se trata solo de palabras. Por lo general, las mujeres tienen una necesidad mayor que los hombres por esta clase de intercambio íntimo.

La diferencia de género es tan amplia que se hace evidente, incluso en los niños pequeños. Se han escrito libros atribuyendo el problema a que hombres y mujeres parecen haber nacido en planetas diferentes. Si tú has tenido problemas de comunicación de género a género esto no debe verse como algo ajeno a lo normal.

Una parte de la diferencia de los géneros es física en cuanto a su naturaleza. Sobre esto Gary Smalley y John Trent, dicen lo siguiente:

«Estudios médicos han mostrado que entre las semanas dieciocho y veintiséis del embarazo, algo ocurre que marca para siempre la diferencia entre los sexos. Usando monitores sensibles al calor, los investigadores han observado realmente un baño químico de testosterona y otras hormonas relativas al sexo en el cerebro de los varoncitos. Esto produce cambios que no ocurren con las mujercitas. A continuación, una explicación de lo que ocurre cuando esta acción química se produce en el sistema del niño:

El cerebro humano está dividido en dos mitades o hemisferios, conectados por un tejido fibroso llamado *corpus callosus*. Las hormonas relacionadas con el sexo que inundan el cerebro de un niño, hacen que el lado derecho retroceda levemente destruyendo algunas de las fibras conectoras. Un resultado es que, en la mayoría de los casos, el varoncito empieza su vida más orientado al lado izquierdo de su cerebro.

Debido a que las mujercitas no experimentan este baño químico, sus bloqueos iniciales se manifiestan mucho más en ambos lados de su pensamiento. Y mientras los impulsos eléctricos y los mensajes van atrás y adelante entre ambos lados del cerebro de un bebé del sexo masculino, estos mismos mensajes pueden ser más rápidos y menos obstruidos en el cerebro de un bebé del sexo femenino».

Bueno, no exactamente. Lo que ocurre en el seno materno simplemente establece las etapas para que hombres y mujeres se «especialicen» en dos formas diferentes de pensamiento. Y esta es una razón importante por la que hombres y mujeres se necesitan tanto mutuamente.

El cerebro izquierdo alberga más lo lógico, analítico y factual y los centros agresivos de pensamiento. Es el lado del cerebro que la mayoría de los hombres reservan para las porciones más importantes de su tiempo despiertos. Disfrutan conquistando quinientas millas en un día durante las vacaciones de la familia, favorecen las fórmulas matemáticas sobre las novelas románticas, almacenan la definición que hace el diccionario del amor y generalmente se inclinan por el pensamiento clínico y blanco y negro; es decir, sin matices.

Por el otro lado, muchas mujeres pasan la mayor parte de los días y las noches viviendo sobre el lado derecho de sus cerebros. Este es el lado que alberga el centro de los sentimientos, así como la relación principal, el lenguaje y las capacidades de comunicación. Las capacita para hacer trabajos detallados y finos, para desarrollar la imaginación y dedicar las noches al arte y a disfrutar de la buena música. Quizás ahora puedas entender mejor por qué la comunicación es difícil en el matrimonio...[1]

(No me extrañaría que algunas de ustedes mujeres que leen se sentirán tentadas en este punto a entrar en lo que en Estados Unidos se conoce como «chanza masculina» y hacer un comentario más o menos así, «¡Yo siempre supe que los hombres tenían el cerebro dañado!» Rechaza este pensamiento de plano, o de lo contrario quizás vayas a necesitar una reconciliación de género.)

Todo empezó en el Huerto

Aunque es verdad que hay diferencias físicas entre los hombres y las mujeres, yo creo que el problema en su comunicación espiritual se remonta hasta el libro de Génesis.

Para entender la intención de Dios al crear los géneros, tenemos que reconocer un punto muy importante: la única cosa que Dios dijo que no era buena en toda la creación fue que el hombre estuviera solo (véase Génesis 1.4, 10, 12, 18, 21, 25, 31 y compare con Génesis 2.18). Por lo tanto, eso confirma la idea de que Satanás quería dañar las relaciones entre el hombre y la mujer no solo en el hogar, sino

1. Gary Smalley y John Trent, *Why Can't My Spouse Understand What I Say?* [¿Por qué mi esposa no puede entender lo que yo digo?], Focus on the Family, Colorado Springs, Noviembre 1988, p. 3.

también como fuerza de trabajo y en la Iglesia hasta que el hombre volviera a la soledad sobre la cual Dios dijo «no es bueno». (Quiero aclarar a todos los lectores solteros que esto también les afecta a ustedes. Ustedes pueden no estar casados y aun así no estar solos.)

En el principio, Dios creó a la humanidad a su imagen, hombre y mujer (véase Génesis 1.26-27). Es un error creer que Adán tenía en él los atributos tanto de hombre como de mujer. Aunque Eva fue «huesos de mis huesos y carne de mi carne» (Génesis 2.23), Dios puso algo en ella que bajó directamente del cielo, con lo cual Adán no había sido creado. Yo creo que Dios miró lo que había hecho y se dio cuenta en su propósito que todavía estaba faltando algo sobre la tierra. Si dejaba al hombre en el estado en que estaba, la imagen total de quién es Él como Dios no estaría representada sobre la tierra, por eso creó a la mujer. Por lo tanto, la imagen completa de Dios no se despliega totalmente por uno solo de los géneros, sino que ocurre en cada nivel cuando el hombre y la mujer se complementan el uno con el otro, lado a lado. Cuando esto ocurre, todas las cosas creadas parecen dar un suspiro de alivio y de alguna manera, dicen: «¡Así, sí! ¡Qué bueno! ¡Así es como Dios quería que fueran las cosas en la tierra!»

Tristemente, el hombre y la mujer se han herido tanto unos a otros que no es extraño ver formas extremas de odio. En un extremo del polo, las mujeres se vuelven al lesbianismo y al feminismo y dicen a los hombres, «No los necesitamos a ustedes. El único hombre bueno es el hombre muerto». Casi invariablemente, en la raíz de esta inquina está un padre que fue un abusador. Es interesante comprobar la existencia de este patrón entre las mujeres que dirigen los movimientos feministas más extremos.

Por el otro lado, el punto de vista del hombre también puede verse distorsionado respecto de la mujer. Muchos hombres que tienen una fuerte opinión contra las mujeres en el ministerio dentro de la iglesia son personas que han tenido problemas serios para controlar a las mujeres en algunas áreas de sus vidas, y las mujeres que ellos conocen sufren por la forma en que sus madres, hermanas, amigas y otras mujeres han abusado de ellas.

Esta complicación en la comunicación comenzó en el Huerto. El golpe que asestó Satanás al hombre y a la mujer parece haber tenido lugar en el árbol del conocimiento del bien y del mal. Un aspecto fascinante de este intercambio entre la serpiente, la mujer y el hombre es que el pecado compromete la boca.

Nótese que Satanás se acercó a la mujer a través del alimento. Quizás él se aprovechó de un deseo natural de ella por preparar comida para su marido. Pero esta era una golosina diferente y tentadora que ellos no habían comido antes. Lamentablemente, si ellos hubieran participado lo suficiente del fruto del árbol de la vida, no habrían tenido ningún deseo de probar este fruto prohibido.

De igual manera, es posible que el hombre haya sido usado para recibir comida de la mujer y esto debilitó sus defensas contra lo que el Señor le había dicho, «No comerás». Inmediatamente después de haber comido, sus ojos se abrieron y la muerte vino a sus vidas. Yo creo que se puso un velo entre ambos, inhibiendo su capacidad de comunicarse, porque la única forma en que un hombre y una mujer pueden realmente relacionarse es a través de Dios. Antes de la caída había una unción sobrenatural que superaba las diferencias en sus cerebros y les dio unidad de corazón.

Creados para completar, no para competir

Norm Wright ha escrito un libro fascinante titulado *What Men Want* [Lo que el hombre quiere]. En el capítulo 2, «El diálogo» relata una conversación imaginaria entre Dios y un hombre. Esta es la conversación:

«Así es que tú a propósito quisiste hacerlos, al hombre y a la mujer, diferentes a como son, ¿eh?»

«Sí. Y lo hice. ¿O estás sugiriendo que todo fue accidental?»

«Oh, no, no... no totalmente. Pero, a veces...»

«Conoces la historia, ¿verdad? Satanás adoptó la forma de una serpiente, vino a ellos y habló a Eva. La convenció de que me desobedeciera. Ella invitó a Adán a que se le uniera y Adán, en lugar de decir, "No, necesitamos obedecer a Dios", colapsó. Este fue el primer signo de pasividad. La relación hombre-mujer y todo lo demás se desordenó. Y entonces, Adán empezó a echar culpas. Primero, culpó a su mujer y luego me culpó a mí por habérsela dado. Desde entonces, la tendencia del hombre ha sido defensiva. A menudo interpretan asuntos inocentes como acusaciones. Y la culpa que comenzó en el Huerto... ¡Oh, el hombre ha cultivado tan bien esa habilidad! El papel que asigné a Adán fue distorsionado».

«¡Espera un minuto! ¿Dices que el hombre es defensivo por naturaleza? Yo no creo que lo seamos».

(Silencio.)

«Bueno, un poco quizás, pero siempre se nos está acusando...»

(Silencio.)

«Está bien. Somos defensivos. Continúa. ¿O eso es todo?»

«Hay mucho más. En el Huerto, tanto Adán como Eva podían relacionarse emocionalmente. Estaban en condiciones de darse el uno al otro el don de entenderse. No ahora. Ahora, si una mujer quiere entender a un hombre, ¿qué consigue?»

«Soluciones, respuestas, ayuda...»

«Una relación que fue creada para ser complementaria ha llegado a ser competitiva. El deseo de Eva era controlar a Adán. Lo que creé para que tuviera un balance perfecto ha llegado a ser algo sin equilibrio y un choque de voluntades».[2]

2. H. Norman Wright, *What Men Want* [Lo que quieren los hombres], Regal Books, Ventura, CA, 1996, pp. 14-15.

Wright comparte otros pensamientos bastante profundos acerca de las relaciones hombre-mujer producidas por la Caída, tales como el conflicto de poder, la dominación, la desnudez emocional, falta de veracidad, miedo, ira, control, etc.

No se necesita ser muy perceptivo para observar las relaciones entre hombre y mujer en el día de hoy y ver que las afirmaciones de Wright son correctas. Dolorosamente correctas.

Satanás no puede restaurar el Edén y unir al hombre y la mujer como lo estaban en el Huerto. Esto traería orden al hogar y orden a la Iglesia.

Dios vio la situación de la raza humana y ya tenía el remedio preparado: Jesús, el Cordero de Dios, muerto desde la fundación del mundo. Él vino y murió para que la tremenda hendidura en las relaciones entre los géneros, producto del pecado, pudiera ser sanada a través de su propia sangre derramada en la cruz del Calvario. Solo el poder de la cruz puede eliminar el abismo entre los géneros y crear el puente que tan desesperadamente necesitamos para restaurarnos a como estábamos en el Edén.

Sin hombres y mujeres trabajando lado a lado, la iglesia será ineficaz. La imagen completa de Dios solo se hará manifiesta en toda su plenitud cuando el hombre y la mujer se pongan uno al lado del otro en la iglesia. ¿Podría extrañar que el diablo trate de impedir la reconciliación de los géneros a este nivel? Satanás no puede restaurar el Edén y unir al hombre y la mujer como lo estaban en el Huerto. Esto traería orden al hogar y orden a la iglesia.

Comisionados para subyugar la tierra y al enemigo, no los unos a los otros

La Biblia dice que un día habrá una restauración de todas las cosas que Dios ha hablado por boca de todos sus santos profetas desde que el mundo es mundo (véase Hechos 3.21). Una de estas profecías fue que a! final de los tiempos, Él derramaría de su Espíritu sobre sus hijos e hijas (véase Joel 2.28-29).

El excelente libro *Fashioned for Intimacy* [Hechos para la intimidad], escrito por Jane Hanse y Marie Powers nos ofrece un estudio profundo de la Creación y el papel de hombres y mujeres. (Recomiendo con entusiasmo su lectura pues estoy segura que contestará muchas de las preguntas que yo no alcanzo a cubrir en este solo capítulo.) Una de las cosas que Jane y Marie dicen en su libro es que la humanidad fue hecha para tener autoridad sobre la tierra.[3] Esta fue la descripción de trabajo dada a los portadores de la imagen de Dios: inicialmente el hombre y luego hombre y mujer juntos. Al momento de la creación de Adán, ya se había desatado en la tierra una fuerza maligna, motivo por el cual Adán recibió la advertencia de cuidarse de ella para poder proteger su santuario. Finalmente, Adán y Eva juntos recibieron la comisión de sojuzgar la tierra y ejercer autoridad sobre toda ella. El enemigo al cual tendrían que subyugar era el enemigo de Dios, Satanás.

Satanás sencillamente no puede lograr que hombres y mujeres se reconcilien a nivel de género. Personalmente creo que no hay sobre la tierra poder de acuerdo más poderoso que un esposo y una esposa que juntos en oración hayan tocado los mismos cielos. Cuando a este nivel tenga lugar la sanidad, los hijos e hijas creados por Dios alcanzarán un nivel de autoridad que Satanás no había tenido que enfrentar desde los comienzos del mundo. Por lo tanto, él va a levantar generaciones de fortalezas para impedir la reconciliación de los géneros.

3. Jane Hansen con Marie Powers, *Fashioned for Intimacy* [Hechos para la intimidad], Regal Books, Ventura, CA, 1977, p. 36.

Muchos líderes cristianos sienten que la brecha de género es la última área que necesita sanidad. Se está trabajando mucho para lograr la reconciliación entre las razas. Pastores y líderes se están reuniendo para orar juntos, pero los géneros están separados en las reuniones. Incluso me atrevería a decir que creo que está activo un prejuicio cultural de género. Muchos líderes hombres que mentalmente están de acuerdo con que hombres y mujeres necesitan trabajar juntos en el ministerio, con sus palabras y acciones, dan poca evidencia de lo que creen a este respecto.

Limpiar nuestros patrones de negación

Realmente titubeo en tocar el tema de la negación. Sin embargo, cuando en una cultura se evidencia la presencia de una fortaleza o plaza fuerte, la disposición mental está a menudo tan profundamente arraigada que las personas piadosas que son atrapadas no tienen idea de lo que está pasando. A menudo he visto esta forma de negación en el campo de la reconciliación racial. (La cual, entre paréntesis, es otra área donde tenemos un largo camino que recorrer.)

Un día, cuando Mike y yo estábamos reunidos con líderes en otro país, discutíamos la necesidad de una reconciliación racial a nivel nacional. Estos amados líderes nos miraron y nos dijeron, «¡Aquí nosotros no tenemos problemas de racismo!»

Sin decir palabra, dirigí mi mirada hacia un amigo negro (la *única* persona negra en la reunión) y le dije, «Elan (no es su verdadero nombre) ¿es usted siempre el director de la adoración y nunca el predicador?»

Elan se movió, inquieto, miró al piso, y en una voz apenas audible, respondió, «Sí». Los líderes blancos quedaron estupefactos y de inmediato empezaron a planear un tiempo de arrepentimiento nacional.

Traigo esto a colación porque reunión tras reunión he visto situaciones similares entre líderes mujeres. Hace ya algunos años asistí a un desayuno de oración para líderes estadounidenses en nuestro Día

Nacional de Oración en Washington, D.C. En un momento, el maestro de ceremonia pidió a todos los ministros presentes que se pusieran de pie. Al mirar a mi alrededor, vi que ninguna mujer se ponía de pie. ¿Por qué? No queríamos enfrentar las críticas que se originarían si nos poníamos de pie. Si esa situación se produjera hoy, yo no tendría inconveniente en ponerme de pie, pero en aquel entonces, sencillamente no tuve la fuerza de espíritu para hacerlo.

En otra ocasión hablé en una importante reunión de pastores y líderes. Al final del servicio, los 70 líderes se enfrascaron en una discusión sobre cómo harían para conquistar sus respectivas ciudades para Dios. La conversación estaba llena de comentarios tales como: «Nosotros los hombres tenemos que hacer esto. Necesitamos estar más unidos». Sentada en silencio, me dediqué a observar los rostros de las tres o cuatro esposas de ministros que estaban presentes en el grupo. Sus ojos reflejaban tristeza y yo sentí pena por ellas. Las afirmaciones de los líderes hombres, carentes de toda sensibilidad, no tenían mucho que ver conmigo. Al fin y al cabo, al día siguiente me iría. Ellas, sin embargo, seguirían allí, sintiéndose extremadamente marginadas en su llamado a ministrar en esa ciudad.

Una palabra de advertencia a las mujeres líderes que lean esto: Es muy importante que no dejemos que raíces de amargura afecten nuestras almas por sobre la necesidad de una reconciliación de géneros (véase Hebreos 12.15). Siempre es posible identificar a una ministra mujer que no ha perdonado a los hombres en su corazón. Eso afecta la pureza de su mensaje. Siempre habrá en sus palabras alguna forma de menosprecio a los hombres. Esto no es bueno y habrá que buscar la forma de eliminarlo.

Es posible que algunas mujeres que estén leyendo este libro tengan que detenerse y hacer una lista de los hombres que las han herido y sencillamente perdonarlos. De igual manera, algunos hombres necesitan hacer una lista de las mujeres que los han herido. Estoy muy preocupada por el número de militantes femeninas que son líderes cristianas que están haciendo declaraciones bajo la influencia de la ira y que dicen, «Ha llegado nuestro tiempo y vamos a hacer lo que Dios nos ha llamado a hacer sin importar quién se nos ponga por delante». Esta actitud solo podría crear una brecha aun mayor entre los géneros.

En cierta ocasión Mike y yo fuimos a una iglesia donde el pastor odiaba tanto a las mujeres que su sermón en el Día de la Madre fue sencillamente una oportunidad para regañar a las mujeres. En un punto de su sermón estaba tan exaltado que se subía y se bajaba de una silla de metal hasta que esta se dobló. No se necesita decirlo, pero las mujeres jamás predicaron en ese púlpito. Me alegra admitir que desde entonces, él ha cambiado bastante.

Con la perspectiva de Dios

¿Por qué es necesaria la reconciliación de los géneros? Porque Dios quiere que veamos claramente en nuestro caminar con Él. Mateo 7.3-5 dice:

> ¿Y por qué miras la paja que está en el ojo de tu hermano, y no echas de ver la viga que está en tu propio ojo? ¿O cómo dirás a tu hermano: Déjame sacar la paja de tu ojo, y he aquí la viga en el ojo tuyo? ¡Hipócrita! saca primero la viga de tu propio ojo, y entonces verás bien para sacar la paja del ojo de tu hermano.

Un día cuando volaba hacia Dallas, para mi sorpresa mi buen amigo John Dawson estaba en el mismo vuelo. (John es el director de la Coalición de Reconciliación Internacional.) Nos sentamos en la misma fila, pasillo de por medio y empezamos a hablar de lo necesario que es que los géneros se reconcilien. John ha mencionado a menudo que él cree que una de las principales áreas en necesidad de reconciliación es la de género a género.

Le dije que algunos ministros hombres están realmente muy positivos en cuanto a liberar a la mujer en el ministerio, pero que eran desalentados por las mujeres agresivas, gritonas y controladoras. No debería ser un misterio para nadie que los hombres odian a las mujeres agresivas.

(Como una nota al margen de esto, a menudo me ha resultado bastante difícil no agobiar una reunión con mi don de profecía. A veces he tenido que castigarme a mí misma por abrir demasiado la boca. Las personas con un don de profecía pueden ser agresivas sin importar si son hombres o mujeres. Se requiere hacer un balance y discernir cuándo es el momento apropiado para compartir mensajes proféticos y cuándo es mejor mantener la boca cerrada. Este es un proceso de crecimiento permanente.)

John echó una risita y dijo: «Qué interesante. ¿Te imaginas que yo dijera eso en mi mensaje?» Luego prosiguió a explicar que los hombres se unen a través de la crítica mordaz (una forma suave pero no tan suave de fastidiar). ¡Tengo que admitir que en ese momento, las luces de mi cerebro se apagaron por completo! Empecé a recordar reuniones donde yo había sido la única líder mujer en una muchedumbre de hombres. (A veces yo soy la mujer comodín. Y no me doy cuenta. Dicen, «Bueno, mejor ponemos aquí a una mujer, así es que pidámosle a Cindy Jacobs». Y yo lo tomo como un cumplido de que ellos realmente me aman y confían en mí.)

El punto es que hubo ocasiones en que creí que los hombres habían sido hostiles hacia mí, ¡cuando en realidad estaban demostrando que me querían! Por decirlo así, «yo era uno de los muchachos». John me explicó que los vínculos que las mujeres desarrollan las afirman unas a otras a través de apoyarse mutuamente, mientras que los hombres lo hacen a través de la crítica mordaz.

¡Qué revelación! ¿Qué quiere decir esto? Cuando las mujeres se reúnen, una de las primeras cosas que van a decir es, «Oh, Susie, ¡qué lindo tu vestido! ¿Es nuevo?», o «¿Qué te has hecho en el pelo? ¡Se te ve precioso!» Mientras que los hombres seguramente dirán «¿De dónde sacaste esa corbata, del tarro de la basura?» u, «Oye, viejo. ¡Cómo bufas al subir esa escalera! ¿Nos están pesando los años, eh?» (Personalmente creo que los hombres tienen mucho que aprender de las mujeres sobre actitudes positivas, pero luego pienso que decírselo solo nos haría meternos en problemas).

Señor, ayúdanos a entendernos los unos a los otros

Los efectos del deterioro en la comunicación entre el hombre y la mujer, provocado por la acción de la serpiente siguen manifestándose. San Francisco de Asís dijo algo sabio en relación con este problema de siglos: «Señor, concédeme que pueda esforzarme más por comprender que por ser comprendido». Un pasaje de la Escritura que es particularmente pertinente a las relaciones género a género viene de la pluma del apóstol Pablo:

> Llenen y completen mi gozo viviendo en armonía y siendo del mismo sentir y unos en propósito, teniendo el mismo amor, estando en completo acuerdo y siendo de una mente e intención armoniosa. No hagan nada por motivos de división —mediante contiendas, rivalidades, egoísmos o por fines indignos— o impulsados por vanagloria y arrogancia. En lugar de eso, en el verdadero espíritu de humildad (humildad mental) piense cada uno en el otro como mejor y superior a él mismo, teniendo un concepto más alto de la otra persona que el que se tiene de uno mismo. Reduzca cada uno su estima y vele no meramente por sus propios intereses, sino cada uno por los intereses de los demás (Filipenses 2.2-4, véase trad. libre).

Hoy día se cuenta con algunas fuentes excelentes para ayudar a hombres y mujeres a comunicarse más eficientemente. Y aun cuando muchos de estos libros giran en torno al matrimonio, los principios en muchos casos pueden aplicarse a cualquiera relación de género. Uno de los mejores libros que he encontrado es *Communication: Key to Your Marriage* [La comunicación: clave para tu matrimonio], escrito por Norm Wright. Otro buen recurso de ayuda se puede obtener de Alfred H. Ells de la *House of Hope Counseling* en Scottsdale, Arizona. Ells tiene series tanto en audio como en video y pueden conseguirse para tratar de resolver conflictos. Los siguientes son sus «Nueve pasos comprobados para resolver conflictos»:

1. No te llenes de asuntos conflictivos. Ora por ellos, luego *habla* de ellos.
2. Una persona comienza por *compartir abierta y sinceramente* con la otra (véase Santiago 1.19; Proverbios 15.32; Efesios 4.15, 25).
3. La otra persona debe *oír, entender y responder* a lo que se le dice (véase Proverbios 18.13; Filipenses 2.1-4; Efesios 4.2; Santiago 5.9).
4. Apoyo mutuo.
5. Ve al grano *y busca puntos de acuerdo*, no de desacuerdo.
6. Si el análisis se prolonga, *suspéndelo* no *sin antes programar* la próxima reunión.
7. Identifiquen mutuamente un *plan bíblico de acción* que resuelva el problema y *restablezca la unidad.*
8. Humíllate y asume la responsabilidad por haber *ofendido voluntaria o involuntariamente* a la otra persona *o que haya contribuido a crear el problema.*
9. Controla tu espíritu (véase Proverbios 16.32; Colosenses 3.12, 13).

En un artículo de Gary Smalley titulado «Consejo en el que puedes confiar» encontré una ayuda excelente sobre relaciones. Aunque el enfoque del artículo es el matrimonio, los principios pueden usarse igualmente para los géneros:

> Para probar que tu matrimonio [o relaciones] son a prueba de divorcio, asegúrate de estar haciendo más «depósitos» para el bienestar de tu cónyuge [u otra persona en algún tipo de nivel relacional tales como familia, iglesia, negocios, etc.] que «retiros».[4]

4. Gary Smalley, «Advice You Cant Bank On» [«Consejo en el que puedes confiar»], Focus on the Family, Feb, 1997; 3-4.

Smalley sigue diciendo que un retiro es cualquiera cosa triste o negativa que drena energía de su cónyuge. Es una palabra dura, una promesa incumplida, ser ignorado, herido o controlado.

En esencia, para mantener buenas cuentas en la «relación bancaria» necesitamos hacer aportes más positivos que negativos. Una vez oí que deben hacerse diez comentarios positivos por uno negativo. Es muy probable. Esto me lleva a un punto que quiero señalar en relación con liberar lo que yo llamo «un espíritu de afirmación» en las relaciones.

Acentuar lo positivo, eliminar lo negativo

Muchas veces en el Cuerpo de Cristo tenemos la tendencia a ser extremadamente negativos. Algunas culturas y generaciones son mucho más críticas que otras. Una vez asistí a una joven que venía de un país donde la costumbre era decir las cosas mucho más francamente que en Texas. Siempre estaba en problemas por las cosas que decía en la iglesia. Por ejemplo, podía acercarse a una señora y decirle, «¡Qué gorda se ve con ese vestido!» Esta forma brutal de ser sincera seguramente es mala en cualquier caso, pero en la cultura sureña de Estados Unidos es casi imperdonable.

Deberíamos «abstenernos» de criticar durante tres días para ver si somos capaces de dejar de hablar negativamente de los demás.

Trabajamos pacientemente con ella hasta que empezó a darse cuenta qué criticona era, en lo personal y en lo cultural. Finalmente llegó a ser una persona agradable y amorosa.

A veces pienso que deberíamos abstenernos de criticar durante tres días para ver si somos capaces de dejar de hablar negativamente de los demás. Yo lo he intentado y ha sido sorprendente cómo he tenido que matar en mi mente muchos pensamientos de crítica para que no tuvieran posibilidad de salir por mi boca. En realidad, hago esto regularmente como lo hacen también muchos creyentes.

Dar expresión a un espíritu de afirmación es para nosotros, tanto hombres como mujeres, un concepto muy importante que tenemos que entender. A menudo nos cuesta expresar alabanzas de viva voz los unos a los otros, aun cuando sentimos deseos de hacerlo.

Muchas personas de la generación de mis padres (la era de la Segunda Guerra Mundial) sostenían la filosofía no expresada de no alabar a sus hijos en frente de ellos porque eso podría echarlos a perder. Empecé a comparar notas con otras personas de mi edad y descubrí que sus padres hablaban bien de sus hijos a sus hermanos pero no se lo decían a ellos personalmente. Cuando he mencionado esta filosofía no expresada a algunos miembros de esa generación por lo general parecen sorprendidos al principio, pero luego empiezan a cambiar esta forma de pensar inconveniente.

En algunas culturas prácticamente no se acostumbra exaltar a las personas. El criterio es *¿Por qué alabar a una persona porque hizo lo que era su deber hacer?* Sin embargo, es importante para cada uno recibir palabras de encomio y gratitud. La Biblia tiene mucho que decir sobre el agradecimiento. Luis y Doris Bush (quienes han sido usados poderosamente por Dios en el movimiento *A.D. 2000 and Beyond*) son dos de las personas más agradecidas que haya conocido jamás. Un día escuché al pastor Ted Haggard de la Iglesia Nueva Vida de Colorado Springs hacer un comentario sobre ellos. Ted había pedido a Luis que le hiciera un favor y Luis había reaccionado de tal manera, que dos o tres veces prácticamente le agradeció por haberle pedido el favor.

Todos podemos aprender de gente tan positiva. Otra persona que ha hecho un gran impacto en mi vida en este sentido es Dick Eastman, presidente de «Cada hogar para Cristo». Dick vive con un espíritu permanente de gratitud.

Las mujeres especialmente necesitan que se les demuestre verbalmente apoyo. Esta es la razón por qué en la Escritura se les dice a los hombres en cuatro ocasiones que deben amar a sus esposas. Si a las mujeres no se las apoya lo suficiente, especialmente por parte de sus esposos (con quienes están casadas) pueden llegar a ser vulnerables a otros hombres. No estoy diciendo que los hombres no necesiten apoyo igualmente. Por supuesto que lo necesitan. Todos lo necesitamos, pero las mujeres en general tienen una mayor necesidad de apoyo que los hombres.

Cuando los vínculos de género conducen a la esclavitud

Al estudiar las razones por las que las personas caen en el adulterio, he descubierto que por lo general las mujeres cristianas son inducidas a ello por la *espiritualidad* o la *sensibilidad* de los hombres, más que por una atracción física. Esto crea un vínculo en las emociones o en el reino del alma que a menudo conduce al adulterio espiritual.

Adulterio espiritual es cuando dos personas, ambas casadas con otra persona, establecen un lazo por el cual piensan más en la otra persona en los negocios, iglesia o escuela que en su propio cónyuge. Una buena forma de comprobar esto es analizar los pensamientos. ¿Cuánto tiempo pasas pensando en alguien del género opuesto que en tu propio cónyuge?

Hace algunos años me relacioné con bastante cercanía y frecuencia con un líder de otro ministerio. Después de algunos meses, me di cuenta que esperaba que me llamara. Teníamos muchas cosas en común. Cada conversación con él era espiritual e intelectualmente estimulante. Mientras tanto, Mike trabajaba en un horario que lo mantenía fuera de casa desde las siete de la mañana hasta las ocho ó nueve de la noche.

Por favor, entiéndanme. Nunca nos tomamos de la mano, nunca nos besamos. Ni siquiera pensé en eso; sin embargo, el halón era fuerte, muy, muy fuerte. Sin darme cuenta me encontré con que en mis pensamientos y emociones, él había llegado a llenar un espacio que solo mi esposo estaba llamado a llenar.

Mike y yo hemos tenido siempre una clase de relación en la que podemos ser abiertos acerca de cualquier cosa. Un día, Mike me dijo: «Mi amor, ese tipo llama cuando tú andas viajando. Quiere saber si llegaste bien y cómo va el ministerio. Me parece que se está preocupando un demasiado».

En ese momento me enfrenté a la necesidad de someter a escrutinio una tremenda realidad. Si hubiese tenido pensamientos conscientes que la relación que tenía con este ministro había llegado tan lejos emocionalmente, la habría cortado mucho tiempo atrás. Yo había estado incapacitada de ver debido a la distancia que el trabajo de Mike y nuestras vidas recargadas habían puesto entre nosotros y, con toda franqueza, estaba emocionalmente necesitada de una conversación.

Le dije entonces a Mike que sentía que de alguna manera me había involucrado emocionalmente con este otro hombre y que me horrorizaba al darme cuenta. Oramos juntos y le pedí a Dios que me perdonara. Luego Mike y yo analizamos la forma en que podríamos mejorar nuestra comunicación.

Lo que yo no había entendido era que la conversación íntima produce intimidad. Cuando se mantienen conversaciones con las personas del sexo opuesto, es muy importante mantener una relación de hermano a hermana. Esto es especialmente necesario cuando se trata de compañeros de oración. Nunca los compañeros de oración del sexo opuesto deberían llegar a ser más grandes confidentes que tu cónyuge. Ni deberías tener reuniones privadas con ellos, donde estén solamente los dos. No hay problemas con las conversaciones telefónicas pero de todos modos habría que limitarlas y hasta donde sea posible, involucrar al cónyuge de la persona en esas conversaciones.

Después, pensé que sería muy fácil romper el lazo que había formado con aquel otro hombre. ¡Falso! Aunque dejé de llamarlo por teléfono, la atracción que sentía hacia él era tremenda. Algunos días casi no podía resistir levantar el teléfono y llamarlo. Los recuerdos de su voz y su presencia rondaban por mi cabeza.

Finalmente, un día clamé al Señor pidiendo ayuda. Suavemente, Él habló a mi espíritu y me dijo que la razón más importante por la cual me había involucrado con ese otro hombre, había sido por perder mi primer amor hacia Él. El Señor pudo haberme mantenido emocionalmente pura y libre de este enredo si hubiera pasado más tiempo íntimo en adoración y oración. ¡Qué revelación!

El Espíritu Santo me dijo, entonces, que me apropiara del temor del Señor sobre mi vida en cuanto a esa relación. Así es que cerré mis ojos y me imaginé en el salón del trono en el cielo y entregaba a Dios toda mis necesidades y espacios vacíos y le pedía que los llenara con su presencia y su amor. Inmediatamente, sentí una dulce presencia del Señor y el toque de su respuesta penetró en mi alma.

Lo que ocurrió luego me tomó de sorpresa. De pronto tuve una visión en que Mike y yo danzábamos juntos y una canción que tenía un valor especial para mí porque correspondía al tiempo en que nos enamoramos, brotó de mi memoria: «La primera vez que vi tu rostro». En ese momento, las emociones del primer amor que tuve por Mike brotaron en mi corazón. De nuevo me sentí profundamente enamorada de mi marido.

Adulterio espiritual. Suena feo, ¿verdad? En realidad, también puede ocurrir en otro tipo de relaciones. Incluso he sabido de un líder cristiano a quien Dios le habló y le dijo que estaba en adulterio espiritual con su ministerio. Definitivamente, las cosas estaban caminando mal en su hogar.

Lazos del alma: lo bueno, lo malo y lo feo

Otro tipo similar de esclavitud es lo que llamo *lazos del alma*, que son vínculos que se forman en nuestras emociones. Aunque son muy parecidos al adulterio espiritual, también afectan a los que no son casados. Un lazo del alma es un vínculo formado entre dos personas en una forma de relación pactada. Un ejemplo de esto lo encontramos en la Biblia y tiene que ver con David y Jonatán. 1 Samuel 18.1, 3, 4 nos hablan del vínculo que mantenía unidos a David y Jonatán:

> Aconteció que cuando él hubo acabado de hablar con Saúl, el alma de Jonatán quedó ligada con la de David, y lo amó Jonatán como a sí mismo. E hicieron pacto Jonatán y David, porque él le amaba como a sí mismo. Y Jonatán se quitó el manto que llevaba, y se lo dio a David, y otras ropas suyas, hasta su espada, su arco y su talabarte.

Según la Concordancia de Strong, la palabra «ligar» significa «atar o amarrar».[5] Las almas de David y Jonatán quedaron amarradas en un pacto. Esto, por supuesto, puede ser algo maravilloso. Sin embargo, este «amarre» puede tener un lado oscuro, al unirte tú con otra persona en una relación malsana, como la que mantuve con aquel ministro. Estas amarras pueden ser realmente fuertes, por lo cual es muy importante no entrar livianamente en un pacto con otras personas.

Lazos del alma saludables

Relaciones de pacto saludables pueden ser de una fuerza y bendición tremendas. Por ejemplo, Mike y yo tenemos ese tipo de relación con una cantidad de parejas. Personas tales como Peter y Doris Wagner, Ed y Ruth Silvoso, Chuck y Pam Pierce, Bob y Cesan Beckett, Dutch y Ceci Sheets, Luis y Doris Bush. La lista podría seguir y seguir. Estas personas son para nosotros como nuestra familia. Juntos hemos llorado, orado y soportado grandes crisis. A menos que el Señor nos diga otra cosa, ellos son ese tipo de relaciones *hasta que la muerte nos separe.*

5. *The New Strong's Exhaustive Concordance of the Bible* [La nueva concordancia exhaustiva de la Biblia, de Strong], Thomas Nelson Publishers, Nashville, 1984, #7194.

Además de David y Jonatán, otro ejemplo es el que ofrecen Rut y Noemí. En realidad, en los casamientos hablamos de esta relación de pacto: «No me ruegues que te deje» (Rut 1.16). Su relación fue todo lo saludable que puede ser entre una mujer de edad con una joven.

Lazos del alma dañinos

Como lo mencioné, los lazos del alma disfuncionales y dañinos pueden ser muy peligrosos. Los consejeros podrían llamarlas relaciones codependientes. Una forma negativa en que estos lazos se forman es a través del sexo fuera del matrimonio. La Biblia nos dice que en el matrimonio los dos llegan a ser una sola carne (véase Mateo 19.5).

A menudo he aconsejado a personas que, aunque son casados, siguen teniendo pensamientos fuertes relacionados con ex novios o novias con las cuales tuvieron relaciones sexuales. Estos pensamientos pueden recurrir a la mente aun cuando la persona haya pedido el perdón por sus pecados. A menudo las parejas experimentan un profundo sentido de culpa debido a estos pensamientos y emociones de traición. Lo que pasa es que ellos están sobrenaturalmente atados a estas viejas relaciones. Gracias a Dios que su poder puede romper esta clase de amarras. Otras relaciones de pacto pueden referirse a ex miembros de iglesias quienes hicieron votos de unirse a las iglesias, pero nunca pidieron ser liberados de esos votos al irse a vivir a un sitio diferente.

¿Cómo romper un lazo del alma? Bueno, Dios te puede dar un plan sobrenatural tal como hizo en el caso de mi profundo amarre emocional con aquel ministro, o puedes decir conmigo la siguiente oración:

> Padre Dios, te pido perdón por el pecado de romper el pacto y/o formar un lazo fuera del matrimonio. Por favor, perdóname. En el nombre de Jesús. Amén.

Una variante de esta oración puede ser:

Padre Dios, reconozco que he tenido un lazo del alma dañino con _____. Por favor libérame de esto ahora mismo. Da libertad a mis pensamientos y mis emociones. Destruyo en este momento cualquier atadura que he tenido con esta persona. En el nombre de Jesús. Amén.

Debo reconocer que revelar cosas íntimas de mi propia vida no es fácil. Pero después de aconsejar a tantísimas personas, muchas de las cuales tenían problemas de adulterio espiritual, pensé que la mejor manera de liberarla de verdad era abrirle mi corazón y contarle mi experiencia. Oro que la verdad la libere. Puede salvar su matrimonio, o el de otros a su alrededor.

El bálsamo sanador de las palabras humanas y el poder de Dios

Aunque estas verdades que he compartido pueden darse en varios niveles, las heridas más profundas que requieren el bálsamo de sanidad del poder del Señor, en la mayoría de las relaciones, comienza con el asunto de los géneros. En su libro *Healing America's Wounds* John Dawson dice:

> Las heridas infligidas mutuamente por hombres y mujeres constituyen la línea de falta fundamental que corre en el fondo de todo otro conflicto humano.[6]

Hace algunos años participaba en una conferencia de *Aglow International* en Orlando, Florida. John Dawson era el conferenciante. Hacia el final de su mensaje, en forma sencilla y humilde, hizo una confesión y pidió perdón a las casi diez mil mujeres presentes, quienes representaban a unos ochenta países. Pidió perdón en su condición

---

6. John Dawson, *Healing America's Wounds* [Sanando las heridas de América], Regal Books, Ventura, CA, 1994, pp. 246-247.

de hombre por la multitud de heridas hechas por los hombres a las mujeres.

¿Cómo podría describir lo que ocurrió? Un torrente de lágrimas se produjo en muchísimas mujeres. La mayoría de ellas, algunas víctimas de incesto, abuso físico y/o emocional, nunca habían soñado que alguna vez oirían tales palabras de un hombre. Miré a mi alrededor y vi a mujeres abrazadas y llorando. El poder del perdón estaba actuando en una escala que pocos en el Cuerpo de Cristo entenderían.

Una liberación sobrenatural del amor y del poder de Dios siguió a estas sencillas palabras. ¿Quién podría haberse imaginado que las palabras de John Dawson producirían un efecto tan grande y profundo en esta reunión de mujeres? John se paró en la brecha por estas mujeres abusadas para traerles a un punto de liberación de sus prisiones emocionales.

Varios años más tarde, me senté para leer el manuscrito del libro de John, *Healing America's Wounds* [Sanidad de las heridas de América] y de nuevo fui tocada por los recuerdos de aquel momento al leer su confesión, puesta ahora por escrito:

Querida lectora: Quizás yo no sea el hombre que te causó daño, no obstante, miro ese daño con vergüenza y turbación. Ha habido ocasiones en que he tenido que pedir perdón a mi madre, a mi esposa, a una hermana o una compañera del ministerio. Si pudiera saber cómo establecer contacto con ella, a una mujer en particular, le pediría perdón. No soy ajeno al orgullo masculino y al apetito de los hombres. Quizás no haya cometido violación o algún otro delito asqueroso, pero la verdad es que es solo cuestión de grados.

Algunas de ustedes fueron violadas por sus padres, la peor ofensa de un padre. Algunas de ustedes han experimentado otras formas de incesto y desde entonces no se han sentido plenamente ustedes. La mayoría sabe lo que es sentirse emocional y físicamente un juguete de un muchacho adolescente, y diría que casi todas arrastran alguna forma de herida por rechazo en una relación amorosa rota en la adolescencia o por un matrimonio tormentoso.

Ustedes saben lo que es sentirse codiciada como un bistec apetitoso por alguien más fuerte o ser objeto de burlas en la presencia de los hombres. Ustedes también saben lo que es ser tratada con ternura pero nunca tomada en serio, sus cualidades menospreciadas y sus consejos desatendidos.

Por favor, perdónennos. Ustedes nunca debieron de experimentar estas cosas. Ellas representan una grosera distorsión de la parte del carácter de Dios que debió haber sido revelada a ustedes a través de sus padres, hermanos, esposos y amigos hombres. Estas cosas han roto el corazón de Dios, además del de ustedes.[7]

Posiblemente la confesión de John te ha tocado profundamente. Si tal es el caso, te sugiero que no acabes tan pronto con este capítulo. ¿Por qué no haces un alto y perdonas cualquiera ofensa que se hubiese cometido contra ti, haya sido por un hombre o por una mujer? Las mujeres pueden ser controladoras y dominantes y pueden ofender a los hombres con los que se relacionan. Este asunto del género es una calle de doble tránsito y ambos géneros tienen pecados profundos que necesitan ser atendidos. El poder de la cruz está aquí, a través de la Palabra escrita. Quizás quieras llamar a un amigo y pedirle oración. Santiago 5.16 dice: «Confesaos vuestras ofensas unos a otros, y orad unos por otros, para que seáis sanados».

Una vez hablé en una conferencia en Brisbane, Australia, con John cuando él decidió que allí había necesidad de arrepentimiento entre los géneros. Durante tres días trabajamos sobre este concepto antes que se produjeran verdaderas confesiones y arrepentimiento. Un pastor bautista llamó a las mujeres de la iglesia a que pasaran adelante y les pidió perdón por no permitirles entrar en el ministerio.

7. *Ibid.*, pp. 246-247.

La reacción fue sobrecogedora. Algunas de las mujeres más reservadas y tranquilas cayeron sobre sus rodillas llorando hasta casi el punto de gemir. ¡El nivel de su dolor debe de haber sido enorme! Más tarde, mientras estudiaba la historia de Australia, supe por qué las mujeres de ese país en particular sufren. Las primeras mujeres blancas que llegaron a las costas de esta ex colonia penal fueron repetidamente violadas en grupos y sufrieron otros ultrajes inenarrables.

Después de nuestra visita, Jim Nightingale, Robyn Pebbles y otros líderes australianos fueron a cada lugar donde se habían cometido estas atrocidades y representaron mediante un acto profético, la llegada de las mujeres, las cuales vestían a la usanza del tiempo de su llegada allí. La diferencia fue que en lugar de los abusos horribles, las mujeres fueron recibidas con una piadosa bienvenida y se les leyó una proclama de arrepentimiento. Yo creo que ese día, mediante un amoroso acto profético, el hacha fue puesta en la raíz del abuso a las mujeres.

¡Que viva la diferencia!

Dios tiene propósitos no solo para los géneros sino también racialmente *al interior* de los géneros. Permítanme explicarme. Cuando Dios creó las razas, Él también puso propósitos redentores o fuerzas dentro de las mujeres y los hombres de diferentes grupos étnicos. Mientras pensaba en aquel día, meditaba en el hecho que Dios escogió a una mujer judía para traer a su Hijo a la tierra.

Aunque con frecuencia se quiere presentar una figura estereotipada de la mujer judía como que es controladora y sofocante, esto es solo una perversión del maravilloso don que la mujer judía tiene en la crianza de sus hijos. Para las que son madres o educadoras a través de enseñar en la Escuela Dominical, yo creo que la cultura judía tiene mucho que enseñarnos. (Por supuesto, soy consciente que en cada cultura hay grandes madres.)

Uno de mis buenos amigos, quien es judío, Hal Sacks de *El Shaddai Ministries* en Phoenix, Arizona, sugirió que los hombres de la raza judía tienen dones especiales de fidelidad hacia sus esposas y familias tanto como perseverancia al enfrentar grandes adversidades.

Otras culturas ponen su énfasis en la hospitalidad, como los italianos y árabes. La mujer italiana en general no puede ver que alguien entre a su casa sin ofrecerle de comer. Para mí, el hombre italiano tiene el don del liderazgo. He sabido de ex miembros de la mafia que fueron los mejores jefes de ujieres o administradores en sus iglesias. ¿Por qué? Porque entienden el concepto de autoridad. Y lo viven.

Grandes beneficios se producirán con la sanidad de los géneros y razas. Y esta en realidad es un área pionera que apenas estamos empezando a entender en el Cuerpo de Cristo. Personalmente creo, como lo he dicho en líneas anteriores, que hemos adelantado más en el área de la reconciliación racial que en la reconciliación de los géneros. Conferencias en las que la gente en liderazgo se siente muy confortable enfrentando los asuntos de raza ni siquiera han empezado a tocar el tema de los géneros.

Mientras hablaba a una gran concurrencia en una conferencia de mujeres, el Señor me dio una profecía bastante inusual. Fue algo como esto:

Si mi cuerpo empieza a dar lugar a la reconciliación y a la sanidad de los géneros, llegará el día cuando los divorcios en la iglesia serán anormales. Porque yo quiero que haya sanidad entre los hombres y las mujeres. Mi pueblo ha caído en la mentira de que siempre habrá grandes cantidades de personas en proceso de divorciarse. Quiero sanar a los separados por haberse divorciado y a las víctimas, pero también deseo derribar las murallas que han provocado rompimientos relacionales y divorcios. Solo crean, dice el Señor, porque si solo creyeren, todas las cosas serán posibles.

Me tomó bastante tiempo escribir los siguientes varios capítulos. Debí de leer gran cantidad de libros y consultar varias traducciones de la Biblia. También he trabajado con algunos teólogos que han estudiado fervientemente el griego y el hebreo en lo que dice relación con la cuestión de la mujer y la iglesia. En realidad, lo que he encontrado es bastante, y estoy confiando que traerá gran liberación a las mujeres dentro de las diversas áreas de ministerio en la iglesia.

El tema mujer

Dios está llamando en este tiempo a muchas mujeres para que lo sigan y usen todos sus talentos, dones y habilidades. Para muchas de estas mujeres, descubrir cómo hacer esto en una forma bíblica y que agrade al Señor es agobiante y confuso.

Como lo he señalado ya en este libro, quedé impresionada al leer los relatos de mujeres ministras de hace un siglo cuyas luchas se equiparan con las que yo tuve que enfrentar a comienzos de los 80 cuando finalmente me sometí al llamado de Dios. Y, sorprendentemente, todavía oigo los mismos asuntos no resueltos expresados por las mujeres jóvenes de hoy.

Pero Señor, ¿qué es lo que tiene que hacer la mujer?

¿Cuáles son las razones para que los corazones de las mujeres llamadas por Dios estén ansiosos. Aunque son variadas, las siguientes son algunas de las más frecuentes:

Mujeres en general

1. ¿Cómo interpretar aquellos pasajes difíciles? (¿No dice la Biblia que la mujer debe callar en la iglesia?)
2. ¿Está Dios llamándome realmente?
3. ¿Qué me está llamando a hacer?

4. ¿Cómo impactará a mi familia y amistades decir sí?
5. ¿Qué pensará mi pastor y/o la iglesia?
6. ¿No serán meras alucinaciones eso de que Dios quiere que yo sea una mujer ministra?
7. ¿Cómo puedo encontrar las respuestas a todas estas preguntas?

Mujeres casadas

1. ¿Cuál será la participación de mi esposo en mi caso, como una mujer en liderazgo?
2. ¿Cómo manejar eso de la sujeción?
3. ¿Cómo voy a hacer frente a mis responsabilidades en el hogar si me voy a dedicar al ministerio? (¿Quién va a lavar la ropa y comprar los comestibles en el supermercado?)
4. ¿Qué irá a pensar mi esposo? ¿Se enojará? ¿Lo aceptará? ¿O pensará que me he vuelto loca? ¿Me estaré volviendo loca, realmente?

Mujeres solteras

1. Si acepto el llamado, ¿le alegrará la idea al hombre de quien me enamore?
2. ¿Cómo me financiaré económicamente si entro al ministerio sobre una base de tiempo completo?
3. ¿Qué pensará la gente de una mujer soltera ministrando sin un esposo que la respalde?

Estas preguntas pueden zumbar y zumbar en tu cerebro hasta que te lleven a un punto de desesperación y lágrimas. Créeme, ¡yo he estado allí y lo he vivido! Muchas voces bombardean a la mujer tratando de sacarla de su lugar, no solo en el ministerio, sino también en la vida en general. Para la mujer que está sintiendo el llamado de Dios, el proceso de hacer una decisión está muy mezclado por el temor de perder de vista la voluntad de Dios para su vida, tanto como el miedo de ser acusada de antibíblica.

Si la mujer ha crecido en una parte del mundo donde las mujeres son reprimidas y oprimidas, o que la cultura desapruebe que las mujeres hagan cierta clase de trabajo fuera de casa, a menudo suele ocurrir una fractura compuesta que puede impedir la habilidad de oír la voz de Dios.

Restaurar las verdades de Dios sobre la mujer

¿Cómo contestar estas preguntas y encontrar la voluntad de Dios para tu vida? Me gustaría tener todas las respuestas. Solo puedo decirte que para investigar sobre el tema he buscado en numerosos y variados libros, me he reunido con teólogos altamente respetados y he escuchado intensamente la dirección del Espíritu Santo.

Las más importantes voces proféticas
están anunciando a través de todo el
mundo que este es el tiempo para
encontrar la forma de permitir
plenamente la participación de la mujer
en el ministerio.

De una cosa estoy cierta: *Dios está llamando a las mujeres en el día de hoy en una forma como nunca antes se había visto.* Las más importantes voces proféticas están anunciando a través de todo el mundo que este es el tiempo para encontrar la forma de permitir plenamente la participación de la mujer en el ministerio. Las diferentes profecías dicen cosas como esta: «Dios está levantando una nueva generación de mujeres ministras con la unción de una Ester o una Débora». Otros anuncian: «Hagamos espacio para la mujer, porque Dios está derramando su unción de los tiempos finales sobre sus colaboradoras».

El Dr. Bill Hamon a menudo habla de lo que él llama «la verdad restaurada», o el hecho que Dios enfatice ciertas verdades en diferentes tiempos a través de las edades. La resonante afirmación de Lutero de que «el justo vivirá por la fe» fue una verdad restaurada que dio comienzo a la Reforma protestante. Hoy día hasta los católicos creen que la decisión de Lutero fue la correcta. Parte de la función del profeta es anunciar a la iglesia las verdades que Dios está restaurando o que han sido descuidadas. Tal es el caso con el papel de la mujer en la iglesia.

Una misma comisión para dos géneros

Ningún asunto en la iglesia de hoy es más controversial que las funciones de la mujer en el ministerio. Un buen amigo mío, editor de una importante revista cristiana, dijo, «solo coloca "mujer" y "ministerio" en la misma frase y no creerás cuántas cartas furiosas vas a recibir».

Un comentario extremadamente agudo llegó a mí procedente del pastor Gary Kinnaman de la iglesia Palabra de Gracia en Mesa, Arizona. Una mañana, durante un desayuno con el pastor Kinnaman y su esposa Marilyn, él trajo a colación el versículo de Gálatas 3.28. «Cindy», me dijo, «el Cuerpo de Cristo ha hecho un largo camino para llegar a reconocer que no hay judío ni griego, esclavo ni libre, pero no hemos llegado a entender aun que no hay varón ni mujer».

He escrito un capítulo entero sobre el asunto de los géneros, pero sentí que tenía que escribir este capítulo como una piedra fundamental sobre la cual construir lo que queda de este libro. Muchos líderes creen que solucionar el conflicto sobre el papel de los géneros en el ministerio sería comparable con la «frontera final» para la iglesia. Algunos profetas han ido aun más lejos al decir que creen que en cinco años a muchos de nosotros nos parecerá que estamos en el Oscurantismo respecto a la mujer en el ministerio.

Vonette Bright, de Campus Crusade, hizo la siguiente afirmación en una conferencia que dio tanto a hombres como a mujeres en la reunión de América Latina 2000 en Panamá que reunió a unos 4 mil delegados:

> No hay dos comisiones: una para los hombres y otra para las mujeres.

Luego dijo cómo su esposo Bill, fundador y presidente de Campus Crusade para Cristo, la ha tratado siempre como un compañero a igual nivel que el suyo en el ministerio. Al principio ella quería ser solo la esposa de Bill Bright, pero él la alentó para que desarrollara su capacidad de liderazgo. Como resultado, con frecuencia ella participa con hombres en comités y fue una de las tres mujeres del comité original de Lausana, formado por cincuenta personas. Con los años, y al viajar por el mundo y ver con qué frecuencia las mujeres son postergadas, su punto de vista ha ido cambiando. Su voz resuena de tal manera fuerte que todos puedan oír con claridad su advertencia:

> Siento que Dios va a juzgar a algunos hombres por limitar a las mujeres y no permitirles desarrollar sus habilidades de liderazgo.

Vonette dio evidencias de cómo las perspectivas de las mujeres enriquecen las decisiones de comités al evitar una visión de túnel de los hombres enfocada únicamente en resultados, sin considerar cómo esos resultados ayudarán y causarán daño a las personas.[1]

---

1. *Women of Vision 2000 (Mujeres de visión 2000)*, Carta informativa del área de mujeres del movimiento «A.D. 2000 and Beyond», primer trimestre, 1997, p. 4.

El tema mujer: define tu posición

Al estudiar los llamados «pasajes difíciles» sobre la mujer, he llegado a la conclusión que las opiniones son tan divergentes como cuando se trata de asuntos escatológicos. A través de los años he oído excelentes sermones sobre cada una de las posiciones, en los que se ha usado la Escritura y presentado de tal manera que uno tiene que decir, «¡esta es la verdad!». Cuando esto ocurre, debemos llegar a una posición a través del estudio personal, oración y la búsqueda del rostro de Dios.

Yo he tenido que trabajar a través de mi propios esquemas culturales y denominacionales para discernir lo que es del Espíritu Santo y lo que es nada más que cosa mía. Un par de filtros personales que uso son:

1. ¿En qué manera mi trasfondo cultural y denominacional afecta mis creencias? (crecí en una cultura texana y bautista del sur). Prescindiendo de nuestros trasfondos, todos tenemos preferencias culturales, admitámoslo o no.
2. ¿Hasta dónde mi bagaje personal me está llevando a no querer ver la Escritura en una manera diferente? (Por ejemplo: ¿Tengo una tendencia en contra de los hombres y las mujeres por los orígenes de mi familia o por miedo a estar equivocada o a ser desleal a mi denominación?)

Al considerar mi propio trasfondo, me he tenido que hacer la pregunta: *¿He estudiado alguna vez con sinceridad el punto de vista opositor mientras he buscado en oración que el Señor me dé su corazón y su mente sobre el asunto en lugar de simplemente quedarme con solo lo que me han dado?*

Cuando Dios empezó a tratar conmigo sobre predicar el evangelio, como lo digo en el capítulo 1, tuve que ir de la posición extrema que es contario a la Biblia que la mujer predique, a aceptar ser una mujer ministra.

A través de la historia y en el día de hoy muchas mujeres están trayendo grandes bendiciones al Cuerpo de Cristo a través de sus ministerios de enseñanza, trabajo misionero o pastoreando iglesias. Jesús dijo: «Por sus frutos los conoceréis» (Mateo 7.20). Una de las formas de saber si Dios está trabajando a través del ministerio de una persona es midiendo su productividad y bendiciones. En numerosos ministerios diferentes, las mujeres enseñan tanto a los hombres como a las mujeres y están produciendo frutos buenos y permanentes para el Reino. ¿Sucedería así si su trabajo no contara con la bendición de Dios? ¿No serían sus ministerios nada más que simplemente obras muertas y desprovistas de vida, si la unción de Dios no estuviera con ellas? Estas solas preguntas deberían impulsarnos a repensar algunas de las posiciones tradicionales que la iglesia ha adoptado en relación con la mujer.

La verdad no cambia, las creencias sí

Muchas veces a través de los años, el Señor ha tocado mi vida a través de una experiencia que sobrepasó mis convicciones teológicas y me obligó a hacer una seria investigación de la Palabra escrita. Recuerdo cuando no creía que Dios hablara a sus hijos de otra manera que no fuera por medio de la Escritura. (Me habían enseñado que la Biblia era un «cañón cerrado» y que Dios no hablaba más que como lo había hecho en los días bíblicos.) Ahora mi comprensión ha cambiado tanto que hasta he escrito un libro sobre cómo oír la voz de Dios.

Mi padre y pastor, que está con el Señor desde 1973 me ayudó inmensamente en mi peregrinaje espiritual. En cierta ocasión le pregunté, «Papá ¿qué pasaría si llegaras a descubrir que lo que creías no era la verdad?»

Me miró directo a los ojos y me respondió, «Mi amor, iría a dónde la verdad fue enseñada». Su respuesta me trajo una gran sensación de libertad. Me permitió examinar y juzgar a la luz de la Escritura la doctrina que había venido oyendo desde el púlpito. Papá siempre quiso que yo tuviera una relación *personal* con Jesucristo, en lugar de una relación de segunda mano y, además, una comprensión *personal* de la verdad en lugar de una relación de segunda mano.

¿Por qué he explicado todo esto? Por esta razón: Si tú no estás dispuesta a revisar tu sistema de creencias y dejar que el Espíritu Santo saque a la superficie cualquier motivo que pudiera estar llevándote a hacer injustamente parcial, probablemente habrás desperdiciado tu tiempo leyendo este capítulo. No es que quiera imponerte mis propias conclusiones, porque estoy consciente que pudiera estar influenciada por mis propios prejuicios. Tú puedes leer mis conclusiones y seguir con tu mismo sistema de creencias. Sin embargo, me gustaría que juntas le pidamos al Señor que nos ayude a *tener la mente de Él en esto*. Antes de proseguir, por favor haz la siguiente oración conmigo:

> Querido Padre:
> Dame ojos para ver y oídos para oír las verdades que pueden ser diferentes a mi propio pensamiento. Te ruego, por el poder de tu Espíritu Santo que está dentro de mí que me ayudes a abrirme a una verdad nueva. Muéstrame dónde mis prejuicios culturales y/o religiosos pudieran estar afectando mi voluntad a abrirme a lo que el Espíritu está diciendo a la iglesia hoy día.
> En el nombre de Jesús. Amén.

Estamos a punto de abordar dos de los asuntos más controversiales en torno a la mujer en el ministerio: (1) Si puede una mujer enseñar a hombres en la iglesia, y (2) Si al enseñar a hombres, la mujer puede seguir estando en sumisión. Estas son dos áreas *en extremo* sensibles. Muchos de mis amigos han hecho una mueca y han dicho: «Cindy, me siento tan feliz que Dios no me haya pedido que trabaje con el tema mujer». He orado para que el Señor me ayude a presentar los diferentes lados de este asunto de modo que cada uno pueda orar individualmente y encontrar las respuestas que traigan paz a sus corazones.

Expone tus prejuicios al interpretar

Mientras investigaba este punto, recibí un documento titulado: *Género y liderazgo* escrito por Robert Clinton del Seminario Teológico Fuller. Este documento revela el peregrinaje personal de Robert Clinton en el asunto de la mujer en liderazgo y que lo llevó a cambiar su modelo (un cambio de un modelo de explicación a otro) en lo relativo a la mujer en el ministerio. Su cambio se produjo, parcialmente, como resultado de haber recibido personalmente bendiciones del Señor por el ministerio de líderes mujeres.

En este interesante documento, Clinton dice que tiene algunos axiomas (tales como, reglas o principios establecidos de verdades auto-evidentes) que ha aprendido a lo largo de sus años de estudio de la Biblia. Estos axiomas, dice, forman parte del marco que utiliza para hacer las interpretaciones bíblicas. Vamos a considerarlos juntas:

1. Interpretar pasajes oscuros a la luz de los claros, no al revés.

2. Las doctrinas principales deberían surgir de lo que es claro.

3. Pasajes controversiales que no logran un consenso entre las personas piadosas de percepciones diferentes, por lo general son pasajes insuficientemente claros como para resolver con certeza. Por lo tanto, debemos ser tolerantes con los diferentes puntos de vista sobre tales pasajes.

4. Más de lo que muchos piensan, la cultura juega un papel importante en la forma de interpretar algunos de estos pasajes difíciles. Intereses decididos a mantener los papeles masculinos dominantes en la sociedad influyen mucho más de lo que nos damos cuenta.

5. Examina siempre un pasaje en su contexto total. Es parte de un todo más amplio y debe ser interpretado a la luz de la contribución que hace a ese todo.

6. Reconoce la transferencia de precauciones. Esto es la tendencia de proyectar nuestra propia forma de entender algo al interpretar lo del pasado.[2]

En adición a los puntos señalados por Clinton, la Escritura me aclara otros asuntos:

- Dios usó a las mujeres para adelantar la difusión del evangelio.
- Las mujeres fueron usadas por Dios en posiciones de liderazgo, tanto en el Antiguo Testamento como en el Nuevo.
- En el Antiguo Testamento Dios escogió mujeres para que fueran líderes y las puso en funciones que afectaron a toda la nación de Israel (tales como Débora, Ester y Miriam). En el Nuevo Testamento, podríamos comparar a estas elegidas como aquellas con cargos de liderazgo en la iglesia, si creemos que somos interiormente» (véase Romanos 2.28, 29); «el Israel de Dios» (véase Gálatas 6.1-16; y una «nación escogida», «real», «santa» (véase 1 Pedro 2.9-16; cp. con Deuteronomio 7.6). En la Escritura no hay ninguna indicación que permita pensar que el uso de mujeres en funciones de liderazgo no tenía vigencia en los tiempos del Nuevo Testamento.
- Tanto el Antiguo Testamento como el Nuevo nos dicen que Dios va a «derramar su Espíritu sobre sus colaboradoras tanto como sobre sus siervos» (véase Joel 2.28-29; Hechos 2.17).

Débora y Ester: Llamadas a servir a sus naciones

Me temo que un segmento del Cuerpo de Cristo no va a estar de acuerdo conmigo; sin embargo, un importante sector sí lo estará. Usando a Débora y a Ester como ejemplos, estas dos mujeres líderes tuvieron altas posiciones gubernamentales que afectaron a la nación

2. Dr. J. Robert Clinton *Gender and Leadership* [Género y liderazgo], Barnabas Publishers, 1995, pp. 18-19.

entera (por decisión de Dios, por supuesto, ¿pero lo querríamos de otra manera?). Débora *gobernó* a la nación como el juez principal sobre todos los jueces (véase Juecs 4.4-5; compare con Deuteronomio 16.18-20; 17.9-12). Ella era la máxima autoridad. Instruyó, profetizó e incluso mandó a Barac a ir a la guerra (véase Jueces 4.6-7). Hay incluso un atisbo de regaño cuando dijo que el honor de la victoria tendría que dársele a una mujer, no a Barac (véase el v. 9). Hoy día algunas personas acusarían a Débora, en tanto mujer, de estar totalmente fuera de lugar por dar instrucciones a un hombre. ¡Y hasta podrían llegar a considerarla una precursora de Jezabel!

Ester llamó a una nación entera a una asamblea solemne para ayunar y orar a Dios para que salvara al pueblo (véase Ester 4.16). He oído a gente decir que esto es «solo una excepción». Sin embargo, llamar a la acción de Ester «solo una excepción» refleja una inclinación contra las mujeres. ¿Por qué mejor no decir que con su acción «se sentó un precedente»?

¿No somos todos «excepciones» en un sentido u otro por la gracia y llamado de Dios? En cuanto a mí, yo creo firmemente que lo soy porque veo mi propia debilidad y fragilidad a menudo cual anuncio de neón prendiéndose y apagándose ante mis ojos.

Una mirada atenta a la función de las mujeres en la Escritura

El Dr. A. J. Gordon fue un pastor bautista en los años de 1880 y 1890 que defendió a las mujeres en el ministerio. Fue un mentor histórico para Robert Clinton. Me fascinó el estudio que hice de su artículo sobre «El ministerio de la mujer» escrito en diciembre de 1894. Es de tanta importancia para el día de hoy que me asombro que haya sido escrito más de cien años atrás. Una de las razones para que este documento sea tan importante (como lo señala Clinton) es que los argumentos de Gordon no pueden ser descalificados por la supuesta influencia que el Movimiento de Liberación Femenino haya podido tener sobre él. Por otro lado, los argumentos de Gordon están firmemente basados en la Escritura y son guiados por los mismos principios de interpretación que los tradicionalistas usan. Más adelante en este capítulo incluyo algunas citas de Gordon y en el apéndice podrás leer su artículo completo.

Vamos a echar una mirada a la forma en que las mujeres fueron usadas de Dios en la Escritura. Soy consciente que aun en esta área pueden levantarse discusiones, porque lo que es claro para mí puede que no lo sea para ti. (¿Recuerdas la oración que hicimos antes? Incluso si hay algo que te pone furiosa, sigue leyendo hasta el final y entonces busca en oración la opinión de Dios sobre el asunto.)

Analizamos el punto de vista de Jesús sobre las mujeres en general y cómo Él elevó el nivel social de la mujer. Ahora vamos a examinar el ministerio de la mujer en el Nuevo Testamento y en la iglesia primitiva, lo que nos permitirá echar el fundamento para ir de esos pasajes, que son claros (o más claros) a aquellos que no lo son tanto.

Diáconos

Según Romanos 16.1, Febe es clasificada como «sierva» (Nota del traductor: La autora está trabajando con la versión en inglés *King James*, donde efectivamente se la trata así. Los lectores en español que usan la versión Reina Valera, encontrarán que allí se le da el título de «diaconisa») o «ministra»[3] de la iglesia de Cencrea. La palabra usada para describirla, *diakonos*, es una forma masculina. He encontrado una cantidad de explicaciones diferentes sobre su oficio. Particularmente iluminador para mí ha sido el documento del Dr. A. J. Gordon, «El ministerio de la mujer»:

3. Varias versiones de la Biblia describen a Febe como «sierva». Sin embargo, véase *A Greek-English Lexicon of the New Testament and Other Early Christian Literature* [Diccionario inglés-griego del Nuevo Testamento y otra literatura cristiana de la iglesia primitiva], ed. por Walter Bauer, William F. Arndt, F. Wilbur Gingrich y Federico Danker (de aquí en adelante, citados como *BAGD*), The University of Chicago Press, Chicago, 1957; edición revisada, 1979, p. 184, 2b, citando textos en latín de principios del siglo segundo que traducen el griego *diakonos* con la palabra latina «ministro».

La misma palabra, diakonos, traducida en algunas versiones de la Biblia como sierva es traducida ministro cuando se aplica a Pablo y a Apolos (1 Corintios 3.5), y diácono cuando se usa para describir a los oficiales varones de la iglesia (1 Timoteo 3.10, 12, 13). ¿Por qué esa discriminación contra Febe simplemente porque es mujer? La palabra ṣiervo es correcta para el uso no oficial general del término, como en Mateo 22.10; pero si Febe era realmente una funcionaria de la iglesia, como tenemos el derecho de concluir, désele el honor del título que le corresponde. Si «Febe, una ministra de la iglesia de Cencrea» suena demasiado fuerte, entonces dígase de ella «Febe, una diácona», un diácono, también, sin la terminación insípida «isa» de lo cual no hay mayor necesidad que la que habría para «profesorisa» o «doctorisa»... ¡Es maravilloso cuánto hay en un nombre! «Febe, una sierva» podría sugerir a un lector común y corriente nada más que una empleadita que prepara sandwiches y café para los señores eclesiásticos. Para Canon Garret, con su genial e iluminador punto de vista sobre la posición de la mujer en los tiempos apostólicos, «Febe, una diácona» sugiere una útil co-laboradora de Pablo «yendo en viajes misioneros y llevando a cabo otras labores de amor».

De interés es el hecho que en algunas versiones, la terminación de la palabra *diakonos* cuando describe el oficio de Febe es masculina. Pero Febe es claramente femenina. Pareciera que en la Escritura hay ocasiones donde los «oficios» en la iglesia reciben la terminación masculina, aun cuando la persona que ostenta el oficio pueda ser una mujer.[4]

4. La cita del Dr. A. J. Gordon ha sido tomada de un documento escrito en 1894 y publicado en *Gender and Leadership* [Género y liderazgo], por Dr. J. Robert Clinton.

Charles Trombley da algunas ideas concernientes a Romanos 16.2 y lo que dice sobre Febe:

En Romanos 16.2 Pablo usa una palabra interesante para referirse a Febe. En la versión en inglés *King James* se usa la palabra *succourer* (que podría ser traducida literalmente al español como *socorredora* o *auxiliadora*. Nota del traductor.), pero la palabra *prostatis* no es traducida de esa manera en ninguna otra parte en el griego de las Escrituras. Era una palabra clásica, corriente que significa «protectora o protectorado, una mujer que es puesta por sobre otros». Es la forma femenina del sustantivo masculino *prostates*, que quiere decir «defensor» o «guardián» cuando se refiere a hombres. En 1 Timoteo 3.4, 5, 12 y 5.17, el verbo *peritoneum* es usado en las calificaciones para obispos y diáconos cuando Pablo encarga a los hombres a «gobernar» bien sus casas, lo que incluye atender a sus necesidades. Lo que sea que signifique para los hombres, debería significar lo mismo para las mujeres. Lo que haya sido lo que hicieron estos obispos y diáconos por sus casas, Febe lo hizo para la iglesia y Pablo. La posición era idéntica.

Si rehusamos admitir que Febe «gobernó» o «guió» o fue una «defensora» o «guardián» entonces deberíamos reducir a los diáconos hombres al nivel en que Febe estaba ministrando. Si Febe únicamente *socorrió*, entonces eso fue lo que los diáconos hombres hicieron. Carece de consistencia traducir la palabra como «gobernador» cuando se refiere a hombres y *socorredor* cuando se refiere a mujeres.[5]

Otro lugar donde la función de las mujeres como diáconas ha sido aparentemente minimizada se encuentra en la traducción

---

5. Charles Trombley, *Who Said Women Can't Teach?* [¿Quién dijo que las mujeres no pueden enseñar?], South Plainfield, N.J., Bridge Publications, 1985, pp. 194-195.

de *gunaikas* («mujeres» o «esposas») en 1 Timoteo 3.11. Pablo ha bosquejado las exigencias para obispos y diáconos (véase vv. 8-10). Algunos traductores han asumido que en 1 Timoteo 3.11 «asimismo, las *gunaikas*» se refiere únicamente a las «mujeres» de los líderes hombres. Para dar sustento a su traducción añaden al texto la palabra «sus». Sin embargo, en 1 Timoteo 3.11 no hay artículo definido en la construcción de la frase ni tampoco se usan posesivos. Además, se usa un lenguaje idéntico para los diáconos y las mujeres, quienes «asimismo» deben ser «serios» (véase vv. 8, 11). Por lo tanto, debe rechazarse la traducción «sus mujeres». Claramente, Pablo se está refiriendo a mujeres en importantes posiciones de liderazgo.

Es muy claro que Pablo tiene en alta estima a Febe y a otras compañeras de trabajo del sexo femenino. En realidad, de las veintinueve personas a quienes Pablo saluda en Romanos 16, diez son mujeres (si contamos a Junias, lo cual hago yo).[6]

Otra fuente de importancia de mujeres en liderazgo en la iglesia primitiva es el testimonio de un gobernador de Bitinia, llamado «Plinio el joven» (52 a 113 D.C.). Él también dice que las mujeres eran diaconisas en la iglesia primitiva. En una carta en que pide consejo sobre cómo manejar el gran número de todas clases y géneros que se estaban volviendo a Cristo, Plinio dice:

6. Según el *Theological Dictionary of the New Testament* [Diccionario teológico del Nuevo Testamento], editado por Gerhard Kittel y Gerhard Friedrich, Grand Rapids, MI, 1964, vol. 2, p. 93, en la iglesia primitiva surgió rápidamente una orden de diaconisas. También, hemos visto que Pablo llama a Febe «una diaconisa», un término distinguido en el Nuevo Testamento. Es importante que Felipe también fue un diácono (en Hechos 6.2 «servir» es el mismo verbo usado para servir como diácono en 1 Timoteo 3.10, 13). Nótese que como diácono, Felipe predicó, sanó, enseñó, bautizó e inició iglesias en un ambiente misionológico inter-cultural (véase Hechos 8.4-25), siempre bajo la autoridad de los ancianos de Jerusalén (véase Hechos 8.14ss). Es, por lo tanto, claro que los «diáconos» ejercieron un tremendo liderazgo y autoridad.

Creí absolutamente necesario inquirir en la auténtica verdad del asunto sometiendo a torturas a dos mujeres esclavas a las que llamaban *diáconas* (cursivas añadidas) pero no encontré más que una superstición perversa la cual estaba más allá de todo límite.[7]

Aun cuando en el primer siglo se reconoció el liderazgo de las mujeres, durante el segundo siglo las posiciones de las mujeres en posiciones de autoridad empezaron a disminuir. Un escrito de principios del tercer siglo, llamado la *Didascalia* (la enseñanza) dice que las personas que eran bautizadas salían del agua y eran recibidas por mujeres diáconas, quienes les enseñaban. Esto sugiere que durante el tercer siglo las mujeres todavía enseñaban. Sin embargo, por el tiempo del Concilio de Orange convocado en el año 441, el oficio de las mujeres diáconas había sido abolido casi por completo. El Concilio declaró: «Nadie más procederá a la ordenación de diaconisas».[8]

A menudo me pregunto sobre el agregado de «isas», el término que usamos para describir las funciones de la mujer en la iglesia. Con frecuencia se aplica a una posición menor a la de un hombre que está haciendo el mismo trabajo. De hecho, cuando se produjo el cambio de diácona a diaconisa, eso es exactamente lo que ocurrió.

Apóstoles

Para algunos, el pensamiento de una mujer estando siempre entre los más saltos niveles de autoridad en la iglesia es simplemente demasiado. Sin embargo, vamos a echar una mirada a una mujer que para muchos creyentes fue una apóstol y ver si como consecuencia de esta observación podemos validar que Dios está ungiendo a mujeres para hacer el trabajo de apóstoles en tiempos más recientes.

7. Citado en Charles Trombley, *Who Said Women Can't Teach?* [¿Quién dijo que las mujeres no pueden enseñar?], pp. 195-196.
8. Citado en Charles Trombley, *Who Said Women Can't Teach?* [¿Quién dijo que las mujeres no pueden enseñar?], p. 197.

Me gusta la declaración con que David Cannistraci comienza la sección de su libro, *The Gift of Apostle* [El don de apóstol], titulada «¿Pueden las mujeres ser apóstoles?» Él dice:

En realidad es una cuestión realmente complicada, pero como Gilbert Bilezikian ha señalado, «Cada generación de cristianos necesita examinar sus creencias y prácticas bajo el microscopio de la Escritura para identificar y eliminar aquellas excrecencias mundanas que fácilmente nos acosan y proteger celosamente la libertad costosamente adquirida para nosotros, tanto hombres como mujeres, en el monte Calvario».[9]

Ahora es cuando tenemos que mirar a nuestro alrededor y decir, «Si Dios está usando a las mujeres en formas tan poderosas en la iglesia, quizás necesitemos revaluar nuestro pensamiento, *porque o son instrumentos del diablo, o son bendecidas por Dios* para llenar un lugar que, según mis esquemas, ellas no pensé que podrían llenar».

Analicé este punto con un teólogo amigo quien insistió en que la gente a veces tiene motivos imperfectos, pero que de todos modos Dios bendice sus esfuerzos, tal como ocurrió con Moisés cuando golpeó la roca (véase Números 20.10-16). Sin embargo, ¿solo porque una mujer se sienta llamada al ministerio va a significar que ella lo está haciendo por motivos impuros? Las que yo conozco ciertamente no lo hacen por eso. Ellas sienten un verdadero llamado a predicar, y expresan en su motivación el carácter y la naturaleza de Cristo.

En el pasaje de Romanos 16.7 que vimos antes, Pablo menciona a Junias y a Andrónico como «muy estimados entre los apóstoles». Hay mucha controversia acerca de si el nombre «Junias» es femenino.[10] Las razones por las que creo que Junias fue una mujer son: (1)

9. David Cannistraci, *The Gift of Apostle* [El don de apóstol], Regal Books, Ventura, CA, 1996, p. 86.

10. Tal como John Piper y Wayne Grudem, *Recovering Biblical Manhood & Womanhood* [Recuperando la masculinidad y la femineidad bíblicas], p. 80.

Andrónico y Junias tienen toda la apariencia de ser marido y mujer. El contexto sugiere que estaban casados; el nombre de Junias es hermanado con un nombre masculino y la única otra pareja de un hombre y una mujer en Romanos 16 es Priscila y Aquila, de quienes sabemos que formaban un matrimonio (véase Hechos 18.26), y (2) Juan Crisóstomo, padre de la iglesia primitiva, alaba a Junias, la mujer apóstol.

Trombley resume:

> Juan Crisóstomo (337-407), obispo de Constantinopla, no fue parcial en cuanto a las mujeres. Dijo algunas cosas negativas de ellas pero habló positivamente de Junias. «¡Oh, cuán grande es la devoción de esta mujer para ser contada como muy estimada entre los apóstoles!» No fue él el único padre de la iglesia en creer que Junias era mujer. Orígenes de Alejandría (c. 185-253) dijo que el nombre era una variante de Julia (véase Romanos 16.15), así como Thayer's Lexicon. Leonard Swidler cita a Jerónimo (342-420), a Hatto de Vercelli (924-961), a Theophylack (1050-1108) y a Pedro Abelardo (1079-1142) como que creían también que Junias era mujer.
>
> El doctor Swidler afirmó: «Hasta donde llega mi conocimiento, ningún comentarista sobre el texto hasta Egido de Roma (1245-1316) tomó el nombre como masculino. Aparentemente, la idea que Junias era nombre de hombre es un concepto relativamente moderno, pero el cúmulo de la mejor evidencia disponible es que Junias sin duda fue una mujer, y una distinguida apóstol».[11]

Sin duda que este pasaje es fascinante. Incluye a tres prominentes padres de la iglesia primitiva, el Léxico de Thayer y a tres escritores

---

11. Charles Trombley, *Who Said Women Can't Teach?* [¿Quién dijo que las mujeres no pueden enseñar?], pp. 190-191.

cristianos teólogos de la Edad Media, todos los cuales están de acuerdo con la premisa de que Junias fué una mujer. Es claro que hemos aceptado como verdad otros casos de la Escritura con menos evidencia histórica que las respalde que esta. ¿Entonces dónde está el problema? Para unos, consiste en que el oficio de apóstol se creía que era la más alta autoridad espiritual de aquellos enumerados en Efesios 4.11. Si Junias era una mujer, entonces toda la teología que elimina la posibilidad de que las mujeres ministren en funciones de liderazgo en la iglesia tendría que ser cambiada. El cambio en los esquemas sería masivo.

Entre paréntesis, algunos de mis amigos y yo tenemos un dicho acerca de nuestro peregrinaje espiritual en los últimos años. Es el siguiente: Hemos tenido que cambiar tan rápido nuestros esquemas, que el engranaje se ha roto cinco veces. Probablemente lo mismo les ha ocurrido a los frenos. Sin embargo, nos hemos recuperado como para escribir. ¡Quién sabe cuántos esquemas más tendremos que cambiar si el Señor se tarda!

La cuestión de si Junias fue una mujer, aunque sometida a vigoroso debate es solo una parte de la controversia mayor en el Cuerpo de Cristo sobre los papeles de la mujer en la iglesia y en el hogar. Según nuestra percepción, en esta materia la iglesia se encuentra en estos días en su más importante tiempo de transición, y todos estamos involucrados en el proceso y haciendo lo mejor que podemos ante Dios para fijar nuestras creencias.

En una nota del libro *Woman in the Bible* [Mujer en la Biblia] por Mary J. Evans encontré algo muy interesante concerniente a la obra de Crisóstomo, *The Homilies of Saint John Chrysostom* [Las homilías de San Juan Crisóstomo] publicado por InterVarsity, Volumen 11, página 555:

Es interesante que a pesar de la clara afirmación de Crisóstomo, los editores de la traducción al inglés de sus obras encontraron necesario agregar una nota de pie de página señalando que Crisóstomo debe de haberse equivocado sobre uno de dos puntos porque «está fuera de toda discusión» que una mujer haya podido ser apóstol!

El Cuerpo de Cristo es afortunado al tener líderes como los doctores Bill Hamon y C. Peter Wagner quienes creen que las parejas que trabajan juntas como «equipos apostólicos» son ciertamente una señal del futuro y un excelente argumento para parejas casadas.

El doctor Hamon dice lo siguiente sobre lo que él anticipa como una restauración que viene al Cuerpo de Cristo con equipos de apóstoles-profetas:

Inmediatamente después del nacimiento del movimiento profético, una multitud de profetas empezaron a profetizar en las naciones. Como resultado, el Muro de Berlín se vino abajo, la Cortina de Hierro se abrió y la montaña del Comunismo fue allanada. Muchos dictadores a través del mundo fueron destronados. Mientras Dios estaba sacudiendo a los dictadores de las naciones, Él también estaba trabajando en la iglesia. El día del «único gran» ministro empezó a llegar a su fin. Como nunca antes desde la iglesia del primer siglo, Dios empezó a enfatizar el principio de *ministerio en equipo* (cursivas añadidas). Se restauraron los equipos de apóstol-profeta. Se activaron los equipos de esposo y esposa, de modo que la esposa, en lugar de servir como una ayuda a su esposo, llegó a ser una ministra co-laboradora. En la Red Internacional de Iglesias Cristianas nosotros ordenamos por igual a esposos y esposas. Si uno de los dos no tiene claro lo de su llamado, entonces nosotros creemos que le será revelado en el presbiterio profético que damos con cada ordenación. *Este es el día y la hora en que Dios está trayendo adelante a sus mujeres para que sean ministras a las que Dios ordenó para que lo fueran. Los equipos de esposos y esposas son una de las órdenes más altas de los equipos ministeriales.* La activación de «equipos ministeriales» es definitivamente un trabajo del Espíritu Santo para este día y hora (véase Romanos 12.3-8; 1 Corintios 12.12-31; Levítico 26.8; Deuteronomio 32.30).[12]

Por cierto este es el caso entre algunas de las iglesias de América Latina que yo he observado. «Visión de Futuro» de Argentina, una de las más grandes iglesias en el mundo, con una membresía de unas 90 mil personas, tiene una práctica de poner parejas -como equipos- en el ministerio. Los reverendos Omar y Marfa Cabrera, que dirigen la iglesia, son un excelente ejemplo para sus líderes jóvenes.

Ancianos

Como lo mencioné en un capítulo anterior, muchos creen que si Jesús hubiera querido que las mujeres llegaran a ser apóstoles, habría nombrado a alguna de ellas en el equipo original de los Doce. La respuesta de Trombley a este criterio es que:

Cristo ministró primariamente a la casa de Israel (véase Mateo 15.24). Predicó a judíos que eran regidos tanto por asuntos civiles como religiosos.[13]

Aunque los Doce originales eran hombres, necesitamos recordar que Jesús dio el paso atrevido de tener mujeres discípulas. Y aunque las primeras mujeres discípulas no fueron llamadas explícitamente «apóstoles» o «ancianas», esto no quiere decir que no funcionaran como maestras o que no hayan ejercido autoridad en la iglesia primitiva. En la iglesia primitiva hay muchos apóstoles y ancianos que no se mencionan por nombres.

Algún tradicionalista puede argumentar que los «ancianos» fueron siempre varones. Sin embargo, en el libro de Hebreos vemos que

12. Dr. Bill Hamon, *Apostles and Prophets* [Apóstoles y profetas], Destiny Image, Shippensburg, PA, 1997, pp. 115-116.

13. Charles Trombley, *Who Said Women Can't Teach?* [¿Quién dijo que las mujeres no pueden enseñar?] p. 191.

a lo menos en ocasiones, el término «ancianos» también incluía a mujeres. En Hebreos 11.2 leemos: «Porque por ella [la fe] alcanzaron buen testimonio los antiguos». La palabra «antiguos» viene de la palabra griega *presbuteroi* (plural de *presbuteros*) y ha sido tradicionalmente traducida por las palabras «ancianos» y «hombres de antaño». Pero entre estos «ancianos» mencionados, encontramos a Sara (véanse vv. 11, 13); la madre de Moisés (v. 23); las mujeres entre «el pueblo» que cruzaron el Mar Rojo (v. 29); Rahab (v. 31); posiblemente Débora, uno de los jueces que «administraron justicia» (v. 33); posiblemente Ester «cuya debilidad fue transformada en fortaleza» y salvó a su pueblo de la destrucción del ejército enemigo (v. 34); la mujer de Sarepta (véase 1 Reyes 17.17-24) y la mujer sunamita (véase 2 Reyes 4.8-36) quienes recibieron a sus muertos mediante resurrección (Hebreos 11.35).

Además, la frase «otros fueron atormentados, no aceptando el rescate, a fin de obtener mejor resurrección» (Hebreos 11.35) nos recuerda fuertemente a la madre de los siete hermanos martirizados por Antioco Epífanes durante la rebelión de los macabeos (véase 2 Macabeos 7). Esta mujer urgió a sus hijos a ser valientes a la luz de la resurrección por venir y finalmente ella misma fue martirizada.

Estos «ancianos» son los mismos que nos rodean como la «tan grande nube de testigos» de que nos habla Hebreos 12.1. Claramente, según el uso que hace la Biblia del término «ancianos» no siempre excluye a las mujeres.

De hecho, debido a que la Biblia de la iglesia del Nuevo Testamento era el Antiguo Testamento, el precedente estaba sentado en el sentido que no se habría visto extraño que las mujeres asumieran posiciones de ancianas, como lo habían hecho la madre de Moisés, Rahab y Débora.

También nos encontramos con la forma femenina de *presbyter* o «anciana» *presbytera* en la literatura no bíblica de la iglesia primitiva. A menudo, la palabra es traducida sencillamente como «anciana»; sin embargo, a veces el término se refiere a mujeres que formaron parte de la clerecía. Por ejemplo, el padre capadociano Basilio el Grande

(330-379 d.C.) aparentemente usa *presbytera* para una mujer que es jefa de una comunidad religiosa. También se aplica a las mujeres el término *presbutis*, «mujer de edad» o «anciana». Este uso de la palabra para «anciana» la encontramos en Tito 2.3 y a menudo se traduce como «mujer de edad».

Un pasaje conflictivo que a menudo limita el ministerio de las mujeres en la iglesia es el de 1 Timoteo 3.1: «Palabra fiel: Si alguno anhela obispado, buena cosa desea». (La autora usa la versión conocida como *New King James Version* que traducida al español, dice: «Este es un dicho fiel: Si un hombre desea la posición de un obispo, él desea una buena obra». Sobre esta versión es que ella desarrolla el argumento de las líneas siguientes. Nota del traductor.)

A primera lectura, pareciera claro que una mujer no puede ser un obispo porque el texto dice: «Si un hombre...» De hecho, a lo largo de la historia la tradición cristiana se ha inclinado fuertemente en la dirección de los obispos varones. Sin embargo, la palabra traducida «hombre» es en realidad la palabra griega *tis*, un género de pronombre neutro que debería traducirse como «cualquiera», «alguien» (o «alguno», como lo hace la versión Reina Valera tanto en la revisión de 1909 como en la de 1960 y en la de 1995. Nota del traductor.) Así, este versículo debería leerse: «Si alguno desea el oficio de un obispo...» Esto parece dejar espacio para que una mujer pueda llegar a ser obispa.

Evidencia arqueológica respalda también la posición de mujeres en el liderazgo de la iglesia primitiva. Según la doctora Catherine Kroeger, pinturas encontradas en la catacumba de Priscila en Roma muestran a una de varias mujeres *orantes* (orando) pintadas en las catacumbas. La doctora Kroeger señala que esta es una sorprendente posición de autoridad, tal como la de un obispo. Los pastores a uno y otro lado podrían representar, precisamente, pastores, en cuyo caso la mujer en el papel de obispo, estaría bendiciendo pastores a su cargo.[14]

---

14. Dr. Catherine Kroeger, *Christian History* [Historia cristiana], revista número 17 (tomado de la leyenda de una foto).

Apóstoles de los tiempos modernos

Para aplicar el título de apóstoles a los líderes de estos tiempos modernos es importante examinar el criterio de apostolado. Cannistraci da las siguientes siete exigencias que definen a los apóstoles:

1. Se requiere que los apóstoles tengan en sus vidas un llamado definido y personal de Dios.
2. Se requiere que los apóstoles tengan una intimidad y conocimiento especial con el Señor Jesucristo. En 1 Corintios 9.1, al citar sus contactos con Cristo, Pablo se califica como un apóstol: «¿No soy apóstol? ¿No soy libre? ¿No he visto a Jesús el Señor nuestro?» Claramente, entre los Doce, el conocimiento personal con Cristo era considerado una exigencia del apostolado (véase Hechos 1.21-25). Aunque los apóstoles de hoy son de una categoría diferente, podemos estar seguros que el conocimiento íntimo de Cristo es fundamental para producir frutos en el ministerio apostólico (véase Juan 15.4-5).
3. Los apóstoles son ancianos y deben reunir en ellos las cualidades bíblicas para un anciano.
4. Los apóstoles son ministros y deben funcionar como tales. La obra de un apóstol válido será siempre en las áreas de capacitación, entrenamiento y dirección a otros hacia un ministerio maduro.
5. Se requiere que los apóstoles tengan el reconocimiento y la confirmación de sus pares.
6. Los apóstoles deben tener frutos específicos que puedan exhibir para demostrar su apostolado.
7. Los apóstoles deben mantener su apostolado mediante una completa sumisión a Cristo, de lo contrario caerán de su apostolado y perderán su oficio como ocurrió con Judas (véase Hechos 1.25).

Cannistraci termina esta sección dando la siguiente definición de apostolado:

Un apóstol es una persona que es llamada y enviada por Cristo y tiene la autoridad, carácter, dones y habilidades espirituales para tener éxito en alcanzar y establecer personas en verdad y orden en el Reino, especialmente a través de fundar y supervisar iglesias locales.[15]

Esta definición es más amplia que la que probablemente fue dada por los líderes del trasfondo eclesiástico de Cannistraci, hace varios años. Él es un líder de *New Apostolic*, para usar un término acuñado por Peter Wagner. El movimiento *New Apostolic* consiste de iglesias que no están afiliadas con alguna denominación, pero que en lugar de eso tienen pactos relacionales con otras iglesias afines en cuanto a sus creencias. Mi propia iglesia, *Spring Harvest Fellowship*, es una iglesia Nueva Apostólica y somos parte de una federación de iglesias que son autónomas pero que se mantienen unidas a través de reuniones apostólicas anuales.

Seguimos aprendiendo sobre el papel del apóstol en la iglesia de hoy día. En general, las iglesias Nueva Apostólicas estarán de acuerdo en que alguien que ostenta el oficio de «obispo» en la iglesia es también un apóstol. No todos los apóstoles, sin embargo, son obispos. Por lo general se piensa que un obispo es alguien que tiene más de una iglesia bajo su liderazgo.

Hoy día se está empezando a reconocer a los apóstoles en áreas tales como oración, redes de adoración, evangelización, etc. lo cual ciertamente los conecta con las iglesias locales. Pero su trabajo tiene una influencia muchísimo mayor que, por ejemplo, una denominación en particular.

Mujeres con un llamado poco común

Vamos a considerar algunas mujeres que han afectado grandemente el rostro de la iglesia.

---

15. David Cannistraci, *The Gift of Apostle* [El don de apóstol], pp. 90-91.

Aimee Semple McPherson

A la luz de esta información, pienso que Aimee Semple McPherson, fundadora de la denominación del Evangelio Cuadrangular (*Foursquare Gospel*) sin duda que fue una apóstol. Aunque los tradicionalistas quizás tengan un problema pues en su vida y ministerio no tuvo el respaldo de un hombre, los registros de la historia hablan de que Dios hizo un trabajo a través de ella que afectó a su generación y a las generaciones siguientes. La doctrina del Evangelio Cuadrangular que ella propuso es seguida por miles de personas alrededor del mundo.

Catherine Booth

También creo que Catherine Booth (1829-1890) fue una apóstol. Ella, junto con su esposo fundó el Ejército de Salvación. Sin dudarlo, cuando su esposo tuvo que dejar de trabajar a causa de un completo quebrantamiento de su salud, Catherine se hizo cargo del ministerio en su totalidad.

Como uno de sus biógrafos lo hace notar: «Fue ella, y no William Booth, quien puso la primera piedra del Ejército de Salvación». Aunque hasta el día de hoy el papel membretado y las historias noticiosas dicen «William Booth, Fundador» el título de la biografía de ella sería más apropiado así: *Catherine Booth, la Madre del Ejército de Salvación*. Antes de su muerte en 1890, ella había predicado millones de sermones.[16]

Henrietta Mears

Hay otras mujeres que quizás nunca pensaron ser apóstoles de la iglesia, pero que, en mi opinión, llenan la definición dada sobre un apóstol. Una de estas mujeres es Henrietta Mears (1890-1963). La señorita Mears es la fundadora de *Gospel Light Publications*, la propietaria de *Regal Books* (quien, a propósito, ha publicado este libro en su versión original, en inglés).

16. . E. Maxwell, p. 107. Tomado de un manuscrito no publicado *The Ministry of Women of Salvation Army Principles* [Principios del Ejército de Salvación sobre el ministerio de la mujer], noviembre 26, 1977, p. 1.

Algunos de los logros más notables de la señorita Mears ocurrieron mientras fue directora de educación religiosa en la Primera Iglesia Presbiteriana en Hollywood, California. A los tres años de su arribo, ya había establecido un programa dinámico de educación cristiana con una matrícula en la Escuela Dominical que fue de 450, cifra respetable para una iglesia presbiteriana, a 4500, cifra sencillamente asombrosa. Aquello fue el comentario obligado en toda la costa oeste. En la clase que tenía para estudiantes universitarios, la asistencia semanal era de unos quinientos hombres y mujeres que admiraban a su «profesora», como la llamaban. Su entusiasmo por el Señor Jesucristo era contagioso.[17]

La señorita Mears hizo un fuerte impacto en Billy Graham cuando predicó en el campamento *Forest Home*, fundado por ella. Cuando el reverendo Graham, a los 30 años de edad era presidente de una universidad, estaba teniendo profundos conflictos personales con la infalibilidad de la Escritura (p.e., que la Biblia fuera infalible y que hubiera sido escrita bajo la inspiración del Espíritu Santo). La señorita Mears habló personalmente con Billy y oró con él hasta que experimentó un tremendo quebrantamiento en fe concerniente a la Palabra de Dios.

En su libro *Just As I Am* [Tal como soy], Graham da fe de la agudeza, sentido del humor y transparencia de la señorita Mears. Cuenta que una vez la invitó, de repente, a una cena muy elegante que se ofrecía en su honor en Inglaterra. Cuando acompañado de su esposa Ruth la fue a saludar, ambos comentaron lo hermosa que se veía. En sus propias palabras, «Sonrió y nos atrajo a ella. "No tenía nada formal en mi maleta y no tuve tiempo de comprar nada", les susurró. "Así es que tuve que recurrir a mi bata de noche!"»[18] La señorita Mears no era un estereotipo de religiosa. Era tan real como podía serlo y desplegaba un grado de autenticidad en su forma de ser como pocos han logrado.

17. Billy Graham, *Just As I Am* [Así como soy], Billy Graham Association, Harper, San Francisco, 1997, p. 137.

18. *Ibid.*, p. 137.

En mi libro *La voz de Dios* digo cómo la biografía de Henrietta Mears ha afectado mi propia vida. Ella guió al Señor al doctor Bill Bright y a su talentosa esposa, Vonnette. Bill y Vonnette vivieron con la señorita Mears por diez años de su vida de casados. Bill Bright dice: «Su vida fue una vida de multiplicación espiritual».

El doctor Richard C. Halverson, ex capellán del Senado de los Estados Unidos dijo lo siguiente de esta gran santa de Dios:

> Para mí, Henrietta Mears fue el gigante de la educación cristiana, no solo en su generación, sino en su centuria. Fue una combinación extraordinaria de intelecto, devoción y espiritualidad; y como líder, un genio administrativo y una tremenda motivadora.
>
> A Henrietta Mears yo la veo como la versión femenina del apóstol Pablo; de hecho, a menudo me refiero a ella como «Epístola Pablo». (Nota del traductor. En inglés, el juego de palabras comunica mejor la idea del autor, *Epistle Paul/Apostle Paul*.) Sencillamente, no hay forma de exagerar su eficiencia como maestra, comunicadora e inspiradora.
>
> En un sentido muy real, la señorita Mears es responsable por mi familia. Ella no solo ha sido consejera de Doris y mía a través de los años, sino que nos ha introducido en su oficio. Entiendo que ella predijo que sería como realmente fue. No hay una área en mi vida que su influencia no la haya tocado con gran fuerza. Filipenses 1.3 expresa perfectamente mis sentimientos respecto de ella.[19]

A la vez que yo creo que la señorita Mears cumplió el trabajo de un apóstol, ella también ejemplifica el de una maestra, por eso su nombre podría perfectamente colocarse también en la siguiente sección. Creo que se sentiría más confortable allí porque muchísimos de sus amados alumnos se dirigían a ella como su «profesora».

19. Tomado de un rótulo de *Dream Big* [El gran sueño], la historia de la vida de Henrietta Mears, Regal Books, Ventura, CA, 1990.

Maestras

Hasta donde pude encontrar, el ejemplo más poderoso de alguien enseñando a otra persona el camino de Cristo es el de Priscila. Aunque en Efesios 4.11 la Biblia habla del oficio de maestro, no pude encontrar un mejor modelo para alguien a quien pudiera llamársele maestra que Priscila. Se nos dice que Priscila, junto con su esposo Aquila, enseñó al gran orador Apolos (véase Hechos 18.26) y a pesar de 1 Timoteo 2.12, no hay indicación de que esto hubiese sido visto como algo inconveniente ni por Lucas, el autor de Hechos, ni por Pablo.

En torno a Priscila y Aquila se mueven algunos hechos fascinantes. Cuando Pablo se encontró por primera vez con este matrimonio, Lucas registra la reunión poniendo primero el nombre de Aquila; es decir, el esposo, y luego el de Priscila, el de la esposa (véase el v. 2). Sin embargo, cuando en Hechos 18.18 Pablo registra sus nombres, altera el orden. ¿Por qué? La costumbre en los días de Pablo era poner primero el nombre de quien tenía más prominencia.

Ben Witherington III dice:

> Podemos discutir la parte de Priscila en estas materias. Se dice que tanto ella como Aquila instruyeron a Apolo y que su nombre es mencionado primero, de modo que si alguien es mencionado por Lucas como el instructor principal, esta es Priscila. Para «mayor abundamiento» (véase Lucas 18.26), Lucas describe a Priscila como ampliando la materia más allá de la enseñanza cristiana básica, o a lo menos en una manera que envuelve el panorama completo de la enseñanza cristiana, de tal manera que esa parte pudiera verse en relación con el todo. De Apolos se dice que ya tenía un marco correcto y conocimiento acerca de «las cosas concernientes a Jesús». Además, Apolos no es solo un convertido a la fe, sino que es alguien «bien versado en la Escritura» y esto presupone que Lucas quiere que su audiencia vea que Priscila y Aquila eran también suficientemente conocedores

de la Escritura como para enseñarle a Apolos en una manera que él la aceptó tanto de una mujer como de un hombre.[20]

Sobre la decisión de Pablo de escribir primero el nombre de Priscila, Crisóstomo dijo: «Él no lo hizo sin una buena razón; yo creo que la esposa debe de haber tenido mayor piedad que su esposo. Esto no es simple conjetura; su confirmación es evidente en Hechos».[21]

Algunas versiones de la Biblia en lengua inglesa, como la *King James* y la *New King James* alteran el orden de los nombres tal como aparecen en el griego. Según el eminente erudito de crítica textual del Nuevo Testamento, el doctor Bruce Metzger, este es solo uno de los lugares donde hay una alteración intrusa del texto original hecha por escribas evidentemente prejuiciados contra las mujeres.[22] (La versión Reina Valera, en sus tres revisiones más prestigiosas: 1909, 1960 y 1995, mantiene el orden correcto; es decir, primero Priscila y luego, Aquila; y esto tanto en Hechos 18.26 como en Hechos 18.18. Nota del traductor.)

En Salmos 68.11 encontramos otra clara alteración en la traducción que afecta a las mujeres, evidentemente producto de prejuicios culturales. La versión (en inglés) *New American Standard* dice: «El Señor da la orden; las *mujeres* que proclaman las buenas noticias son una gran

20. Ben Witherington III, *Women and the Genesis of Christianity* [Las mujeres y el génesis del cristianismo], The Press Syndicate of the University of Cambridge, Cambridge, 1990, reimpresión 1995, p. 220.

21. Katherine C. Bushnell, *God's Word to Women* [Palabra de Dios a las mujeres], publicación propia a través de Bernice Menold, 10303 N. Spring Lane, Peoria, IL, 61615 y Cosette Joliff 408 Clybourn, Peoria, IL, 61614. Última publicación del libro original en 1923, párrafo 195 (las páginas del libro no están numeradas).

22. Bill Metzger, *A Textual Commentary on the Greek New Testament* [Comentario textual del griego del Nuevo Testamento], Stuttgart: Sociedades Bíblicas Unidas, 1971, pp. 466-467, referencia a Hechos 18.26. La mayoría de los críticos textuales piensan que los manuscritos de la tradición occidental del Nuevo Testamento griego posteriormente cambiaron el orden de los nombres debido a prejuicios contra las mujeres.

hueste» (cursivas añadidas). Pero tanto la versión *King James* como la *New King James* eliminan completamente la palabra «mujeres», de modo que la traducción queda así: «El Señor dio la palabra; grande fue la compañía de las que la proclamaban».

¿Por qué se hizo eso? Cualquier buen traductor puede decir que al usar el género femenino, el hebreo se está refiriendo a las mujeres. Si uno pone la traducción de la versión *King James* en su contexto del año 1611 d.C. no es difícil imaginarse la razón. En aquel tiempo, los traductores sencillamente no creían que las mujeres pudieran publicar las buenas nuevas, por lo tanto «mejoraron» el pasaje según sus esquemas o visión del mundo.

(En español, siempre usando el texto de Reina Valera, encontramos lo siguiente: 1) En la Revisión de 1960, se usa *multitud* y *las*, y el versículo se lee así: «El Señor daba palabra; había grande multitud de las que llevaban buenas nuevas». La forma «las que» sugiere mujeres, pero en forma muy tenue. 2) En la Revisión de 1909, se usa la palabra *evangelizantes*, y el versículo dice así: «El Señor daba palabra: de las evangelizantes había grande ejército». 3) En la revisión 1995, el versículo se lee así: «El Señor daba la palabra, multitud de mujeres anunciaba las buenas nuevas». Nota del traductor.)

En *God's Word to Women* [Palabra de Dios a las mujeres] Bushnell sugiere otra forma de ver 1 Corintios 9. Ella plantea la premisa que Pablo está enfrentando críticas no solo porque se le disputaba su derecho de ser llamado un apóstol (véase 1 Corintios 9.1) sino también porque viajaba en compañía de mujeres (véase v. 5). Él da respuesta a estas cuestiones de la siguiente manera: «¿No tenemos derecho de traer con nosotros una hermana por mujer como también los otros apóstoles, y los hermanos del Señor, y Cefas?»

Es interesante que la versión *King James* conserva la palabra «hermana», en tanto que la *New King James* y la *New American Standard* simplemente dicen, «esposas creyentes». Bushnell cree que la «hermana» en este pasaje era Priscila, quien habría estado viajando con él y con su esposo, Aquila. Si recuerdas el punto de vista que los judíos tenían sobre la mujer, te podrás imaginar cuán desagradable tiene que haber sido para los judaizantes (aquellos que querían poner el cristianismo bajo el sistema legal de la ley) que una mujer discípula estuviera en la compañía de Pablo.

¿Quién, en estos tiempos modernos, está cumpliendo el papel de Priscila? Personalmente creo que uno de los mejores ejemplos es Kay Arthur. Su curso *Precepts* [Preceptos] está siendo usado en ciento diez países y veintidós idiomas a través del mundo. También ha editado una Biblia llamada *The International Inductive Study Bible* [Biblia internacional de estudio inductivo] publicada por *Harvest House Publishers*.

Pastores

Al empezar a meditar sobre las mujeres pastores, me empecé a interesar por saber qué pastores *hombres* había en la Biblia.[23] Decidí llamar a unos pocos amigos con grados en seminarios y les expuse la cuestión. Después de haberles planteado la pregunta la primera vez, se hizo el silencio al otro extremo de la línea y luego: «Bueno, la verdad es que no sé. ¿Sería Timoteo pastor?» Realmente, no. Él era un enviado apostólico. Timoteo representaba al apóstol Pablo y él mismo hizo trabajo apostólico, nombrando ancianos y estableciendo orden en la iglesia de Efeso, en Asia Menor.[24]

Es admirable cuantas personas son pastores, pero en la mayoría de los casos, han aprendido sobre el pastorado de mentores o seminarios sin pensar cómo eran las cosas en los días del Nuevo Testamento.

Esto me hizo pensar. Me pregunté, entonces, *¿quiénes eran los pastores en el Nuevo Testamento? ¿Cómo funcionaban? ¿Cómo estaban estructurados?* Aunque se supone que este libro no tiene como fin

---

23. Excepto a Jesús, en el Nuevo Testamento a nadie se le llama «pastor» por nombre (véase Juan 10.11-14; Hebreos 13.20; 1 Pedro 2.25).
24. Véase Hechos 19.22 y 1 Timoteo 1.3 También véase en la *International Standard Bible Encyclopedia* [Enciclopedia de la Biblia Standard Internacional], el artículo «Timoteo», de G. F. Hawthorne, publicado primero en 1915 y luego reimpreso en 1988; William B. Eerdman's Publishing Company, Grand Rapids, Vol. 4, pp. 857-858.

entrar en estos asuntos en profundidad, es pertinente a nuestro estudio pensar en esto.

Durante ese tiempo, las iglesias eran «iglesias casas». La unidad económica y social básica en la primitiva iglesia era el *oikos* (griego para «casa» o «familia»), o la familia extendida, que consistía del esposo, la esposa, los hijos del matrimonio, y posiblemente pudo haber incluido a los abuelos y otros familiares, parientes políticos, aprendices y/o artesanos conectados a la base económica de la casa, y siervos y sus esposas, hijos o familiares. Obviamente, el *oikos* era muy diferente a lo que nosotros ahora conocemos como «núcleo familiar» formado por el esposo, la esposa y los hijos del matrimonio. Las vidas de las personas en un *oikos* estaban interconectadas en varias maneras: se veían todos los días y se conocían unos a otros muy bien. La iglesia primitiva se extendió como incendio «de casa en casa» (véase Hechos 2.46; 5.42; 20.20). Si el jefe de la familia creía y era bautizado,, con frecuencia lo era todo el resto de la familia, como ocurrió en el caso de Cornelio (véase Hechos 10.2, 25-27, 44-48), el carcelero de Filipos (véase Hechos 16.31-34) y Crispo, el principal de la sinagoga (véase Hechos 18.8). A veces, como parece ser el caso con Lidia, el jefe de una familia era una mujer (véase Hechos 16.13-15).

El doctor C. Peter Wagner dice lo siguiente en su comentario sobre Hechos:

> Es fácil para nosotros en el siglo veinte olvidarnos que en la primitiva iglesia no existían cosas como los edificios de iglesias tal como los conocemos hoy. Bradley Blues dice, «Las reuniones de los creyentes cristianos en hogares privados (o casas renovadas para el propósito de reuniones cristianas) continuó siendo la norma hasta las primeras décadas del siglo cuarto cuando Constantino empezó a construir las primeras basílicas cristianas».[25]

25. Dr. C. Peter Wagner, *Blazing the Way* [Iluminando el camino], Regal Books, Ventura, CA, 1995, p. 196.

En su libro *Woman in the Bible* [Mujeres de la Biblia] Mary J. Evans tiene lo siguiente que decir sobre los pastores en el Nuevo Testamento:

> Al tratar el tema de los pastores en la Biblia, es importante notar que tenemos, de hecho, muy poca información sobre la relación precisa entre «oficio» y «función» en la iglesia del Nuevo Testamento. Las epístolas pastorales hacen explícito lo que es aparente en otra parte, que estaban aquellos que eran nombrados para un oficio específico. Sin embargo, mientras sabemos mucho acerca de las características requeridas a aquellos que aspiraban al oficio, se nos dice muy poco sobre las responsabilidades particulares y tareas asignadas a los que ostentaban un oficio determinado. Por ejemplo, algunos, aunque no todos, los ancianos trabajaban en predicar y enseñar (1 Timoteo 5.17) y ciertamente no todos los predicadores y maestros eran ancianos (comparar con Colosenses 3.16; 1 Corintios 14.26, etc.). No hay una distinción clara entre los oficios regulados y los ministerios no regulados practicados por aquellos que no tenían una posición oficial en el Nuevo Testamento.[26]

El doctor Gary Greig, profesor asociado de Antiguo Testamento en la Escuela de Divinidad de la Universidad Regent, hace esta interesante observación: «Hasta donde puedo ver por estudiar y orar la evidencia en el Nuevo Testamento y libros y artículos tanto populares como eruditos sobre el tema, los «ancianos» de la iglesia primitiva eran como los pastores principales u obispos, y los «diáconos» como ministros asociados».[27]

---

26. Mary J. Evans, *Woman in the Bible* [Mujeres de la Biblia], InterVarsity Press, Downers Grove, IL, 1984, p. 110.

27. Pablo y Pedro dicen a los ancianos que «pastoreen» la grey de Dios (véase Hechos 20.28 y 1 Pedro 5.1, 2). Claramente, los ancianos eran los responsables por el pastoreo de aquellos que estaban bajo su cuidado pero también es claro que tanto hombres como mujeres estaban involucrados

Por lo tanto, entre otros, ministros «diáconos» varones pudieron haber sido Esteban, Felipe, Nicanor, Timón, Parmenas y Nicolás (véase Hechos 6.5) y las más probables ministras «diáconas» mujeres deben de haber sido Febe y posiblemente Priscila y Lidia.[28]

Los que prodigaban cuidados en la iglesia, o los que pudiéramos llamar pastores, bien pudieron haber sido los ancianos presidentes de las iglesias-hogares locales. En la Biblia, ningún hombre y ninguna mujer recibe el calificativo de pastor, *per se;* sin embargo, funcionaban como pastores.[29]

La fuerte posibilidad que la «señora elegida» de 2 Juan 1 sea, en efecto, la guardadora de la ortodoxia para una iglesia-hogar significa que no podemos ser absolutos en suponer que esta clase de posiciones de liderazgo nunca fueron ostentadas por mujeres. Que Juan, el «anciano» esté escribiendo a la «señora elegida» quien dirige una iglesia-hogar es respaldado por el hecho que Juan no escribió a los

en la función pastoral … Un «pastor» no era necesariamente un profesional pagado que dirigiera una congregación local; es más posible que haya sido un «pastor» que fuera el líder de una iglesia-hogar (véase Efesios 4.11) … A Priscila y las María que siguieron a Jesús no se les llama «pastoras» aunque no parece haber duda que hayan pastoreado. Los «diáconos» no estaban todos limitados a solo servir a las necesidades físicas como muchos «diáconos» en el día de hoy … Los «ancianos» no eran el comité que tomaba las decisiones dentro de una congregación local. El término bíblico «ancianos» parece referirse a un hombre que supervisa una iglesia o un grupo de iglesias en una ciudad o en un área geográfica (véase Hechos 14.23; 20.17, 18; I Timoteo 5.17-19; Tito 1.5-9; I Pedro 5.1-2). Tomado de la correspondencia personal con el Dr. Gary Greig y Bayard Taylor.

28. Aunque el texto del Nuevo Testamento no explica el llamado a ser «diáconas» de Priscila y Lidia, ellas funcionaron como tales.

29. A los ancianos de Éfeso convocados por Pablo en Hechos 20.17 se les dijo que «pastorearan» la iglesia de Dios (véase Hechos 20.28). Estos ancianos representarían a lo menos a algunos de los «ancianos» mencionados en Efesios 4.11. En I Pedro 5.1, 2, Pedro también dice que los ancianos son «pastores» del rebaño de Dios. Por lo tanto, a lo menos algunos ancianos eran pastores.

«ancianos» u otros líderes varones de la iglesia-hogar sino a ella. Como la persona responsable por la ortodoxia en la iglesia-hogar, ella debe de haber sido responsable por a lo menos algo de la enseñanza y el ejercicio de autoridad en la iglesia. NO es muy probable que la «señora elegida» se haya tratado meramente de una señora con una familia grande, porque «hijos» es en el Nuevo Testamento un término común para «discípulos», especialmente en los escritos de Juan.[30]

En su libro *Your Spiritual Gifts Can Help Your Church Grow* [Tus dones espirituales pueden ayudar al crecimiento de tu iglesia] Peter Wagner tiene algunos excelentes puntos sobre el don de pastor. Aunque no está argumentando en favor o en contra de la ordenación de mujeres, él cree que el don de pastor se da tanto a hombres como a mujeres. A este respecto, dice:

> Yo creo que el don de pastor se da tanto a hombres como a mujeres. Lo que he visto en cuanto a iglesias en diversas culturas me permite creer que este es por lo general otro de los dones prejuiciados por el género. Más mujeres que hombres, creo yo, tienen el don de pastor. Tomemos el caso de la iglesia Yoido del Evangelio Completo de Yonggi Cho en Seul, Corea. Es la iglesia local más grande del mundo con más de setecientos mil miembros. Más del ochenta por ciento del trabajo pastoral en la iglesia es realizado por mujeres.[31]

A menudo, el doctor Cho dice que no pudo movilizar obreros para su ministerio de células hasta que el Señor le dijo que recurriera a las mujeres; ellas pudieron hacer el trabajo. Cuando no vio el quebrantamiento en Japón que deseaba ver, envió a una mujer pastor

---

30. Véase Juan 13.33; 21.5; 1 Juan 2.1, 12, 13, 18, 28; 2 Juan 1, 4, 13; 3 Juan 1.
31. C. Peter Wagner, *Your Spiritual Gifts* [Tus dones espirituales], Regal Books, Ventura, CA, 1979, 1995, p. 137.

a establecer la iglesia. Dios bendijo tremenda y poderosamente la iglesia que surgió por el ministerio de esta pastora.

La unción de Él, la disposición de ella

Esto me hizo volver mis ojos a la difusión del evangelio en el libro de los Hechos. Existe una gran posibilidad de que Pablo, como sabía que ellas podrían llevar a cabo el trabajo, pusiera mujeres sobre muchas iglesias-hogares tal como lo hizo Cho. Podía confiar en ellas. (No estoy diciendo que los nombres no sean dignos de confianza, pero el género femenino tiene más capacidades naturales que propenden tanto a la hospitalidad como al discipulado. Esta combinación trabaja bien en el establecimiento de iglesias-hogares.) Aun cuando no estén natural-mente hechas para ser líderes, el Espíritu Santo usará a veces a mujeres que parecieran no estar dotadas pero que están más dispuestas a servir. Después de todo, es la unción de Dios que trabaja en y a través de nosotros para llevar a cabo sus propósitos.

Aun cuando no estén naturalmente hechas para ser líderes, el Espíritu Santo usará a veces a mujeres que parecieran no estar dotadas pero que están más dispuestas a servir.

Ancianos presidentes

Dada la posición social que tenían los cabezas de familias, podemos suponer razonablemente que a menudo el «anciano presidente» (un nombre moderno que algunas iglesias dan al pastor principal) de una iglesia-hogar fuera también el jefe de familia donde se reunía la iglesia. Es muy posible que Lidia y María, la madre de Juan Marcos y otras, funcionaran como «ancianas presidentes» (o a lo menos como diáconos) de las iglesias en sus hogares. De hecho, si esto es así, ¡la mayoría de las iglesias-hogares mencionadas en la Escritura fueron «pastoreadas» por mujeres! Es muy probable que algunas de las líderes de estas iglesias-hogares hayan comenzado como diáconas y progresaran hasta ser «como ancianas presidentes». De la misma manera es altamente probable que haya habido mujeres en el «Seminario para pastores y ancianos» realizado por Pablo tal como se menciona en Hechos 20.16-17.

Equipo ministerial: El llamado a las parejas

Por lo que leemos en 1 Corintios 16.19: «Las iglesias de Asia os saludan. Aquila y Priscila, con la iglesia que está en su casa, os saludan mucho en el Señor», entendemos que Priscila y Aquila deben de haberse separado de Pablo en algún punto y establecido una iglesia en su hogar.

Nota que en este pasaje, el nombre de Aquila se menciona primero. Es muy posible que él haya recibido una unción más alta para dirigir una iglesia-hogar local que el que ella tenía, y que el don de Priscila haya sido usado más en la enseñanza o quizás aun en un ministerio itinerante.

Ya he dejado establecida mi esperanza que el ejemplo de Priscila y Aquila (o «Aquila y Priscila», dependiendo si estaban en una iglesia-hogar local o si estaban viajando) trabajando juntos como un equipo de ministros llegue algún día a ser la norma en lugar de la excepción. Un ejemplo de esto es Marilyn y Wally Hickey. Aunque ella tiene el ministerio más visible, él es el pastor de la iglesia. Por lo tanto, la presentación de sus nombres podría ser según su posición.

Aun cuando la persona con la mayor unción y los dones ministeriales más evidentes pudiera ser el líder visible, se requieren las fuerzas combinadas de ambos para cumplir la obra que Dios les ha llamado a hacer y así completar el propósito de Dios para sus vidas. Esto es lo que ocurre en el caso de Mike y yo. Mucha gente no se da cuenta de lo extenso que es el Ministerio de Generales de Intercesión y la cantidad de trabajo que toma cumplir la visión de Dios, no solo administrativamente sino en otros aspectos. Mientras escribo, la carta informativa de GI se está distribuyendo en cuarenta y dos países, y estamos trabajando en el apoyo de numerosas organizaciones que tratan de establecer sus propias estructuras de oración.

Mike y yo creo que constituimos un buen ejemplo de equipo ministerial. En el futuro, las iglesias llamarán a esposo y esposa como sus pastores. Uno de ambos, el de la unción más fuerte, será el más prominente, pero ambos serán necesarios para atender a las necesidades de la iglesia. Muchos hombres que tienen a sus esposas únicamente involucradas en el ministerio con las mujeres de la iglesia, empezarán a buscar el consejo de sus esposas y comenzarán a trabajar como equipo. Para algunos, cuando sus hijos son pequeños, esto pudiera ser un factor limitante, pero crecerá a medida que los niños crezcan. Otros podrán funcionar juntos aun cuando los hijos estén pequeños, como lo hacen los ministros en Argentina. Es posible que algunas esposas no se sientan cómodas con un papel visible o vice versa, pero cada uno es importante para apoyar y dar consejo.

He observado diferentes iglesias que ya han empezado a dar estos pasos de establecer a las esposas, junto con sus esposos, como pastores. Tal es el caso del doctor James Maracco, quien comparte con su esposa, Colleen, el título de pastor. Ahora, ella forma parte del personal de la iglesia con 12 otros pastores. Otro es Bob Beckett, de Hemet, California, quien ordenó a su esposa Susan, para que sea pastora de la iglesia *The Dwelling Place*.

¿Cómo ha respondido la gente de la iglesia? Gratamente sorprendida. Cada una de estas mujeres han desempeñado sus papeles por algún tiempo antes de ser oficialmente reconocidas como tales, de modo que la gente ya había aprendido a quererlas y a buscar su ayuda. Sus ordenaciones fueron como fiestas y fue fácil empezar a llamarlas «pastora Colleen» y «pastora Susan». En posteriores capítulos voy a entrar en algunos otros detalles sobre las diferencias en las funciones de cada pastor cuando el pastorado es ejercido por el matrimonio.

Aunque muchos líderes quizás puedan decir que esto de mujeres en liderazgo es bueno como «experimento», siguen tropezando con estos pasajes difíciles. En los siguientes dos capítulos veremos diferentes interpretaciones de las Escrituras respecto de las mujeres en la iglesia. Ora mucho, mantén tu mente y tu corazón abiertos y vamos a seguir juntas.

Autoridad doméstica

(Jefatura y sumisión)

Hace años estudié extensamente la escatología y escuchaba con fascinación a los maestros de profecía bíblica. Cuando nos reuníamos diferentes iglesias, notábamos que cada una tenía sutiles diferencias en sus puntos de vista sobre los últimos tiempos y cada una creía tener la razón.

Debido a que este estudio era tan interesante para mí, asistí a seminarios y leí con avidez los pasajes e interpretaciones que nos daban los maestros. Ellos usaban palabras tales como «pretrib», «atrib», «postrib». Sorprendentemente todas parecían tener algún grado de validez. Mi padre acostumbraba decir que era un «panmilenialista», lo que quería decir que todo se terminaría al final. Sé que esto puede sonar espantoso a los que están muy seguros de lo que creen sobre los tiempos finales.

A medida que he venido haciendo investigaciones para este capítulo con frecuencia he encontrado que cada posición que he estudiado parece tener solidez. Una razón para que la enseñanza de la profecía no sea igual para todos en la práctica es porque la Biblia sencillamente no es totalmente clara. Por supuesto, tenemos nuestra propia interpretación de los simbolismos y tipologías usados y podemos tener también nuestras opiniones bien fuertes, pero esto solo me hace ser amplia para creer que cuando lleguemos al cielo, ninguno de nosotros va a ser dueño de la interpretación perfecta.

Al comienzo en este libro aludí que he sentido que esto se parece mucho a los «pasajes difíciles» concernientes a la mujer en el hogar, en la iglesia y en temas relacionados. En el capítulo ocho escribí sobre la mujer y la Igesia, con la esperanza de establecer algunos precedentes en la lista que Pablo hace de mujeres en varios aspectos de la Iglesia del Nuevo Testamento. Aunque este capítulo tratará mayormente asuntos domésticos, algún flujo podría darse entre asuntos domésticos (p.e. relativos al hogar) y espirituales (p.e. relativos a la Iglesia), tendrán que ver con las estructuras de autoridad.

Este capítulo tendrá que ver con pasajes relativos a la mujer en el hogar y que son objeto de mucha discusión hoy día. Llamaré a este tema «autoridad doméstica». Luego, el capítulo siguiente, tendrá más que ver con la autoridad espiritual fuera del hogar. Espero haber hecho alguna contribución para ti sobre este asunto. Se han escrito libros enteros sobre estos pasajes de la Escritura. Por lo tanto, lo más que puedo proporcionar es un cuadro o una versión condensada. Para quienes quieran estudiar más a fondo algunos de los libros que he consultado, los menciono aquí. Muchos de los libros tienen puntos de vista bastante divergentes.

Todos somos uno en Cristo Jesús

Al estudiar estos pasajes tan complicados, hay escrituras fundamentales que han afectado la forma en que he estado viendo los otros versículos que vamos a examinar.

Gálatas 3.26-28:

> Pues todos sois hijos de Dios por la fe en Cristo Jesús; porque todos los que [de vosotros] habéis sido bautizados en Cristo [en una unión espiritual y comunión con Cristo,

el Ungido, el Mesías], de Cristo estáis revestidos. Ya no hay [distinción entre] judío ni griego; no hay esclavo ni libre; no hay *varón* ni *mujer*; porque todos vosotros sois uno en Cristo Jesús (cursivas añadidas por la autora).

En este pasaje se usan palabras (escogidas por los escritores bajo la inspiración del Espíritu Santo) en las que necesitamos pensar. Primero, *todos* los creyentes, hombres y mujeres, son llamados «hijos». ¿Por qué se usa la palabra «hijos» en lugar de «hijas»? Si exploramos la base de este escrito, vamos a entender que culturalmente eran los hijos los que heredaban, no las hijas. ¡Qué mensaje más poderoso! Todos somos herederos. No es que Él nos vea a todos como del sexo masculino, sino como que tenemos derechos y privilegios atribuídos a un hijo adoptado en ese tiempo.

Luego, vemos una declaración muy hermosa sobre aquellos que son bautizados en Cristo: «[entre ellos] no hay *varón ni mujer*». Esto será particularmente importante si ahondamos en el asunto de la jefatura y autoridad espiritual versus autoridad doméstica. Porque en la Iglesia, no hay varón ni mujer, aunque por supuesto, en la relación matrimonial el género es un asunto obvio. Cuando aceptamos a Cristo no dejamos de ser varón o mujer.

Gálatas 3.26-28 ha sido declarada por escritores como Jessie Ben-Lewis como la *Carta Magna* de la mujer. Webster define Carta Magna como «un documento que constituye una garantía fundamental de».[1] Esencialmente, aunque se nos ha dado esta hermosa *Carta Magna*, todavía es necesario discutir un par de asuntos prácticos. Los dividiré en dos categorías básicas: *Autoridad espiritual* y *Autoridad doméstica*. Vamos a empezar nuestro estudio con el asunto de la jefatura y sumisión. Probablemente sea uno de los asuntos más controversiales que se me ocurren de la Iglesia hoy día.

1. *Webster's Ninth New Collegiate Dictionary* [Noveno nuevo diccionario colegiado de Webster], Merriam-Webster, Estados Unidos, 1991, p. 716.

Mi punto de vista

Al explorar estas categorías he tratado de profundizar en ellas con una mente y un corazón abierto. Me refiero a mi adhesión a la teología de la mujer en la Iglesia y el hogar, en la que he creído como una ministra. He leído desde ultra-tradicionalistas (que creen que la mujer no debe enseñar a hombres adultos en la iglesia u ostentar responsabilidades de gobierno) hasta igualitarianos, («feministas bíblicos» cuya postura es que no hay ni varón ni mujer en las funciones de la iglesia y del hogar).[2]

Después de escudriñar ambas posiciones, encuentro que yo no encajo en ninguna categoría. En los capítulos anteriores he demostrado el precedente bíblico del Nuevo Testamento donde se señala que los hombres y las mujeres funcionan según la *unción y los dones espirituales*, más que simplemente según el *género*. Sin embargo, la autoridad doméstica en el hogar es delegada a la jefatura del marido. (Más adelante, en este, y en el próximo capítulo, voy a definir estos dos conceptos.)

Al abrirme camino fervientemente a través de este tema, he tenido numerosos diálogos con teólogos, incluyendo al Dr. Gary Greig de la Universidad Regent. Al estudiar, buscar al Señor y reexaminar nuestros sistemas de creencias hemos sido desafiados y animados.

Herederos de un propósito corporativo

Para tratar de entender mejor jefatura y sumisión, es importante revisitar lo que ocurrió en el Huerto del Edén y en la Caída. Al hacerlo, vamos a echar una mirada al papel de la pareja en el Huerto, la subsecuente caída y sus efectos sobre el género y la Iglesia.

2. Nota: Estoy consciente que estas son definiciones amplias y de ninguna manera son inclusivas de las instancias teológicas de quienes están en alguna de estas categorías.

Dios creó al hombre y a la mujer para que fueran un equipo... El llegar a ser los dos una sola carne, les permite alcanzar mayores alturas que si lo hicieran cada uno por su cuenta.

Como escribí antes, lo único que Dios dijo que no estaba bien después de la creación, fue que el hombre estuviera solo. Lo que hizo la situación buena, o completa, fue la formación de la mujer de su costado (la palabra del hebreo *tsela*[3] [véase Génesis 2.21-23]).

La mujer fue creada para ser una «ayuda» (hebreo: *ezer kenegdo*) para su marido. «Ella fue una *ezer kenegdo*, una ayuda exactamente paralela a él (véase v. 18), no una réplica exacta de él sino un complemento perfecto a su reflexión imperfecta de la imagen de Dios. Ella tenía iguales capacidades de razonamiento que el hombre, como lo demuestra el hecho que entendiera lo que había hecho y que Dios la hiciera plenamente responsable por su pecado (véase 3.2s, 16). Lo que haya sido, ella no fue inferior al hombre»[4].

Dios creó al hombre y a la mujer para que fueran un equipo con un propósito corporativo más grande que el de ambos separadamente. Esto era lo que Dios tenía en mente con el matrimonio. Al llegar a

---

3. Nota: En algunas versiones, la palabra *tsela* ha sido traducida «costilla»; sin embargo, este sentido tiende a marginalizar la creación de la mujer al crearla de una parte insignificante del hombre. *Tsela* se usa cuarenta y una veces en el Antiguo Testamento y solamente se usa como costilla en Génesis 2.21-23.

4. Dr. Gary Greig y Bayard Taylor. Tomada de una comunicación personal sobre la palabra *ezer*.

ser los dos una sola carne, les permite alcanzar mayores alturas que si lo hicieran cada uno por su cuenta.

Mi esposo Mike dice que cuando creció, la creencia general era que la jefatura del hombre quería decir que la mujer se vertía totalmente en el propósito de su marido sin importar sus propias capacidades. El pensamiento de que la mujer tenía un papel de «ayuda», tal como se describe en el Huerto, era relativamente desconocido.

El primer papel de Adán y Eva fue trabajar en equipo en gobernar la tierra (véase Génesis 1.26-28). Y aun así, es común que el trabajo de equipo sea un ingrediente perdido en los matrimonios de hoy día. Durante años, mientras Mike seguía su carrera con American Airlines vivió con las expectativas tradicionales en cuanto a la jefatura del hombre y la mujer en el ministerio. Abrazar el ministerio que Dios me había dado significaba un cambio para ambos, pero especialmente para él. Mientras más grande fue nuestro ajuste, los años culminantes del ministerio como Generales de Intercesión, solo llegaron cuando empezamos a aprender cómo trabajar en equipo en nuestro propósito común (en el siguiente capítulo ampliaré algunos de estos conceptos).

La caída: Causa de la tremenda distorsión del género

La introducción del pecado y la naturaleza caída de la raza humana ha traído polarización, no solo a las parejas casadas que trabajan juntas, sino también a hombres y mujeres en su relación con la Iglesia.

Génesis 3.16 registra los resultados de esta naturaleza caída:

Multiplicaré en gran manera los dolores en tus preñeces; con dolor darás a luz los hijos; y tu deseo será para tu marido, y él se enseñoreará de ti.

Catherine Bushnell (1855-1946, doctora en medicina, misionera y defensora de los derechos de la mujer) desafió la interpretación tradicionalista dominante de este versículo y otros (véase *God's Word to Women* [Palabra de Dios a las mujeres][5], es decir, que el «deseo» de la mujer para su marido era sexual o sicológico (o ambos) y que el hombre iba a subyugar a la esposa bajo él. Basada en las primeras traducciones de la Biblia hebrea al griego, siriaco, latí, copto, armenio y etíope ella argumentaba que la palabra «deseo» (hebreo: *teshuqah*) debió de haberse traducido «volverse» (hebreo: *teshubah*. La diferencia es de solo una letra).[6] Según Bushnell, Génesis 3.16 explicaba que el «volverse» de la mujer es «hacia» su marido. En otras palabras, ella «se desvió» de Dios para cumplimiento, sentido y dirección y en cambio se habría «de volver» al hombre.

Aunque estoy de acuerdo con la doctora Bushnell que la mujer a menudo se ha «vuelto» al hombre en lugar de a Dios para cumplimiento, sentido y dirección, la palabra «deseo» (*teshuqah*) aquí se

5. Recomiendo la lectura de *God's Word to Women* [Palabra de Dios a las mujeres], de Katherine C. Bushnell, (*publicación propia a través de Bernice Menold, 10393 N. Spring Lane, Peoria, IL 61615 y Cosette Joliff 408 Clybourn, Peoria, IL 61614, última publicación del libro original en 1923*). Katherine Bushnell fue una mujer notable que viajó como evangelista y en cruzada social con la Unión de Temperancia de Mujeres Cristianas. Además, fue una doctora en medicina, famosa en la comunidad cristiana por su trabajo contra la esclavitud blanca y la prostitución. Hasta donde podría decir, sus obras son una compilación de lecciones bíblicas enseñadas en los años de 1920. Aunque sus escritos son sorprendentes para aquellos tiempos, sentí que tenía que llamar a teólogos modernos para que estudiaran algunos de ellos. Por ejemplo la palabra *teshuqah*, debido a mi incapacidad de leer la Biblia en sus idiomas originales. La comunicación personal a la que hago referencia es una respuesta a mis preguntas de su libro. El Dr. Gary S. Greig (Ph.D., Universidad de Chicago) es profesor asociado de Antiguo Testamento en la Escuela de Divinidad de la Universidad Regent, en Virginia Beach, Virginia. Bayard B.Taylor, M.Div., *Trinity Evangelical Divinity School* (Escuela de Divinidad de Trinity), es editor principal de asuntos teológicos y bíblicos en Publicaciones «Gospel Light», Ventura, California.

6. Katherine C. Bushnell, *God's Word to Women* [Palabras de Dios a las mujeres], párrafos 103-133.

encuentra en otros dos pasajes que dan un cuadro claro del sentido en Cantar de los Cantares 7.10 y en Génesis 4.7. Aunque Cantar de los Cantares usa «deseo» en una forma positiva, en Génesis 4.7 vemos que el deseo del pecado controla completamente a Caín y lo forza a hacer lo malo. Génesis 3.16 también tiene este sentido negativo en el deseo de la mujer de influir y controlar a su marido. Ambos versículos de Génesis, estrechamente relacionados por gramática y contexto, indican un deseo inapropiado.[7] Esencialmente, la naturaleza caída de la mujer deseará controlar al hombre.

La siguiente frase de Génesis 3.16 entonces dice que la naturaleza caída del hombre *gobernará* sobre la mujer. Es importante entender esta palabra «gobernar» (hebreo: *mashal*). Viniendo del lado opositor de la cerca, tanto los tradicionalistas como los igualitarianos (feministas bíblicos) han entendido el término como «gobernación» o «dominio».

Bushnell objeta fuertemente la idea de que el hombre «deba gobernar» sobre la mujer en una forma autoritaria. Estoy de acuerdo con ella. Este versículo ha sido usado durante siglos como un garrote en contra de la mujer, ya sea para subyugarla totalmente o para restringir gravemente sus dones y talentos. Y cuando el «gobernar» es mal entendido como «dominio autoritario» los problemas son grandes dentro del matrimonio. ¿Por qué?

El espíritu de competencia entre el esposo y la esposa será grande porque la naturaleza pecaminosa de ambos querrá controlar la relación. La naturaleza pecadora establece un ciclo de juicio en el que cada persona en el matrimonio desea gobernar simplemente por egoísmo. Esta es la razón por qué ambas sumisiones de la mujer a su marido *y* la mutua sumisión son tan complicadas en un matrimonio (véase Efesios 5.21-25). Sin ambas clases de sumisiones, habría Tercera Guerra Mundial. (¿Te habías percatado?)

Hay una forma mucho mejor de entender la palabra *mashal* que el callejón sin salida de la subordinación y dominación. El contexto

---

7. Correspondencia personal con el Dr. Gary Greig.

inmediato de Génesis 1 y 2 nos provée con varias buenas definiciones de la operación de *Mashal*:

- El hombre tuvo que *abad*, «trabajar, servir» y *shamar* «cuidar, guardar, proteger» el Huerto (véase 2.15). En este caso, el más elevado ser de toda la creación, el único creado a la imagen de Dios, tenía que servir, proteger y cuidar lo más bajo de la creación, las plantas.
- El hombre tenía que disfrutar el fruto del Huerto (véase v. 16), pero había límites definidos sobre lo que podía y no podía hacer (véase v. 17). Nunca fue un señor absoluto y despótico.
- El hombre tenía que recibir agradecido el don de una esposa (véase vv. 23-24), alguien que estaría a su mismo nivel. Juntos podrían llevar gloria a Dios al «gobernar» la tierra (véase 1.26, 28).

Además, la Biblia enseña que Dios «gobierna» sobre toda la creación con ternura, humildad y actitud de servicio (véase Salmos 104.10-32; 105; 106; 107). Su «gobierno» no es despótico ni autoritario. Jesús mismo, el Hijo de Dios, pudo haber gobernado como un líder dictatorial, pero no lo hizo (véase Filipenses 2.6-8). En resumen, Adán tenía que «gobernar» con ternura, humildad y actitud de servicio, de la misma manera que Cristo amó a la Iglesia y se entregó a sí mismo por ella (véase Mateo 20.25-27; Efesios 5.25).[8]

8. Hasta donde podemos ver, en las más antiguas páginas de la Biblia y cuando se refiere al gobierno de Dios, *mashal* quiere decir, «liderazgo de servicio». Este significado finalmente llegó a ser influenciado negativamente al asociársele con el «gobierno» de reyes humanos y príncipes que no eran líderes servidores, sino líderes despóticos, arbitrarios, dominantes, autoritarios, engreídos, crueles y vanos (para algunos ejemplos, véase Génesis 37.8; Éxodo 21.8; Jueces 8.23; 21.4.4; 15.11; Proverbios 28.15; 29.12; Isaías 14.5; 52.5; Joel 2.17).

Cada hombre no está por sobre cada mujer

Un punto importante que quisiera señalar es que Efesios 5.21-31 se refiere a las parejas casadas, no a cada hombre y a cada mujer. Este punto es sumamente crítico. No cada hombre está por sobre cada mujer. Por ejemplo, mi esposo (no cada hombre que conozco) es mi cabeza. Si cada hombre ejerciera supremacía sobre mí, los efectos estarían lejos de ser alcanzados y serían devastadores.

El hecho que no toda mujer está bajo la autoridad de un hombre es importante para cada mujer casada en el ministerio.⁹ ¿Cómo podría operar una mujer ministra en su unción si cada hombre en la audiencia tuviera sobre ella tanta o mayor autoridad que, digamos, su esposo o el pastor? Sus manos estarían atadas para poder dar expresión a sus dones.

Si es soltera, para asegurar su integridad (así ella no estará en la condición de estar sola) es bueno tener a aquellos con los cuales se relaciona en autoridad espiritual (igual hombres que mujeres, por unción, no por género). Ella no está, sin embargo, bajo cada hombre en la Iglesia. Si es casada, en su hogar estará bajo la autoridad de su marido y en la iglesia ambos bajo la autoridad de esta. Esto no niega sino que realza la autoridad doméstica.

Decir que ha habido muy mal uso de la autoridad en la iglesia contra la mujer es decir muy poco. Movimientos completos, tales como el movimiento *Discipleship* o *Shepherding* fueron particularmente abusivos con las mujeres en general. Este movimiento, bastante conocido en la década de los 70, decayó en la década de los 80. Una enseñanza y práctica de ellos era que una mujer no podía casarse a menos que los ancianos hombres de la Iglesia dijeran que ellos habían oído proféticamente de Dios cuál debería ser su marido. Algunos eran

---

9. Por ejemplo, Priscila no estaba bajo la autoridad de Apolos cuando ella y su esposo Aquila enseñaron a Apolos «más exactamente» sobre Jesús en Hechos 18.26. Y la «señora elegida» de 2 Juan 1 no estaba bajo la autoridad de maestros varones itinerantes; ella tenía que identificar las enseñanzas falsas y quitar a los maestros falsos (véase 2 Juan 10, 11).

más rígidos que otros, dando a los esposos derechos tan absolutos como para prohibir a sus esposas el poder comprarse un vestido a menos que se lo eligiera su esposo. Esto suena como el perfil de una extraña secta de las que aparecen de vez en cuando .

Conozco una cantidad de mujeres que fueron profundamente heridas por este movimiento y sus abusos. La comunidad carismática fue afectada grandemente. Esta es un área donde todavía existe una gran necesidad de reconciliación de los géneros. De hecho, muchas mujeres cristianas hoy día simplemente tiemblan cuando oyen la palabra «sumisión» debido a todas las connotaciones negativas que tienen al respecto.

A las mujeres que leen esto y que han pasado por las más extremas formas de abuso religioso, asociado con distorsiones de jefatura y sumisión, les digo que por favor se aseguren de haber orado y perdonado a aquellos pastores, a sus esposos o ex esposos, novios, etc., de modo que puedan leer este capítulo como una persona completa.

Hombres también, tomen un momento para revaluar sus corazones y ver si hay algo por allí relacionado con control o manipulación de las mujeres. Voy a hablar acerca de algunas áreas pioneras concernientes a la sumisión, lo que requerirá que estas áreas de dolor estén sanadas de modo que ustedes puedan *responder* más que *reaccionar*. Esto les permitirá meditar en algunas formas en que quizás te hayas relacionado con tu esposa y con las mujeres en general.

Sumisión mutua en el temor de Dios

Así es que con el entendimiento de que este tema está rodeado por muchas heridas de ambos géneros, vamos a mirar de nuevo Efesios 5.21-31 y 1 Corintios 11.3. En este capítulo voy a destacar este pasaje de Efesios:

Someteos unos a otros en el temor de Dios. Las casadas estén sujetas a sus propios maridos, como al Señor; porque el marido es cabeza de la mujer, así como Cristo es cabeza de la iglesia, la cual es su Cuerpo, y Él es su Salvador. Así que, como la iglesia está sujeta a Cristo, así también las casadas lo estén a sus maridos en todo. Maridos, amad a vuestras mujeres, así como Cristo amó a la iglesia, y se entregó a sí mismo por ella, para santificarla, habiéndola purificado en el lavamiento del agua por la palabra, a fin de presentársela a sí mismo, una iglesia gloriosa, que no tuviese mancha ni arruga ni cosa semejante, sino que fuese santa y sin mancha. Así también los maridos deben amar a sus mujeres como a sus mismos cuerpos. El que ama a su mujer, a sí mismo se ama. Porque nadie aborreció jamás a su propia carne, sino que la sustenta y la cuida, como también Cristo a la iglesia, porque somos miembros de su cuerpo, de su carne y de sus huesos. Por esto dejará el hombre a su padre y a su madre, y se unirá a su mujer, y los dos serán una sola carne (Efesios 5.21-31).

Este pasaje sobre la sumisión empieza con la idea de una sumisión mutua. Aquí, la palabra para «someterse» es *hupotasso*, la cual quiere decir «subordinarse, obedecer, estar bajo obediencia, someterse uno a».[10] Es sorprendente cuán limitada es la proyección que la Iglesia hace sobre la pareja de la necesidad de someterse *unos a otros.* Mucho se ha predicado sobre la necesidad de que las mujeres se sometan a sus maridos, pero ¿cuándo fue la última vez que escuchaste un sermón diciendo que los maridos amen a sus esposas así como Cristo amó a su Iglesia, queriendo decir *ponerse uno mismo bajo* para servir como lo hizo Jesús cuando lavó los pies de los discípulos (véase Juan 13.4-9)? ¿O cuándo fue la última vez que oíste

---

10. James Strong, *The New Strong's Exhaustive Concordance of the Bible* [La nueva concordancia exhaustiva de la Biblia de Strong], Thomas Nelson Publishers, Nashville, TN., 19903, # 5293, véase también BAGD pp. 847-848.

un sermón preguntándoles a los maridos: *¿Te estás sometiendo al Señor en el temor del Señor?* ¡En realidad, esto se ha enfatizado tan poco que casi suena a herejía!

Se trata de amor, no de sumisión

Cuando me preparaba para escribir este capítulo encuesté a varios amigos cercanos que tienen buenos matrimonios. Les hice la pregunta: «¿Se trata en su matrimonio el asunto de la sumisión?»

Todos dieron un rotundo, «¡No!» Mi encuesta comprendía una pareja en sus 60, otra en sus 40, otra en sus 30 y la última en sus 20 años de matrimonio. Al mismo tiempo que cada uno cree en no solo la sumisión mutua sino también en que el jefe del hogar es el marido, pareciera que, en un sentido práctico, someterse los unos a los otros fortalece los papeles en el matrimonio.

Los Grady

Por ejemplo, mi buen amigo Lee Grady me contó cómo él creía que su esposa Deborah era la administradora de la casa y sabía más acerca de las necesidades diarias de los niños. Ella, en efecto, había decidido tener en la casa la escuela para sus niños. Lee me dijo que aunque esto había sido una decisión mutua, la mayor parte del trabajo recaía sobre su esposa y que ella era quien estaba más tiempo con los hijos. Por lo tanto conocía mejor sus necesidades. Por supuesto, oraron juntos cuando tuvieron que hacer la decisión, pero al final fue ella quien decidió. Mi teoría es que los mejores matrimonios funcionan de esta manera.

Los Duncan

Kyle Duncan, editor asociado de Regal Books, y su esposa Suzanne son evidentemente una pareja de los 90. Se dividen las responsabilidades de la casa y trabajan juntos, como un equipo. En realidad, esta parece ser la dirección que están tomando las nuevas generaciones. El hombre joven, casado, de esta generación en su mayor parte no siente disminuida su masculinidad cuando le ayuda a su esposa en las tareas de la casa. (Por supuesto, en algunas regiones de los Estados Unidos y otras partes del mundo, jamás se aceptaría esta situación. Sin embargo, tengo amigos en Argentina de esta misma edad que mutuamente comparten las labores de la casa. De modo que creo que este «machismo» está cambiando.)

Los Wagner

He observado a C. Peter Wagner y su esposa Doris, a quienes Mike y yo por años hemos considerado nuestros padres espirituales. Ellos tienen uno de los mejores matrimonios que jamás haya visto. Aun cuando Peter es claramente el jefe de la casa, él se siente tan seguro de su identidad y posición que no constituye para él ningún problema oír de pronto a Doris gritándole de un extremo de la casa al otro, «Peter, ¿podrías por favor sacar la basura?» Por lo general, él deja lo que está haciendo y atiende al pedido de su esposa, sabiendo que no es una amenaza a su hombría someterse a las necesidades de ella. Tampoco siente que daña su posición de cabeza de su esposa. Sin embargo, en el seminario (donde el doctor Wagner trabaja con Doris) tú no verás que ocurran estas cosas. El Espíritu Santo ha resuelto el sentido de competitividad con el cual muchas parejas jóvenes (y no tan jóvenes) siguen luchando.

Los Sheets

También hablé con mi pastor, Dutch Sheets, sobre este asunto de jefatura y sumisión. Uno de los puntos que él señaló y que yo creo que es tremendo es que aun cuando él es la cabeza de su esposa, no toma una decisión hasta que no hayan llegado a un consentimiento mutuo. Por esto él quiere decir que si no pueden ponerse de acuerdo en algo, aun cuando sepan que él está en lo cierto y ella está equivocada, posponen la decisión y oran juntos hasta que logran un acuerdo. Él dijo que el Señor nunca ha fallado en unificar sus voluntades ante tal o cual asunto.

Los Jacobs

En cuanto a Mike y a mí, llevamos una vida extremadamente complicada como te puedes imaginar, por lo cual estos asuntos pueden ponerse bastante complejos. En el capítulo que viene, titulado «Ungidos para servir» voy a analizar nuestras luchas y algunas de las cosas que hemos experimentado cuando yo tengo que confrontar la sumisión en un matrimonio, donde la mujer es la líder más visible.

El día moderno de lavamiento de pies

Mientras hacía investigaciones para este libro tropecé con algo que me fascinó, pero que quizás me ponga en una situación difícil con los lectores hombres. Les ruego, sin embargo, que no se salten esta sección porque sé que ustedes quieren ser siervos como Cristo es a la Iglesia.

Cuando Jesús lavó los pies a los discípulos, Él hizo una tremenda declaración social, ya que en esa época solo las mujeres y los esclavos lavaban los pies a alguien. Esta es la razón por qué Simón Pedro objetó con tanto vigor que Jesús quisiera lavarle los pies. Jesús estaba tomando la más baja posición posible y esencialmente haciendo el trabajo de la mujer. Para lograr el mayor impacto de esto, tendrás que leer el último capítulo titulado, «Reforma cultural». Las mujeres estaban cerca del fondo de la lista en la sociedad, muy cerca de los esclavos.

¿Cómo se traduce esto en los días modernos de nuestra sociedad? Tu esposa quizás necesite que limpies el piso o quites el polvo de los muebles o te ofrezcas para cuidar al bebé una noche a la semana para que ella salga con las niñas. Esto, sin duda, sería una forma moderna de lavamiento de pies.

(Me estoy sonriendo mientras escribo, porque inmediatamente después de haber estudiado esto, llamé a una de mis buenas amigas, Cheryl Sacks para compartir estas ideas y ella se echó a reír. Acababa de pedir a su esposo Hal, quien trabaja con los pastores en Phoenix, Arizona, que le ayudara a limpiar el piso. Él lanzó un gruñido cuando oyó a su esposa decirme que lo pusiera al tanto de lo que estaba descubriendo, pero tuvo una buena reacción a todo el asunto.)

A la vez que creo definitivamente en el lugar especial de responsabilidad que Dios ha dado al esposo en la familia, me parece que esta clase de trabajo unido es lo que nuestro Creador tenía en mente en el Huerto. Es nuestra naturaleza caída la que rechaza someternos y quiere competir y ejercer el control.

Jefatura: Liderazgo de siervo, no sojuzgamiento

Repasando Efesios 5.22 y 23 llegamos al pasaje que tiene que ver con la sumisión de la esposa a su marido, el «cabeza» de la mujer. (Nota que la Escritura no dice aquí que él está por sobre la familia, sino que es la cabeza de su esposa. Yo creo que el Señor se alegra cuando ve a la pareja que tiene hijos trabajando como un equipo para criar a su familia.)

> Las casadas estén sujetas a sus propios maridos, como al Señor; porque el marido es cabeza de la mujer, así como Cristo es cabeza de la Iglesia, la cual es su Cuerpo, y Él es su Salvador.

Nuestra forma de entender la palabra «cabeza» (griego: *kephale*) tendrá un impacto significativo en nuestra comprensión de sumisión. Destacan hoy día dos interpretaciones principales de la palabra «cabeza»: «autoridad» y «fuente».

En su investigación de escritos no bíblicos, traducciones del griego del Antiguo Testamento y del Nuevo Testamento, Gilbert Bilezikian aboga por la interpretación «fuente». Bilezikian encontró que el uso de *kephale* como una metáfora para «gobernante, autoridad» en el Nuevo Testamento es ilegítimo por lo escasa de la evidencia en los escritos griegos del siglo primero.[11] «Fuente» o «fuente de vida»,

---

11. La evidencia: (1) diccionarios del griego no están de acuerdo si *kephale* como una metáfora quiere decir «fuente, origen» o «autoridad». (2) De las 180 veces donde la Biblia en hebreo usa *ro'sh* en una forma figurativa para denotar «gobernante, líder» las traducciones del griego de la Biblia

argumenta Bilizekian es la idea que se comunica en pasajes como el de 1 Corintios 11.3 y Efesios 5.23. Katherine Haubert resume la conclusión a que llega Bilezikian diciendo que *kephale* se usa metafóricamente en el Nuevo Testamento «en una variedad de situaciones que le dan cierta flexibilidad conceptual, pero siempre con la noción de servir el Cuerpo en una dimensión representacional, educacional y creacional».[12]

Cuando se usa figurativamente, la palabra *kephale* o «cabeza» significa «fuentes» o «fuente de vida».[13] Por lo tanto, «superioridad» y «dominio» sencillamente no están incluidos en la idea de jefatura; y subordinación, subyugación y ser gobernado sencillamente no están incluidos en sumisión. En lugar de eso, estas clases de distorsiones vienen de la naturaleza caída de la humanidad. Sin embargo, el concepto de autoridad del esposo en el papel de liderazgo de servicio como Cristo es para la Iglesia destaca notoriamente en toda esta página (véase vv. 21-31). ¿Qué hace un buen jefe? Protege, nutre y da libertad a su esposa para que pueda llegar a ser todo lo que Dios

hebrea (la Septuaginta) evita usar *kephale* a lo menos el 90 por ciento de las veces. La Septuaginta usa *kephale* en solo cinco pasajes para traducir *ro'sh* como «gobernante, líder» (véase Jueces 11.11; 2 Samuel 22.44, que es idéntico a Salmos 18.43; Isaías 7.8-9 [cuatro veces]; y Lamentaciones 1.5) y en cada uno de estos casos la traducción *kephale* depende de hebraísmos o de las notas marginales masoréticas incorporadas en el texto griego. (3) Los contextos de los pasajes del Nuevo Testamento que se quieren hacer aparecer como que usan *kephale* como una metáfora para «gobernante, líder, autoridad» (véase 1 Corintios 11.3-16; Efesios 1.10; 22.23; 5.23; Colosenses 1.18; .10; 2.19) todos pueden señalar hacia «fuente, origen» como el significado. Véase el apédice de Bilezikian en *Beyond Sex Roles: What the Bible Says About a Woman's Place in Church and Family* [Más allá de los papeles de sexos: Lo que la Biblia dice sobre el lugar de la mujer en la Iglesia y en la familia], Grand Rapids, Baker Book House, MI, 1991.

12. Katherine M. Haubert, *Women as Leaders* [Mujeres como líderes], Monrovia, CA, MARC, un departamento de Visión Mundial Internacional, 1993, p. 40.

13. Bilezikian, *Beyond Sex Roles* [Más allá del papel de los sexos], p. 137.

quería que fuera e hiciera cuando la creó. Un esposo puede ser una fuente de vida y animar a su esposa o un impedimento para que ella alcance todo su potencial.

En cierta ocasión me entrevistaron en una radio en Argentina. Cuando me preguntaron sobre la sumisión de esposos y esposas, respondí con una fuerte afirmación, «Yo creo que Dios va a hacer responsables a algunos hombres en el día del juicio por no dejar que sus esposas cumplieran sus propósitos». ¡El entrevistador quedó boquiabierto! Esta idea, obviamente, no formaba parte de la forma de pensar de los latinoamericanos. Debo decir, sin embargo, que desde aquel tiempo hasta ahora se han hecho importantes progresos al respecto en América Latina.

Un misionero amigo me contó que estaba en un país de América Latina, cuando en una reunión de pastores surgió una discusión en torno al asunto de pegarle a la esposa. Me dijo que el consenso general era que se podía mientras no se supiera. El compilador de Biblias Duwayne Chapman, que ha producido un video titulado *The Amazing History of the Bible* [La sorprendente historia de la Biblia], posee un ejemplar original de *The Wife Beater's Bible* [La Biblia del que golpea a su esposa]. Por supuesto, yo pienso que consejeros tan poco piadosos podrían sugerir que una mujer debe permanecer en el hogar donde se la golpea, pero sigo maravillada al ver cómo muchas mujeres sienten miedo de sus maridos cristianos.

Dos cerebros, una cabeza

Hace algunos años, tenía la falsa impresión de que yo no podía disentir o tener mi propia opinión sobre algo que Mike quisiera hacer considerando que él era la cabeza. Esta forma de pensar, sin embargo, de vez en cuando nos ocasionaba problemas no pequeños. Mientras yo trataba de mantener una opinión equilibrada, me sentía grandemente perturbada por sus decisiones, pero nunca decía nada.

¡Una vez mi silencio nos llevó hasta perder una suma de dinero! Un hombre nos pidió prestada una suma considerable de dinero. Yo me sentí muy incómoda con el asunto, pero no dije nada. Le prestamos el dinero con apenas una firma en un papel donde él se comprometía a devolverlo. Hasta este momento nunca recibimos un centavo. Tristemente, aquello nos causó problemas financieros, y yo tuve que enfrentar el dolor y la rabia cuando no tuvimos dinero para pagar nuestras cuentas. ¡Qué lección más dura! Con mi silencio, definitivamente no había sido una buena *ayuda* para Mike.

Florence Littauer ha escrito un excelente libro titulado *Wake Up Women! Submission Doesn't Mean Stupidity* [¡Despierten, mujeres. Sumisión no quiere decir estupidez!], que te puede ayudar a discernir si estás o no en una situación abusiva en tu hogar.

Algunas mujeres se ponen furiosas cuando piensan en la jefatura apropiada en el hogar y quisieran quitarles a sus maridos la responsabilidad de líderes que ostentan. Sin embargo, yo me siento más realizada, protegida y liberada con la jefatura de Mike. No me sentiría más inconfortable que Dios me hizo mujer y a mi esposo la cabeza que el que me haya hecho de cinco pies dos y tres cuartos de pulgada de alto y a Mike seis pies una pulgada.

Yo creo que mi esposo es responsable ante Dios por ser el líder espiritual en nuestro hogar. Esto de manera alguna niega mi papel como líder espiritual. Significa, sin embargo, que Mike debe estar seguro que está haciendo lo correcto delante de Dios en cuanto a las decisiones y acciones que toma a favor nuestro.

Más que nada, yo encuentro que las mujeres *quieren* que sus maridos asuman un papel más activo en la oración con y por ellas y, si tienen hijos, enseñarles la Palabra de Dios. De alguna manera, la pasividad de los hombres que empezó en el Huerto sigue siendo una verdad hoy.

Yo personalmente no creo que sea bíblico llamar a los hombres «los sacerdotes del hogar». A la vez que entiendo la connotación positiva de la expresión, en realidad hay un solo sumo sacerdote y mediador entre Dios y sus hijos, y ese es el Señor Jesucristo. Cada una de nosotras puede venir a Cristo sola a escucharlo, y no necesitamos un marido para acercarnos a Dios a fin de obtener algún beneficio de Él.

Al estudiar los libros, tanto de los tradicionalistas como de los igualitaristas (feministas bíblicos), encuentro muchos puntos en cada lado con los cuales estoy definitivamente de acuerdo. En su libro *Recovering Biblical Manhood and Womanhood* [Recuperando la hombría y la femineidad bíblicas] John Piper y Wayne Grudem han escrito una larga respuesta a los feministas evangélicos. Aunque existen obvias diferencias entre lo que nosotros creemos concerniente al papel de la mujer en la Iglesia, ellos tienen mucho que decir que es excelente. Piper y Grudem claramente creen que la jefatura involucra autoridad y que la palabra «cabeza» significa «fuente» en unos pocos pasajes, pero en otros significa «autoridad».

En su capítulo titulado «Una visión bíblica complementaria» Piper tiene un punto de vista muy interesante. Dice:

Si tuviera que apuntar con mi dedo índice un pecado devastador de estos días, no apuntaría a los movimientos llamados femeninos sino a la falta de un liderazgo espiritual de los hombres, tanto en el hogar como en la iglesia. Satanás ha logrado una sorprendente táctica al diseminar la noción que el requerimiento para el liderazgo del hombre nace del orgullo y de la caída, cuando en realidad el orgullo es precisamente lo que impide el liderazgo espiritual. El extravío espiritual y la debilidad y el letargo y la pérdida del valor entre los hombres es lo más importante, no el aumento de interés en los ministerios de la mujer.[14]

El pastor de una iglesia a la cual asistía me dijo: «Vamos a bajar el perfil de sus dones para que destaquen los de su marido». Me parece que en lugar de tratar de aplastar el don de profecía y otros que Dios me ha dado, él debió haber dicho: «Cindy, veo que el Señor quiere

---

14. John Piper y Wayne Grudem, *Recovering Biblical Manhood and Womanhood* [Recuperando la hombría y la femineidad bíblicas], Crosways Books, Wheaton, Ill, 1991, p. 53.

mejorar las habilidades y dones de su esposo, así es que voy a trabajar con él para ver si esto sucede». (Por supuesto, aquella situación me dio una excelente oportunidad para crecer en perdón y en gracia.)

Dennis Lindsey es presidente del Instituto Bíblico «Cristo para las naciones», de Dallas, Texas, donde enseña una clase sobre matrimonio. Él dice que la esposa se somete a la posición dada por Dios a su marido, mientras el marido se somete a la persona de su esposa. También hace los siguientes comentarios sobre la sumisión o el sujetarnos los unos a los otros:

> El ganar fácilmente es el arte de aprender a perder. Una de las mejores ilustraciones de sujeción en la experiencia de cada día, tiene que ver con los botes. Las tripulaciones se sujetan a las órdenes del capitán. Pero hay otra regla que se observa. La nave que recibe la mayor ventaja de maniobrabilidad debe ceder el paso a la de menor maniobrabilidad. Un bote de pesca con un motor debe ceder el paso a un velero, porque el poder cede ante la vela. En el caso de los aviones ocurre lo mismo. Mientras más poder de maniobrabilidad tiene la nave, menos derecho a la vía tiene. Los cristianos, como los marineros y los pilotos, deberían aprender a ceder el paso a otros para evitar colisiones en sus vidas.

Recuerdo una carta que me escribió mi padre sobre el matrimonio cuando yo estaba saliendo con Mike. Me decía: «Debes darte el cien por ciento a Mike, y él debe hacer lo mismo contigo. Si lo hacen así, cada uno tendrá el cien por ciento de sus necesidades satisfechas».

De algún modo, no creo que ninguno de nosotros tiene este asunto de jefatura y sumisión totalmente claro. En cierta ocasión, el Dr. Gary Greig me dijo: «Cindy, hay tanta necesidad de reconciliación entre los géneros en el Cuerpo de Cristo que no estoy seguro que alguno de nosotros vea esto con claridad mientras Dios no trabaje profundamente en sanar nuestras heridas, tanto en los hombres como en las mujeres».

A esto tendría que decir, «¡Amén!» El día llegará cuando el Señor me muestre que aun lo que he escrito en este capítulo, no es exactamente correcto. Estoy completamente abierta a esa posibilidad. Pero Él sabe que he estudiado duro, he orado y he hecho el mejor trabajo que he podido, expresando aquí lo que he entendido ha estado en el corazón de Dios.

Aunque este capítulo tiene que ver mayormente con los pasajes de la Escritura relacionados con el hogar, el siguiente ahondará en los asuntos que surgen de las funciones de la mujer dentro de la Iglesia y en el ministerio de tiempo completo.

Oh, esos pasajes difíciles

Hace algunos años mi esposo Mike fue entrevistado por la revista *Charisma* sobre mis funciones en el ministerio *Generales de Intercesión*. Cuando le preguntaron cómo se las arreglaba para tener paz en relación con el llamado de Dios a mi vida, Mike contestó: «Franqueando todas las cuestiones teológicas, quedaba una sola pregunta básica, que fue la siguiente: ¿Ha sido Cindy ungida por Dios o no? Una vez que reconocí que sí, mi responsabilidad fue confiar en Dios en cuanto a eso. Él es el único que puso las cosas así».

Ojalá una declaración así pudiera aclarar la controversia sobre si una mujer puede ser una autoridad espiritual y enseñar a hombres. Recientemente, un líder varón me dijo: «En la experiencia, he recibido mucho de ministras mujeres, pero teológicamente, tengo que decir que no veo nada sobre eso en las Escrituras».

Otros grupos están luchando con estos asuntos. Hay asociaciones de pastores que luchan con la cuestión ministerial de la mujer, y las mujeres líderes han sido profundamente heridas por los líderes hombres, quienes por un lado dicen que la Iglesia nunca avanzará mientras no alcance la unidad, pero por el otro lado, se niegan a invitar a las líderes mujeres a las cumbres de pastores y líderes.

Recientemente, una amiga me llamó después de una discusión sobre si las líderes mujeres deberían ser invitadas o no a una cumbre de oración en su estado. Dijo que el grupo estaba dividido. (Lo que era especialmente perturbador era que se trataba de una cita para orar.) Este mismo grupo no hacía mucho que había tenido tropiezos con que líderes del grupo fueran divorciados y qué posición adoptar en cuanto al Rapto.

Por supuesto, me doy cuenta que es muy importante que hombres y mujeres se reúnan separadamente para tratar estos asuntos que se relacionan particularmente con géneros. Los vínculos y sentido de pertenencia que se desarrollan en reuniones de géneros específicos, promueven crecimiento personal y relacional. Dos importantes ejemplos de estas clases de reuniones los constituyen los Promise Keepers [Cumplidores de promesas] entre los hombres y *Aglow International* entre las mujeres.

En sus reuniones, Bill McCartney, fundador de *Promise Keepers*, trata con firmeza el asunto del pecado sexual en una forma que haría que hombres y mujeres se sintieran incómodos en un ambiente mixto. Las reuniones sencillamente no serían tan efectivas con esposas u otras mujeres entre la concurrencia.

De igual modo, si vinieran hombres a las conferencias de *Aglow International*, se encontrarían con que el énfasis principal de esta organización se centra en asuntos relacionados con la mujer. He estado muy involucrada en el nivel internacional de *Aglow* y he experimentado la emoción de adorar a Dios con mujeres de 60 o más países. Tenemos diferentes nacionalidades, pero como mujeres, enfrentamos luchas comunes.

Edificar en terreno común

Algunas de ustedes quizás han oído sobre lo que pasó en Colorado Springs, mi ciudad, en relación con la unidad cristiana. En Colorado Springs tienen su sede 80 otros ministerios y muchas diferentes clases de iglesias. El año pasado cuando la Asociación Evangélica llevó a cabo su cumbre de oración, se invitó a pastores y sus esposas junto con *líderes de ministerios servidores* (preferimos llamarlos así en lugar de ministerios paraeclesiásticos, que suena como a parásitos) tanto hombres como mujeres. Las bendiciones de Dios brotaron de esta clase de unidad.

El pastor Ted Haggard de la iglesia Nueva Vida, en Colorado Springs (con membresía de alrededor de 6 mil personas) ha escrito un libro titulado *Primary Purpose* [Propósito principal] en el cual da los principios que los líderes de la ciudad han aprobado para promover la unidad. Dos de estos principios son centrales a un cantidad de puntos que señalaré en este capítulo:

1. **Enfoque en los absolutos.** Todos estamos de acuerdo en que Jesús de Nazaret es el Mesías y que Él vino en la carne para destruir las obras del diablo (véase 1 Juan 3.8). Sabemos que a través de Él tenemos acceso al Padre y, por lo tanto, vida eterna (véase Efesios 2.18). Además, todos creemos que la Biblia es el metro que usamos para juzgar experiencias y enseñanzas espirituales (véase 2 Timoteo 3.16).

2. **Aprecio por las interpretaciones respetables de la Escritura de los demás.** Ted las llama «interpretaciones respetables» porque las herejías no se tolerarían.[1]

¿Por qué creo que estos puntos son centrales? Porque la unidad se construye alrededor de estos versículos de la Escritura que son claros en su interpretación.

Algunas iglesias creen que las mujeres pueden enseñar en las mismas; otras, no están de acuerdo. Ambos tipos de iglesias podrían adherirse fuertemente al enfoque de los absolutos y también respetar las interpretaciones «respetables» de la Escritura que tienen otros.

---

1. Ted Haggard, *Primary Purpose* [Propósito principal], Creation House, Lake Mary, FL, 1995, pp. 55-56.

En Hechos 2.17 la Escritura presenta
la promesa profética de que Dios
derramará su Espíritu sobre las
mujeres, tanto como sobre los hombres.
Seguramente que Satanás quiere
detener, como pueda, este mover de los
últimos tiempos...

Pero a menudo las mujeres líderes son excluidas física y verbalmente de las reuniones de los líderes de la ciudad (los nombres y pronombres usados por los líderes son todos masculinos, p.e., «¡Nosotros los *hombres* vamos a tomarnos esta ciudad!»).

Pareciera que los asuntos más grandes que causan división, como el hablar en lenguas, la sanidad divina, el divorcio, formas de bautizar y otros puntos de doctrina, ya no nos impiden alcanzar la unidad. El asunto principal pareciera ser: «¿Puede una mujer enseñar?»

A pesar del muro de división en la Iglesia acerca de las mujeres líderes, en Hechos 2.17 la Escritura presenta la promesa profética de que Dios derramará su Espíritu sobre las mujeres tanto como sobre los hombres. Seguramente que Satanás quiere detener, como pueda, este mover de los últimos tiempos, incluso al punto de usar a cristianos bien intencionados para que pongan límites humanos al Espíritu Santo, quien puede usar a quienquiera que Él escoja en la forma que le parezca para sus propósitos, y en cualquier tiempo que quiera. Dios puede usar a Débora o a Ester tanto como a David o a Daniel.

Con la soberanía de Dios y sus promesas proféticas en mente, necesitamos mirar a muchos de estos pasajes difíciles antes del capítulo sobre las mujeres que sienten que Dios las está llamando a un ministerio de tiempo completo. Los dos pasajes que han traído mayor confusión y trabas al ministerio de la mujer en la Iglesia son 1 Corintios 14.34, 35 y 1 Timoteo 2.11-15.

Al profundizar en estos pasajes, voy a considerar varias interpretaciones que he estudiado y presentaré comentarios sobre lo que pienso que estos pasajes no dicen.

Cuatro reglas de interpretación

Mientras estudiamos los versículos en cuestión, permíteme darte cuatro principios esenciales para interpretar la Escritura. Para las que como yo no son teólogas, he tratado de no hacer esto tan pesado y aburrido que no puedas disfrutar de su lectura. En lugar de eso, me he esforzado por «filetear» y destilar montones de investigaciones para ti en una terminología que sea agradable. Los cuatro principios son:

1. Determina la intención del autor.
2. Determina el contexto dentro del capítulo, el libro y el resto de la Biblia.
3. Determina el marco cultural e histórico en el tiempo en que fue escrito el texto bajo estudio.
4. Interpreta los pasajes poco claros a la luz de los pasajes que son claros.

Usando estas reglas de interpretación, vamos a empezar con 1 Corintios 14.34,35:

> Vuestras mujeres callen en las congregaciones; porque no les es permitido hablar, sino que estén sujetas, como también la ley lo dice. Y si quieren aprender algo, pregunten en casa a sus maridos; porque es indecoroso que una mujer hable en la congregación.

A menudo, la forma en que este pasaje se interpreta depende menos de lo que Pablo está queriendo decir por «callar» y «no les es permitido hablar» que en el sistema de creencias del lector respecto del alcance de lo que la mujer puede hacer en la Iglesia. Varios grupos han leído este pasaje, como queriendo decir que a las mujeres no se les permite hablar demasiado alto en la iglesia. Otros grupos han usado este pasaje como excusa para exhortar a las mujeres en cuanto a que no les está permitido predicar. Ninguna de las interpretaciones toma en cuenta adecuadamente la práctica de Pablo de usar mujeres en el ministerio o su intención en este contexto particular.

El contenido debe examinarse a la luz del contexto cultural

Por supuesto, muchos grupos no estarán de acuerdo en que las mujeres no deben hablar en la iglesia. (Esto probablemente limita severamente el interés de la mujer en ir a la iglesia porque nosotras las mujeres, como una regla, amamos hablar.)

Jesús fue en contra de lo cultural y alentó a la mujer a «ir y decir», desde la mujer samaritana que predicó a toda la ciudad (véase Juan 4.28-30) a María, quien fue enviada con las palabras «Él vive» después de su resurrección (véase Mateo 28.1).

De igual manera, tanto las cartas de Pablo a los Corintios como a Timoteo tocan problemas específicos dentro de las iglesias. Las dos cartas de Pablo a Timoteo confrontan extensamente las falsas enseñanzas y los falsos maestros que estaban extraviando a las mujeres. Y las dos cartas de Pablo a los corintios son un intento de corregir problemas graves de conducta moral y orden. Estos problemas estaban causando seria confusión en la iglesia, como podemos ver en 1 Corintios 14.33:

> Pues Dios no es Dios de confusión, sino de paz. Como en todas las iglesias de los santos.

¿Cuál era el problema en Corinto? Sabemos que Pablo estableció la iglesia en Corinto cerca del año 50 d.C., que algunos judíos prominentes estaban entre los primeros creyentes (véase Hechos 18.4, 8) y que probablemente la mayor parte de la membresía había salido del paganismo y eran de la clase más baja (véase 1 Corintios 1.26). También, por ese entonces, la mayoría de las mujeres eran analfabetas y no habían tenido el privilegio de una educación. Una de las cosas más sorprendentes sobre este pasaje es que se les dice a las mujeres que aprendan. La mayoría de nosotros hoy día no entendemos el impacto de esta afirmación porque nuestros estándares culturales no prohíben que una mujer se eduque. Sin embargo, durante el tiempo de Pablo, esta es una declaración de avanzada.

En su libro *Goods News for Women* [Buenas nuevas para mujeres] Rebecca Merrill Groothuis dice lo siguiente sobre este asunto:

> El contexto de este pasaje tiene que ver con el mantenimiento del orden en el servicio de adoración. La misma palabra usada para referirse al silencio de las mujeres se usa en el caso de aquellos que pudieran hablar en lenguas sin un intérprete. Evidentemente, la intención de Pablo es silenciar únicamente a los que interrumpían. El tipo particular de habla perturbadora que se menciona con respecto a las mujeres probablemente tiene que ver con interrumpir al orador público con preguntas, una práctica que era común en aquel tiempo. Pablo dice que las mujeres deberían guardarse sus preguntas para hacerlas a sus maridos cuando llegaran a casa (1 Corintios 14.35). Esto indica que lo que más le preocupaba era que las mujeres interrumpieran la enseñanza, no que las mujeres se involucraran en la enseñanza. Aparentemente, las mujeres habían estado haciendo preguntas en voz alta e interrumpiendo el orden del servicio de la iglesia.[2]

2. Rebecca Merrill Groothuis, *Good News for Modern Women* [Buenas noticias para la mujer moderna], Baker Book House, Grand Rapids, Mich, 1997, p. 203.

La palabra «callen» tiene la connotación de «controlar uno su lengua», lo que encaja muy bien con esta interpretación. La palabra «mujeres» (griego: *gune*) en este pasaje no es «mujeres» en el sentido general, sino «esposas» porque 1 Corintios 14.35 menciona específicamente a los maridos. Otra palabra traducida en este pasaje «indecoroso» quiere decir «vergonzoso» o no conforme a lo que es correcto o corresponde a la situación.

Es muy fácil entender mal lo que estaba pasando en la iglesia primitiva cuando leemos a través del lente de los edificios y auditorios de nuestras iglesias de estos tiempos modernos. Pero, como lo mencioné antes, las reuniones de la iglesia primitiva se efectuaban mayormente en hogares. Las basílicas y los templos no se empezaron a construir sino hasta el siglo cuarto. Aunque las casas fueran grandes, sería bastante perturbador que las esposas estuvieran hablando en voz alta durante las reuniones. Si la práctica de que los hombres se sentaran separadamente de las mujeres había seguido (como sigue siendo la costumbre en algunas iglesias fuera del mundo occidental), el problema solo se habría complicado más.

Definir «la Ley»

Una perspectiva interesante sobre este pasaje la encontramos en el libro *God's Word to Women* [Palabras de Dios a las mujeres], por Katherine Bushnell. Ella comienza su sección (Lección 25) diciendo que las mujeres tenían que cubrirse con un velo cuando oraban o profetizaban; por lo tanto, era evidente que esta práctica no era capaz de mantenerlas en silencio (véase 1 Corintios 11.4,5). Sobre este punto, aun algunos tradicionalistas están de acuerdo en que las mujeres pueden orar y profetizar en la iglesia, mientras que al mismo tiempo les prohiben enseñar a los hombres.

Bushnell entonces cita 1 Corintios 14.34 donde Pablo escribe, «porque [a las mujeres] no les es permitido ... como también la ley lo dice».

Esto nos lleva a una pregunta muy interesante: ¿Dónde dice la ley que a las mujeres no les era permitido hablar? Desde Génesis a Malaquías, el Antiguo Testamento no dice absolutamente nada sobre prohibir a las mujeres hablar. En ninguna parte de la Biblia se encuentra una «ley» que prohíba a la mujer hablar en público, a menos que sea esta sola declaración del apóstol Pablo hecha aquí. Además, sabemos perfectamente bien que el Antiguo Testamento explícitamente permitía a las mujeres hablar en público (véase Números 27.1-7). Jesús también alentó a las mujeres a hablar sin regañarlas (véase Lucas 8.47; 11.27; 13.13).[3]

Bushnell continúa su objeción a la idea de que las mujeres no podían hablar diciendo que tampoco sabemos si a los hombres se les permitía interrumpir al predicador con sus preguntas. Bushnell también señala que sin duda no todas las mujeres oyentes eran casadas. Quizás haya habido entre ellas solteras, viudas, divorciadas o casadas con maridos judíos o paganos. (Punto interesante para todas ustedes, solteras, que con tanta frecuencia son dejadas de lado en los asuntos relacionados con la iglesia.)[4]

Algunos teólogos tradicionalistas dicen que la «ley» prohibiendo que las mujeres hablaran en público fue dada en Génesis 3.16, donde la Escritura dice: «Tu deseo será para tu marido, y él se enseñoreará de ti». Algunos, aunque no todos, interpretan esta restricción a que las mujeres hablen como que quiere decir que, en la iglesia, cada marido tiene que velar por el comportamiento de su esposa. Como dije antes, aplicar esta restricción a todas las mujeres yerra el blanco. Este pasaje está hablando de la autoridad doméstica en el hogar y no de la autoridad espiritual en la iglesia, porque son las esposas con maridos las que estarían comprendidas en esto, no las mujeres en general.

3. Dr. Katherine Bushnell, *God's Word to Women* [Palabras de Dios para la mujer], Bernie Menold y Cosette Joliff publicaron este libro para volverlo a imprimir. La dirección puede obtenerse al final del mismo libro. No hay numeración de páginas.

4. *Ibid.*, párrafo 203.

¿Entonces qué querría decir la Escritura con «como la ley dice»? Bushnell sigue su explicación comenzando con 1 Corintios 7.1. Pablo estaba trabajando con una lista de preguntas que los corintios le habían enviado previamente. Cuando trataba una de estas preguntas, pudo haberla nombrado o citado de la carta y luego dar su respuesta.[5]

Bushnell cree que 1 Corintios 14.34,35 es otra pregunta a la que Pablo se está refiriendo y que su respuesta viene en el versículo 36 con:

«¿Acaso ha salido de vosotros la palabra de Dios, o sólo a vosotros ha llegado?» Lo que sigue hasta el final del capítulo da pautas concernientes a profecías y a hablar en lenguas.[6]

Bushnell cree que los judaizantes estaban tratando de poner a la Iglesia bajo las tradiciones judías extra bíblicas, las que claramente establecían que a una mujer no le estaba permitido hablar en la sinagoga. Es posible que Pablo haya estado regañando a la iglesia de Corinto por no liberar a las mujeres y en lugar de eso, poniéndolas bajo el legalismo que los judaizantes estaban tratando de implantar en la Iglesia.

La cuestión sobre la mujer en la iglesia quizás se origine en las preguntas de las mujeres en la propia iglesia

Repito, creo que la interpretación más fuerte es la que tiene relación con las interrupciones en la iglesia de Corinto, provocadas por las mujeres que hacían preguntas durante los servicios. No creo que Pablo esté queriendo que las mujeres no hablen del todo, porque 1 Corintios 11.5, Hechos 18.26 y 21.9 dicen con toda claridad que ellas lo hacían. Me doy cuenta, sin embargo, que personas razonables pueden llegar a conclusiones diferentes.

5. Para posibles ejemplos, véanse 1 Corintios 7.2; 8.1; 10.23; 12.1; 14.34, 35; 15.12; 16.1, 12.
6. Dr. Jim Davis y Dra. Donna Johnson, *Redefining the Role of Women in the Church* [Redefiniendo el papel de la mujer en la iglesia] manuscrito página 35.

En su nuevo libro *Redefining the Role of Women in the Church* [Redefinición del papel de las mujeres en la Iglesia], el doctor Jim Davis y la doctora Donna Johnson señalan algunos puntos interesantes sobre la ambigüedad de estos pasajes:

> Siempre es difícil identificar el contexto histórico dentro del cual Pablo estaba escribiendo. Él escribió para abordar problemas en las iglesias. Para nosotros resulta difícil entender sus respuestas si no conocemos las situaciones locales. No podemos estar siempre seguros si las enseñanzas de Pablo se aplican solo a la situación de una iglesia en particular o si se pueden aplicar universalmente.
>
> Segundo, los pasajes acerca de las mujeres están llenos de expresiones ambiguas y a veces contienen palabras difíciles de traducir. En 1 Corintios 11.10, Pablo escribe: «Por lo cual la mujer debe tener señal de autoridad sobre su cabeza, por causa de los ángeles». ¿Qué quiere decir esto? ¿Por qué Pablo menciona a los ángeles? ¿Se estará refiriendo a la función de los ángeles en la adoración? En 1 Corintios 14.34, dice, «Vuestras mujeres callen en las congregaciones».
>
> ¿Por qué Pablo no es más claro? ¿Qué, exactamente, es lo que quiere decir? Uno podría suponer que esto no es más claro porque no era tan importante en la iglesia primitiva. Es improbable que la iglesia del siglo primero tuviera las mismas preocupaciones que tenemos nosotros con asuntos tales como estructuras y posición eclesiales. Sin duda, ellos estaban demasiado ocupados esparciendo el evangelio como para preocuparse de la descripción precisa del trabajo de las mujeres en sus iglesias.[7]

7. Richard Clark Kroeger and Catherine Clark Kroeger, *I Suffer Not a Woman* [No soporto a una mujer], Baker Book House, Grand Rapids, MI, 1992, p. 47.

Esta última afirmación es extremadamente importante. He viajado alrededor del mundo y he visto grandes avivamientos en lugares tales como Colombia y Argentina. He visto iglesias en avivamientos ocupadas tratando de discipular a los nuevos convertidos que se sienten felices con cada obrero, trátese de hombre o de mujer. Un joven pastor de la ciudad de Bogotá, Colombia, que tenía no más de veinte años de edad, se lamentó con Mike y conmigo de que estaba haciendo todo lo que podía para el servicio del Señor, ya que él solo era responsable de 130 células o grupos. Sorprendente, ¿no es cierto?

Me parece interesante que 1 Timoteo 2.11-15 y 1 Corintios 14.34, 35 nos causen tantos problemas cuando otros pasajes oscuros de la Biblia no nos preocupan a pesar de que no los entendemos completamente. Por ejemplo, la mayoría de los cristianos no pasan mucho tiempo tratando de interpretar el versículo que tiene que ver con el bautismo a los muertos (véase 1 Corintios 15.29).

Yo creo que llegará el día cuando recordaremos la controversia sobre las mujeres que enseñan en la iglesia y sencillamente moveremos la cabeza lamentando que en algún momento aquel fue un asunto que nos quitó el sueño. No quisiera que ninguna líder joven tuviera que enfrentar el rechazo de sus ministerios a causa únicamente de su género. En realidad, como lo dije en la introducción de este libro, esta es una de razones más importantes para escribir sobre el asunto.

Hace algunos años, cuando me encontraba sola y luchando con cómo ser una líder en medio del rechazo y las incomprensiones, hice un voto al Señor que haría lo que fuera con tal de ver que otras mujeres jóvenes no tuvieran que sufrir lo que tuve que sufrir yo. Es por esto que en el capítulo siguiente estaré presentando a esas mujeres (y a las personas que las aman) con un llamado de Dios en sus vidas y cosas prácticas salidas de mi corazón.

Prácticas paganas que confunden

Probablemente el pasaje más controversial y confuso acerca de las mujeres en la iglesia sea 1 Timoteo 2.11-15:

La mujer aprenda en silencio, con toda sujeción. Porque no permito a la mujer enseñar ni ejercer dominio sobre el hombre, sino estar en silencio. Porque Adán fue formado primero, después Eva; y Adán no fue engañado, sino que la mujer, siendo engañada, incurrió en transgresión. Pero se salvará engendrando hijos, si permaneciere en fe, amor y santificación, con modestia.

En el estudio que he hecho de este pasaje, encontré que el libro de Richard y Catherine Clark Kroeger *I Suffer Not a Woman* [No soporto a una mujer] fue particularmente esclarecedor para entender el contexto histórico y religioso de Éfeso en el tiempo en que se escribió 1 Timoteo. Su estudio revela un mundo de paganismo idolátrico basado en una sociedad matriarcal y en la adoración de diosas.

La ciudad de Éfeso, la cuarta en importancia en el Imperio Romano, estaba en la costa occidental de la moderna Turquía, en la antigua Asia Menor. No era un lugar fácil al cual llegar con el mensaje cristiano. En los tiempos pre helénicos se construyó un famoso santuario dedicado a la gran diosa madre, y la tradición decía que la imagen original había sido traída por amazonas, mujeres guerreras de la tierra de los Tauros sobre el Mar Negro. Este ídolo fue colocado en una encina pero posteriormente quitado de allí e instalado en un santuario, en torno al cual surgió el resto de los templos.[8]

La gran diosa madre llegó más tarde a ser reverenciada como Artemisa, o Diana de los Efesios. Su corona representaba los muros de la ciudad. Incontables peregrinos viajaban cada año a Éfeso para adorarla y dejaban abundante riqueza en el tesoro de los artemisianos, llegando a hacer de Éfeso un enorme centro financiero y bancario para toda Asia Menor.

William A. Ramsay insiste que no es coincidencia que la virgen María haya sido llamado primero *theotokos* (mensajera de Dios) en

8. *Ibid.*, p. 54.

Éfeso cuando la propia Artemisa había ostentado antes ese mismo título.[9]

Otro importante aspecto en nuestro estudio es entender la razón predominante que tenía Pablo al escribir a Timoteo y que no era otra cosa que la herejía que se estaba infiltrando en la Iglesia. Vemos que se mencionan tres personas que se oponen a la sana doctrina: Himeneo, Alejandro y Fileto (véase 1 Timoteo 1.20 y 2 Timoteo 2.17; 4.14). Los Kroegers sugieren que al menos uno de estos individuos era una mujer y que 1 Timoteo 2.12 prohíbe a esa mujer enseñar una herejía con la cual estaba creando serios problemas en la iglesia.[10]

La herejía que causaba problemas era un sistema religioso filosófico emergente llamado «gnosticismo» (nombre tomado de la palabra griega *gnosis* que significa «conocimiento»). El gnosticismo es un engaño particularmente perverso que enseñaba, entre otras cosas, que «Eva» había sido la iluminadora de la humanidad porque fue la primera en recibir el «verdadero conocimiento» de la Serpiente, a la que los gnósticos ven como el «salvador» y revelador de la verdad. Los gnósticos creían que Eva había enseñado esta nueva revelación a Adán, y siendo la madre de todo, fue la progenitora de la raza humana. Adán, dicen ellos, fue hijo de Eva en lugar de su marido, una creencia que reflejaba la doctrina gnóstica según la cual una deidad femenina podía dar a luz hijos sin la participación del hombre.[11]

El «silencio» de estudiantes dóciles

Volvamos a mirar 1 Timoteo 2.11-15 a la luz del trasfondo religioso e histórico. Vemos la misma amonestación que aparece en el pasaje

9. *Ibid.*, pp. 59-60.
10. Don Rousu, *Spread the Fire* [Expandir el fuego] «The Truth About Women in Public Ministry» [La verdad sobre la mujer en el ministerio público], Octubre 1997: 5.
11. David Joel Hamilton, «I Commend to You Our Sister» [Les encomiendo nuestra hermana], Tesis de maestría, 1996, p. 271.

de 1 Corintios para que las mujeres aprendan en silencio. Esta vez, sin embargo, la palabra griega usada es diferente a la que en el pasaje de 1 Corintios 14.34 se traduce como «callen». Aunque en el pasaje de Corintios «callen» quiere decir «mantener paz», esta palabra «silencio» (griego: *hesuchia*) en 1 Timoteo quiere decir «calma» o «quietud» o incluso «acuerdo». Expresa la actitud del que aprende.

Esta actitud dócil es la misma actitud de sumisa humildad que cualquier erudito rabínico varón tenía en aquellos tiempos. ¡Qué pensamiento más hermoso! Pablo estaba diciendo a estas mujeres a las que nunca se les permitió estudiar en una manera formal en el sistema de la sinagoga judía que ahora podrían desarrollarse plenamente como discípulas.

¿Por qué esto era tan importante para las mujeres? Su cultura, que adoraba a Diana o Artemisa estaba influenciada grandemente por el gnosticismo emergente. Estas mujeres necesitaban conocer la verdad para no ser influenciadas o engañadas por falsos maestros y poder separarse por ellas mismas del engaño de la sociedad que las rodeaba.

La decisión de los traductores de diversas versiones de la Biblia de interpretar la palabra griega *hesuchia* como «callar» es otra muestra del prejuicio contra la mujer. Cuando *hesuchia* se usa en relación con las mujeres, los traductores usan «en silencio». Cuando la misma palabra se usa en relación con los hombres, los traductores escogen «sosegadamente» (véase 1 Timoteo 2.11; 2 Tesalonicenses 3.12).

¿No enseñar, o no enseñar herejías?

¿Entonces qué quiere decir este pasaje? En lugar de una prohibición a que la mujer enseñe, es posible que lo que no debían enseñar eran herejías. Después de todo, había sido en la propia ciudad de Éfeso que Priscila, junto con su esposo Aquila, ambos bien conocidos de Pablo (véase Romanos 16.3) habían enseñado a un líder cristiano llamado Apolos según Hechos 18.26. Otras amonestaciones en 1

Timoteo sugieren que las mujeres iban de casa en casa (o quizás de iglesia-hogar en iglesia-hogar) tratando de desviar a otras. En 1 Timoteo 5.13, donde se les describe como «chismosas», diciendo cosas que no debían, Pablo escribe sobre esto. En el versículo 15 Pablo advierte que debido al error de su enseñanza, ya algunas se han apartado para ir en pos de Satanás.

Es interesante notar que la palabra «chismosas» que sugiere que lo único que hacían las mujeres era chismorrear es realmente una referencia a personas haciendo algo que podía considerarse una forma de hechicería. La palabra griega para «chismosas», *periergos*, es la misma palabra que en Hechos 19.19 se traduce «practicado la magia». Las llamadas «chismosas», entonces, estarían diseminando algo mucho más que historias de viejas.

David Joel Hamilton ha escrito una excelente tesis de maestría para su trabajo de curso en la Universidad de las Naciones (Universidad Jóvenes con una misión en Kona, Hawai). Él también sugiere que Pablo, al hablar en plural en 1 Timoteo 2.9, 10, cambiar a «una mujer» en 1 Timoteo 2.11-15a y luego en 1 Timoteo 2.15b referirse otra vez a mujeres (plural) no se estaba dirigiendo a las mujeres en general, sino a una mujer en particular, la que estaba enseñando herejías.[12]

Una de las secciones más difíciles de este pasaje es el versículo siguiente, 1 Timoteo 2.12 porque pareciera estar diciendo que permitir a las mujeres enseñar a los hombres sería como «usurpar autoridad» o tomar la posición de enseñar que solo los hombres podían ostentar. Parte de la dificultad surge porque la palabra griega *authentein* aparece aquí y en ninguna otra parte en el Nuevo Testamento. Vamos a analizar esta palabra *authentein* para tratar de determinar su posible significado.

Hay interpretaciones importantes de *authentein*. Una dice que *authentein* significa «dominar». Los tradicionalistas usan este pasaje

---

12. John Piper y Wayne Grudem, *Recovering Biblical Manhood and Womanhood* [Recuperando la hombría y la femineidad bíblicas], Crossway Books, Wheaton, IL, 1991, p. 59.

para demostrar que la mujer no debe enseñar a los hombres porque de hacerlo, los estaría dominando o estaría «usurpando la autoridad del hombre». En su libro *Recovering Biblical Manhood y Womenhood* [Recuperando la hombría y femineidad bíblicas] John Piper y Wayne Grudem han escrito desde este punto de vista. Sin embargo, hay una marcada inconsistencia en cómo se trata tradicionalmente la prohibición a las mujeres para que enseñen. Por ejemplo, Piper da una lista de los ministerios en los que él cree puede participar una mujer, entre los cuales se incluye enseñar a grupos en edad escolar.[13]

Otros tradicionalistas dicen que una mujer como misionera podría servir como líder y maestra, pero no como pastor de una iglesia. Algunos permiten que la mujer «relate» testimonios del gran mover de Dios visto en el campo misionero, siempre que no se pare en el púlpito. En este caso, la prohibición no se viola porque la mujer no está «impartiendo» sino «relatando». Otros tradicionalistas dicen que una mujer está enseñando cuando lee un pasaje dentro del tiempo en que está hablando. La línea entre «enseñar» y «relatar» se pone bastante gris.

Los que se proponen trazar líneas artificiales alrededor de ciertos tipos de enseñanza y autoridad están haciendo «tergiversación hermenéutica», haciendo distinciones en niveles de autoridad en el ministerio, las cuales no están delineadas en la Escritura.[14]

Además, el punto de vista de los tradicionalistas que limita tanto el campo de acción, como a quién una mujer puede enseñar no parece consistente con otros escritos paulinos. Por ejemplo, Priscila claramente enseñó o instruyó a Apolos, que no era un hombre ordinario, sino un líder cristiano (véase Hechos 18.26). Otra consideración que algunos quizás no han tomado en cuenta es el testimonio de María Magdalena a la resurrección (véase Lucas 24.10). A los hombres por

13. Rebeca Merrill Groothuis, *Good News for Women* [Buenas noticias para la mujer], Baker Book House, Grand Rapids, MI, 1997, p. 211.

14. Kroeger y Kroeger, *I Suffer Not a Woman* [No soporto a una mujer], pp. 212-213.

doquiera se les ha enseñado el hecho glorioso que *Él ha resucitado como lo había dicho*, desde el testimonio de esta ex prostituta. El Espíritu Santo claramente confió en una mujer para que diera este mensaje en una manera fidedigna, sabiendo que los hombres de todo el mundo habrían de aprender de él. ¡Dios sabía lo que estaba haciendo y que estaba estableciendo un precedente para la Iglesia de todos los tiempos!

Otro problema con la posición de los tradicionalistas es que a veces se supone que Timoteo y la iglesia del Nuevo Testamento sabían de una prohibición de que las mujeres enseñaran a los hombres. Groothuis tiene lo siguiente que decir al respecto:

> Pablo no comunica la prohibición en forma de un recordatorio, y no se la menciona en ninguna otra parte en el Nuevo Testamento. ¿Cómo los tradicionalistas podrían estar tan seguros de que era la «posición de Pablo en cada iglesia que las mujeres no debían enseñar o tener autoridad sobre los hombres» y que él aquí estaba dando «enseñanza explícita sobre el punto en cuestión sencillamente porque se había presentado un problema en esta iglesia»? Craig Keener observa que lo más importante acerca de los términos usados en este pasaje es que Pablo no asume que Timoteo ya conocía esta regla... A menudo, Pablo recuerda a sus lectores sobre las tradiciones que conocían, diciéndoles, «Ustedes saben que...» o «¿No sabían que...?» o «Según las tradiciones de las que los he librado». Pero en este caso no hay tales indicaciones de que Pablo esté simplemente recordando a Timoteo de una regla ya establecida y que Timoteo ya conocía. Además, en el Nuevo Testamento no hay textos paralelos que respalden el punto de vista que las iglesias del Nuevo Testamento normalmente negaban a las mujeres la autoridad de enseñar. Ya que este pasaje está tan íntimamente ligado a la situación que Timoteo estaba confrontando en Éfeso, no deberíamos usarlo en la ausencia de

otros textos para probar que Pablo le estaba dando carácter universal a esta declaración.[15]

Si Pablo no le dio carácter universal a la prohibición que las mujeres enseñaran a los hombres, ¿entonces qué pudo haber querido decir en estos pasajes? ¿Qué otra cosa pudo haber estado tratando de corregir en la Iglesia? Para encontrar las respuestas a estas preguntas, necesitamos estudiar el significado de la palabra *authentein* durante el siglo primero. Las palabras pueden adoptar un sentido diferente aun dentro de una generación. ¡Imagínate lo que podría ocurrir después de muchos siglos!

Una mirada atenta a la herejía gnóstica

¿Qué quería decir *authentein* en los días cuando Pablo escribió su carta a Timoteo? Aunque en casi todas las versiones de la Biblia en idioma inglés ha sido traducida como «autoridad», *authentein* no es la misma palabra que *exousia* usada en otros pasajes para referirse a «autoridad». Estudios sobre el uso de *authentein* en la literatura del día muestran que originalmente la palabra *authentein* quería decir asesinato. Por los siglos segundo y tercero su connotación había cambiado a «tener autoridad sobre». *Authentein* también se usaba en conexión con sexo y asesinato. Se sabía que algunas mujeres maldecían a muerte a los hombres a través del uso de «tablillas de maldición».

En aquel tiempo existe evidencia para otro posible significado de *authentein*; cual es, «originador». Durante aquel tiempo, la herejía gnóstica enseñaba que Eva había sido la primera virgen, la única que no había tenido marido y la originadora de toda vida. Ella había sido la «iluminadora», llena de toda sabiduría, y a Adán en realidad le dio vida cuando ella vio su igual yaciendo cuan largo era sobre la tierra, en vista de lo cual mandó que tuviese vida. Cuando él la vio, dijo: «Tú

15. *Ibid.*, p. 99.

serás llamada "la madre de los vivientes" por cuanto tú eres quien me ha dado vida».[16]

El mito gnóstico es, por supuesto, una herejía. La Biblia claramente establece que Adán fue creado primero y luego Eva. La idea que *authentein* pudo haber tenido el sentido de «originador» en lugar de «usurpador de autoridad» parece calzar, a la luz del resto del pasaje:

> Porque Adán fue formado primero, después Eva; y Adán no fue engañado, sino que la mujer siendo engañada, incurrió en transgresión (1 Timoteo 2.13, 14).

Es muy posible que este pasaje haya sido escrito para atacar la herejía gnóstica que Eva fue la creadora. Luego, en el versículo 14, se asesta otro golpe a este error, cuando se dice que fue Eva la engañada. La Eva de la herejía gnóstica jamás podría haber sido engañada por cuanto ella era la iluminadora y toda sabiduría. 2 Timoteo 2.14 lo dice claramente. Solo Uno es todo sabio y ese es Dios mismo.[17]

Como resultado de esta interpretación, el pasaje podría traducirse así:

> No estoy permitiendo (tiempo presente para esa situación) a una mujer que enseñe o se proclame la originadora del hombre (*authentein*). Adán fue formado primero, luego Eva.

A la luz de las prevalecientes herejías de las diosas-madres y del emergente gnosticismo en 1 y 2 Timoteo y Tito, pareciera claro que en 1 Timoteo 2.11-15 Pablo está tratando de corregir un problema. Está corrigiendo a las mujeres o posiblemente a «una mujer» o incluso

---

16. *Ibid.*, p. 121.

17. Don Rousu, *Spread the Fire* [Expandir el fuego], *The Truth About Women in Public Ministry* [La verdad sobre la mujer en el ministerio público], Octubre 1997: 6. Don Rousu, quien sugiere esta interpretación, sigue diciendo que esta afirmación contradice directamente la noción que Eva fue la «iluminadora» y portadora de una nueva revelación.

a «una esposa» que estaba enseñando tal clase de herejía. (La palabra para «mujeres» aquí también podría querer decir «esposas».)

Aun si concediésemos que la interpretación que los tradicionalistas hacen de la palabra *authentein* fuese «usurpar la autoridad/dominar» este pasaje se aplicaría a la *actitud* del que está enseñando. Ninguna mujer cristiana piadosa (u hombre, si queremos) sería jamás controladora, manipuladora o dominante. En otras palabras, debería adoptar la *actitud* de humildad mientras enseña, lo contrario podría ser el motivo para una prohibición completa y no el enseñar a los hombres.

Spiros Zodhiates, Th.D., editor de *Hebrew Greek Key Lexicon Bible* [Diccionario bíblico clave de hebreo y griego], dice de 1 Timoteo 2.12:

> Este texto complicado contiene dos palabras griegas: *gune*, que quiere decir tanto mujer como esposa; y *aner*, que quiere decir tanto hombre como esposo. Lo que dice en relación con 1 Timoteo 2.12, no debería interpretarse como una prohibición de Pablo en cuanto a que mujer alguna enseñe, sino solo a una esposa cuya enseñanza se estaría interpretando por sus oyentes como que ella tendría la supremacía en lo que concernía a las relaciones entre ella y su marido.[18]

18. Spiros Zodhiates, Th.D., editor de *Hebrew Greek Key Lexicon Bible* [Diccionario bíblico clave hebreo y griego] dice: «Pero yo no soporto a una mujer (*gunaiki*, lo cual debería traducirse como una esposa o una mujer en su relación como una esposa) que enseñe (*didaskein*, el presente infinitivo de *didasko*, enseñar, indicando continuidad de enseñanza), lo cual debería interpretarse como que se enseñoree sobre su marido». Si esto fuera una prohibición para que la mujer enseñe a los hombres, debería de haberse dicho *authenteo*, «usurpar autoridad sobre» *andron*, el género plural en lugar del género singular de hombres. En lugar de *andros* en el singular queriendo decir «sobre el hombre» se refiere a su propio marido.

«Pablo está ansioso de aclarar aquí que ninguna mujer debería dar la impresión a través de su enseñanza que ella es el jefe y por lo tanto puede

Esta es una de las explicaciones que Kay Arthur, de *Precepts Ministries*, una de las maestras más notables de nuestro tiempo, da a los que le preguntan cómo se relaciona su derecho de enseñar en el Cuerpo de Cristo con este difícil pasaje.

Katherine Bushnell sugiere incluso otra interpretación de este pasaje. Ella dice que esta carta a Timoteo, el obispo de Éfeso, se escribió alrededor del año 67 d.C., después del terrible martirio de la iglesia de Roma bajo Nerón, en el año 64 d.C.[19] Nerón mandó a miles de creyentes de Roma a la muerte, después de haberlos culpado de incendiar la ciudad, aun cuando Nerón mismo habría ordenado incendiarla. Nerón era exquisitamente cruel en las formas que usaba para sus martirios. Algunos cristianos eran cubiertos con pieles de bestias salvajes y dejados para que fueran devorados por los perros, otros fueron clavados en cruces y muchos fueron rociados con materias inflamables después de lo cual les allegaban fuego para que alumbraran como antorchas durante la noche.[20]

En su libro *The Early Days of Christianity* [Los primeros días del Cristianismo] el arcediano Farrar dice:

> Las mujeres cristianas, recatadas doncellas, tenían que representar el papel de sacerdotisas de Saturno y Ceres, y en sangrientos dramas de muerte... Se establecieron mitologías infamantes, en las cuales las mujeres debían actuar en tormentos de vergüenza más intolerables que la muerte.[21]

enseñorearse de su marido. Si en algún momento se diera esa impresión, entonces ella debería guardar silencio. La relación expresada en I Timoteo 2.13 no es la de Adán y Eva como hombre y mujer, sino como marido y esposa».

19. Bushnell, *God's Word to Women* [Palabras de Dios a la mujer], Cosette Joliff, Peoria, IL, párrafos 313-314.

20. *Ibid.*, párrafo 314.

21. *Ibid.*, párrafo 322.

Bushnell sugiere que a la luz de estos traumáticos y dolorosos acontecimientos 1 Timoteo 2.11-15 no fue una amonestación para que las mujeres dejaran de enseñar indefinidamente, sino sencillamente bajar el perfil de su actividad y ser cuidadosas durante el tiempo de persecución. La especulación de Bushnell me parece poco convincente. Por un lado, está basada en un argumento del silencio. Contra ello también están Jesús y las convincentes palabras de Pablo a todos los creyentes. Jesús no dijo que solo los hombres tenían que cargar su cruz y seguirle (véase Marcos 8.36-39). Pablo no dijo que solo los hombres podían ponerse toda la armadura de Dios (véase Efesios 6.10-18), o que las mujeres no debían pretender tener la misma actitud que Cristo, que fue obediente hasta la muerte (véase Filipenses 2.8). Además, esta interpretación no explica el resto del pasaje y no tiene la fuerza del que presenté antes.

En suma, creo que definitivamente hay espacio para las interpretaciones no tradicionalistas de este pasaje. Si la amonestación para que las mujeres no enseñaran fue universal, debería ser respaldada con otros pasajes. En lugar de eso, encontramos muchos pasajes que muestran que las mujeres enseñaron a los hombres y desempeñaron cargos importantes como líderes de la iglesia (véanse Hechos 18.26; 21.9; Romanos 16.1, 3, 7; 2 Juan 10). El Antiguo Testamento, que fue la Biblia de la iglesia primitiva, ofrece precedentes claros de mujeres enseñando a los hombres en una variedad de situaciones (véase Miqueas 6.4; 2 Reyes 22.14 y Proverbios 1.8; 31.26).

Creo que hoy día el Señor está hablando claramente al Cuerpo de Cristo sobre la necesidad de reexaminar nuestro sistema de creencias en cuanto a la enseñanza de la mujer. Debemos abrir nuestros ojos al hecho de que cuando Dios unge a las mujeres con el don de la enseñanza, Él está liberando a la Iglesia a través de ellas una gran revelación y bendición.

Ruego que este capítulo haya traído gracia y comprensión a las mujeres y a los hombres que ven la mano de Dios sobre sus vidas. Ellos han sido llamados y escogidos para participar en esta última y más grande hora de cosecha antes de que nuestro Señor Jesucristo regrese por su Esposa.

En los próximos dos capítulos trataremos con la misma dedicación otros asuntos interesantes del libro. El capítulo 11 se titula «Autoridad espiritual» y rastreará profundo en cuanto a la mujer y el gobierno de la Iglesia y dará aplicaciones prácticas para las mujeres que ministran en ella.

Ungida para servir
(Autoridad espiritual)

Hace algunos años, un joven ministro me dijo: «Cindy, ¿cuál es el costo que has tenido que pagar como mujer para servir a Dios?»

No tuve que pensar ni un segundo para contestar: «Todo. Me ha costado todo. Muerte de mis propios deseos, anhelos, tiempo, renuncia a aquellos preciosos momentos con mi familia y mis hijos que cualquiera madre desea tener». Podría seguir y seguir enumerando los costos. La pregunta trajo a mi memoria noches pasadas en soledad en un cuarto de hotel cuando parecía que cada demonio del infierno tenía mi dirección.

Guardé silencio por un momento, mientras me invadían grandes ondas de emoción. Después le dije: «¿Pero sabes qué he ganado? ¡Todo!»

«¿Vale la pena?», quizás se pregunte.

Me he hecho esa misma pregunta. Veo en mi mente imágenes de cientos de personas viniendo a Cristo en todas las naciones del mundo con lágrimas rodando por sus mejillas. Y me pregunto, *¿cuánto vale un alma rescatada de tener que pasar la eternidad en el infierno?* Y entonces me siento de nuevo renovada. *Sí, vale la pena. Por solo un alma, lo seguiría en el llamado una y otra vez. Esta es la razón por qué hago lo que hago y por qué es mi más grande recompensa.*

Su gracia es suficiente ante cada obstáculo

Este capítulo será una guía para las mujeres llamadas por Dios al ministerio. También será útil para *todos* los lectores, ya que les proveerá una ventana hacia el desafío especial y único a las mujeres para que abracen el servicio cristiano a tiempo completo (y todas las mujeres que ya están en el ministerio que lean este capítulo estarán sonriendo y diciendo, «¡Amén, Cindy, amén!»).

Como mujer que viaja y enseña sobre la oración y la guerra espiritual, he enfrentado un sinnúmero de obstáculos, al punto que un día le dije al Señor (en realidad fue una queja), «¡Señor, es suficiente duro que me hayas llamado para ser una ministra mujer sin tenerme enseñando sobre este asunto tan controversial como es la guerra espiritual. ¿No podría enseñar algo un poco más alegre o que sea socialmente más aceptado para una mujer?»

Por supuesto, el Señor quedó tan impresionado con mi reclamación que el próximo tema fue las mujeres en la iglesia, el que, como sabes, es bastante más que controversial. ¡Eso me pasa por quejarme! Así es que, la lección de esta sección es: ¡Nunca, nunca te quejes al Señor! Solo dile: «Sí, Señor. Me siento feliz de hacer lo que me pides. Lo que sea que quieras que haga, Señor, lo que sea que quieras».

«¡Dios, ¡me robaste a mi esposa!»

Un obstáculo inicial que Mike y yo enfrentamos fue que mientras Mike aprobaba con la cabeza que yo predicara, su corazón mantenía una lucha fiera. Supongo que esta frase podría resumir bien esa lucha, «Dios, ¡me robaste a mi esposa!» Con todo lo buena esposa sureña que yo era, había esperado que Mike me entendería. Nunca se había lustrado los zapatos, lavado el auto o planchado sus camisas. No sabía cocinar y en los nueve años de matrimonio que llevábamos, apenas había lavado la loza una o dos veces. Le costaba trabajo manipular el horno microondas y qué decir de manejar la máquina de lavar ropa. ¡Fatal! (Nuestros amigos en edad de los veinte no podían creerlo.)

Durante aquellos primeros tiempos, le sugerí muchas veces abandonar el ministerio, pero su respuesta era siempre, «No. Yo sé que eso es lo que Dios quiere que hagas con tu vida».

Otro problema serio era que nuestros hijos todavía estaban muy pequeños. Daniel tenía dos y Mary, cinco. Tenía gran cantidad de luchas cuerpo a cuerpo con Dios sobre el asunto de los niños. Le rogué a Dios que me permitiera posponer mi entrada al ministerio hasta que los niños crecieran, pero cada vez que pedía eso, la respuesta era la misma: *Toma tu cruz y sígueme ¡ahora!*

Con mucha frecuencia me preguntaba por qué Dios exigía tal clase de sacrificio de mí mientras dejaba que otros permanecieran en sus hogares hasta que sus hijos crecieran. Ahora creo que era por lo que Él me había llamado a enseñar: la oración, la sanidad de las naciones y la guerra espiritual. Aunque por cierto no he sido la única que ha venido enseñando estas cosas, sé que nuestro ministerio «Generales de Intercesión» ha sido usado como pionero en llevar estos mensajes a muchos países a través del mundo. Con regularidad estamos recibiendo cartas de líderes en las que nos cuentan cómo han puesto a caminar iniciativas nacionales de oración para lo cual han usado los materiales que el Señor nos ha dado.

A la luz del alto costo personal que ha significado esto para mí como esposa, mamá y mujer, puedo ver por qué Dios no llama más mujeres de la edad que yo tenía cuando me llamó para que viajara por el mundo enseñando. Pero si Dios está haciendo claro que esta es su voluntad para tu vida, no tengas temor de decir sí al Señor. Su gracia es suficiente.

Otro desafío que enfrenté como joven mujer ministra fue que yo no conocía a ninguna otra mujer que estuviera haciendo lo que yo estaba haciendo y que tuviera mi edad. Asistía a reuniones donde se hacían planes con mujeres que, en su mayor parte, tenían hijos ya casi crecidos o eran adultos. Ellas tenían mucha más libertad que yo, así es que siempre me negaba a participar como voluntaria en organizaciones evangelizadoras porque quería estar más tiempo en casa con mis hijos. Fastidiosamente decía que necesitaba confirmación de Dios en triplicado en la pared de mi dormitorio antes de salir y enseñar. ¿Me he extraviado de Dios e ido cuando pude haberme quedado en casa? Sí. Creo que sí. Aunque no puedo recordar un momento específico, estoy segura que a veces en mi celo juvenil ocasionalmente lo hice. Mi esposo, Mike, fue un buen equilibrio para mí. Oraba conmigo cuando tenía alguna duda sobre si ir o no a algún lugar a enseñar. Si después de orar, no estábamos seguros, llamábamos a nuestro pastor, y si todavía sentíamos la necesidad de consejo, llamábamos a nuestra junta de directores.

Nunca voy a olvidar el día cuando oí «vía rumor» que algunos de los hombres y mujeres de nuestra iglesia andaban diciendo que yo no era todo lo sumisa a mi marido que debía ser. Aquello me dolió bastante, como si alguien me hubiera enterrado un cuchillo en el corazón. Quienes andaban diciendo eso eran personas por las cuales había orado y que se suponía eran mis amigos.

Tarde esa noche Mike se dio cuenta que yo andaba con una cara de preocupación que le hizo preguntarme qué estaba ocurriendo. Después de contarle en breve la situación, me abrazó y me dijo, «¿Por qué no vinieron a preguntarme a mí si eres o no sumisa? Después de todo, yo soy tu esposo y créeme, les habría dicho un par de cosas bien dichas». ¡Qué alivio sentí! Mike me estaba protegiendo y apoyando en la forma en que más lo necesitaba. Lo que decían aquellos entrometidos no tenía ningún valor para mí.

Puntos de igualdad y puntos de presión

Uno de los asuntos más complicados por los cuales Mike y yo tuvimos que pasar fue la sumisión. A veces, como ministros estábamos en el mismo comité y en tales casos nuestra relación funcionaba en un nivel de autoridad completamente diferente a como cuando estábamos en casa. Por eso quiero decir que estábamos contendiendo en áreas de autoridad espiritual, donde no hay varón ni mujer, y no en asuntos de autoridad doméstica (cosas familiares, de esposo y esposa).

Como dije antes, hemos tenido algunas discusiones y luchas bastante intensas en torno a estos asuntos. Mantener la casa limpia era relativamente fácil. Debido a que mi agenda de viajes me impedía definitivamente preocuparme de las tareas domésticas, sencillamente dependíamos de Dios para disponer de dinero y contratar a alguien que viniera a limpiar la casa una vez a la semana. Al principio no teníamos los medios, pero una vez que dimos el salto por fe, Dios proveyó los fondos semanalmente.

El problema de las camisas se resolvió mandándolas a la lavandería. Aprendimos que en lugar de atollarnos en una cosa, era mejor que buscáramos una alternativa creativa que pudiera satisfacer nuestras necesidades.

Cuando teníamos una conversación, una gran revelación fue reconocer nuestra necesidad de identificar nuestras funciones mutuas. La gente a menudo confunde inconscientemente sus papeles. Por ejemplo, es posible que tengan un nivel de autoridad en el trabajo y otro en la iglesia e incluso un tercero en alguna junta de directores por ahí. Constantemente están yendo de uno a otro de estos niveles. Nosotros nos dimos cuenta que cuando hablábamos de ministro a ministro nos encontrábamos en el área espiritual donde no hay ni varón ni mujer. Entonces, inmediatamente, podíamos empezar a hablar de nuestro hijo Daniel o de algún asunto relacionado con el hogar. En ese momento estábamos cambiando al nivel doméstico de autoridad.

Aun cuando reconozcamos nuestros papeles, las cosas pueden ponerse difíciles. Nosotros hemos tenido que aprender a funcionar juntos ministro a ministro aun cuando seguimos siendo varón y mujer. Como tales, tenemos necesidades específicas de género aun cuando estemos en el área de autoridad espiritual. Hablé un poco de esto antes cuando dije que el hombre se relaciona a través de la crítica mordaz y las bromas, en tanto que las mujeres lo hacen identificándose las unas a las otras.

Cuando mis sentimientos fueron heridos mediante algunas acusaciones falsas se produjo una situación bastante tensa. Mike seguía trabajando en American Airlines y sus salidas de casa rumbo al trabajo siempre eran corriendo. Había estado tratando de hablar con él. Quería contarle sobre lo herida que me sentía por la acusación que había lanzado contra mí un pastor quien afirmaba que yo tenía un espíritu de adivinación (en aquellos días no había mucha gente que entendiera el ministerio profético, por lo tanto cualquiera cosa que se dijera anticipadamente a algo era considerado adivinación). Siempre corriendo, Mike me trataba como trataría un hombre a otro hombre. Me dijo, «¡Cindy, vas a tener que dejar de ser tan sensible!» (Por supuesto, como mujer intercesora que profetiza, tendemos a ser más sensibles que otras personas.)

Cuando se aproximaba a la puerta para irse, le dije con voz quebrantada: «¡Pero yo también soy mujer a la vez que soy tu esposa!» (A veces, la vida tiende a complicarse.)

Se fue, cerrando la puerta de un golpe. Me eché contra la puerta y empecé a llorar. De repente, alcé la vista y lo vi ahí afuera, de pie, con los brazos abiertos, e invitándome a que fuera a él. Corrí a sus brazos y abrazándome apretadamente, me dijo: «Lo siento mucho, mi amor. Te estaba tratando como si fueras otro hombre». ¡Supongo que me había visto tan fuerte que pensó que podría enfrentar lo que fuera!

Mike y yo hemos descubierto que nos relacionamos mejor cuando mantenemos nuestra identidad en Cristo y no en quienes somos, o lo que estamos haciendo en la vida.

A través de los años Mike ha aprendido a ser para mí una buena protección tanto espiritualmente como en el aspecto doméstico. Casi siento pena por la persona que trate de venir contra mí porque él correrá al teléfono a enfrentarla en forma directa. En unas pocas ocasiones le he pedido que no intervenga porque me ha parecido que si lo hace, las cosas se van a poner peor. Después de pensarlo por unos minutos, él accede a mantenerse al margen.

Mike y yo hemos descubierto que nos relacionamos mejor cuando mantenemos nuestra identidad en Cristo y no en quienes somos, o en lo que estamos haciendo en la vida. Para Mike, esto ha sido duro. Él tenía una posición de mucha responsabilidad en American Airlines, pero a menudo, cuando viajaba conmigo, la gente se refería en forma burlona a él como «Mr. Cindy Jacobs». (Nota del traductor: En Estados Unidos, donde generalmente la mujer pierde su apellido al casarse, es común decir «Mrs. Mike Jacobs», para referirse a la esposa del Sr. Mike Jacobs. Ahí radica la sutileza de la ironía.) No podría expresar el dolor que me causa oír a la gente decir tales cosas. Es especialmente doloroso ahora, cuando él es cofundador del ministerio y es esencialmente «perno y tuerca» de la organización. Mike está lejos de ser un «Mr. Cindy Jacobs». Generales de Intercesión no podría funcionar sin él. Dentro de la organización, él es un *CEO* (ejecutivo de alto nivel) y se preocupa de las auditorías, los presupuestos y dirige nuestras reuniones de la junta. Como un hombre de negocios, Mike mantiene a Generales de Intercesión como una organización con la máxima integridad.

Inevitablemente, se producen situaciones relacionadas con el ministerio acerca de las cuales ni Mike ni yo estamos de acuerdo. Por lo general, oramos y llegamos a un arreglo viable, o uno o el otro cede en tal o cual cosa. Si a pesar de todo no logramos un acuerdo, acudimos a la junta de directores de Generales de Intercesión. (Nuestra junta es gobernante y de ninguna manera es una junta decorativa. Sus miembros no tienen ningún problema para darnos un consejo sabio y correctivo y en numerosas ocasiones así lo han hecho.) Exponemos nuestros respectivos puntos de vista a la junta y ellos jamás han dejado de darnos el consejo que nos ayuda a superar el conflicto.

Cuando enfrentamos problemas relacionados con asuntos del matrimonio que pudieran influir en el ministerio, buscamos el consejo de nuestro pastor, Dutch Sheets. Su sabiduría ha sido una gran bendición tanto para Mike como para mí. Muchos de los asuntos que tienen que ver con la autoridad doméstica no requieren ayuda externa, pero me permitiría sugerir a cualquier matrimonio que si tienen la posibilidad de buscar mediación externa, como una alternativa de la cual puedan echar mano en cualquier momento, que lo hagan. Sobre todo si se trata de alguna cosa importante que pudiera tener un impacto grande en la vida de uno y del otro y en la estabilidad del matrimonio.

Si has leído los otros libros que yo he escrito, entonces sabrás cuán fuerte es mi posición en cuanto a estar bajo la autoridad espiritual en una iglesia local. Muchos que tienen ministerios que los obliga a viajar constantemente cometen el gran error de no relacionarse a un nivel personal con sus pastores. Algunos hasta tienen miedo de esta clase de autoridad. Mike y yo, sin embargo, nunca hemos encontrado algo de mayor bendición que esto. Si no tienes un pastor con el cual relacionarte, ora y pide a Dios que te muestre qué iglesia podría darte una buena cobertura a ti, a tu ministerio y, si eres casada, a tu matrimonio.

Yo he tenido algunas luchas grandes al tratar de definir el papel de una mujer en un ministerio de tiempo completo. Por un lado, me costó mucho acostumbrarme a la idea de ser una ministra. Aun después de viajar y hablar con mucha frecuencia seguía costándome admitir que era una mujer ministra. Finalmente, el Señor me habló y me dijo, «Cindy, tú has aceptado el llamado de Dios para tu vida pero nunca has abrazado el llamamiento. En tu corazón parecieras querer ser algo más en la vida».

¡Vaya! Aquello si que me resultó duro escucharlo, pero era la verdad, absolutamente la verdad. Dios siguió hablándome con una voz apacible y suave: «Si no amas lo que he hecho de ti, no te amas a ti misma, y si no te amas a ti misma, entonces ¿cómo podrías amar a otros? He hecho de ti una mujer ministra y serás siempre una mujer ministra».

En ese momento abracé el llamado. «Señor, perdóname por no querer ser lo que tú decidiste que yo fuera. Hoy decido abrazar mi llamamiento». Desde ese momento, me sentí libre y con grande y abundante gozo pude decirle fácilmente a la gente que yo era una ministra.

Cambiada por el reto

Para mí, y debido a la contribución de amigos muy especiales, este libro ha sido como un peregrinaje. Mi buena amiga y compañera de oración, Quin Sherrer, coautora con mi otra amiga, Ruthanne Garlock, del libro *A Woman's Guide to Spiritual Warfare* [Guía para la mujer sobre la guerra espiritual], me animó a escribir sobre mi ordenación, de tal manera que la gente pudiera interiorizarse en los desafíos de una mujer ministra. Esta es la historia:

Para empezar, me costó bastante encontrar a alguien que quisiera ordenarme. Cuando sentí que era tiempo de buscar la ordenación, ya había estado licenciada por cinco años. (Entre paréntesis, había recibido mi licencia en una manera bastante extraña. Después de un culto, alguien me pasó la tarjeta de licencia aun cuando algunos pastores hombres, en la misma categoría que yo, habían recibido una comisión.) De todos modos, le pregunté a mi pastor si podría ordenarme y, como ya sabes, en lugar de a mí ordenó a Mike.

Tiempo después, de nuevo le volví a plantear el asunto porque yo quería la unción que sabía que venía al ser ordenada. Accedió a tener el servicio durante una conferencia profética que Mike y yo estábamos teniendo en la iglesia. Poco antes que tuviera lugar la ordenación, el pastor me dijo que la había cancelado. Cuando le pregunté la razón, dijo algo más o menos así: «No vamos a tener tiempo. Se nos va a recargar la reunión».

Estaba aturdida y desconcertada. Había invitado a mis amigos para que presenciaran la ordenación, y ya no había tiempo para cancelarla, de modo que cuando llegaron, ¡no hubo ordenación! Sin embargo, el Señor fue bueno conmigo. La noche antes que comenzara la conferencia, estaba lavando la loza cuando un ángel se paró brevemente a mi lado y me dijo, «Cindy, todo estará bien». Una paz increíble inundó mi alma. El ángel, por supuesto, estaba en lo cierto: Todo salió bien.

Más tarde, el pastor me pidió que lo perdonara y me dijo que no se había dado cuenta que tenía un problema con la ordenación de mujeres al ministerio.

Aproximadamente un año después, el nuevo pastor de nuestra iglesia, el reverendo Don Connell descubrió lo que había pasado en cuanto a mi ordenación y un día me detuvo después del culto en la iglesia y me dijo: «Cindy, nos gustaría ordenarla aquí, en la iglesia. Me da mucha pena la forma en que la han tratado». ¡Aquellas fueron verdaderas palabras de sanidad! Por ese tiempo yo viajaba por todo el mundo hablando a miles de personas. Sabía que Dios me había ordenado por su Espíritu, pero también entendía que cuando una persona es apartada para el servicio mediante la ordenación y la imposición de manos, viene sobre ella una unción poderosa.

Es cierto que las cosas buenas vienen a aquellos que esperan. El servicio de mi ordenación fue una fiesta espiritual gloriosa. Tuvimos cantantes especiales, adoración y un hermoso acto procesional. El comité de mi ordenación estaba integrado por C. Peter Wagner, Dutch Sheets, Elizabeth Alves, Eric Belcher, Don y Bernadean Connell y Mike. Las palabras son insuficientes para decir lo maravilloso que resultó todo. El grupo hizo un presbiterio profético y todo fue a pedir de boca hasta que un hombre africano pasó adelante y comenzó a «profetizar». Dijo que tenía que besar los pies de mi marido y llamarlo «señor» y otras cosas por el estilo. No podía creer lo que estaba ocurriendo. Era como una mala pesadilla.

Gracias a Dios por el comité, que uno a uno lo llevaron aparte y lo corrigieron por aquella falsa profecía. Le explicaron que estaba mezclando sus creencias culturales con sus emociones. Luego le dijeron que en los Estados Unidos una mujer no le besa los pies a su marido. El Señor permitió que el acto de ordenación recuperara su normalidad y belleza y trajo sobre mí una unción poderosa a través de la imposición de manos.

Durante el presbiterio profético, el Señor habló a través de Dutch Sheets que yo era una Débora cuyo nombre significa «abeja» y que habrían tiempos en que mis palabras serían dulces al paladar, pero que también habrían tiempos en que llevarían un aguijón. Eric Belcher de Cristo para las Naciones también mencionó a Débora como profetisa a las naciones.

Hablemos de ordenación

Algunas personas se asombran de que se ordene a las mujeres. Al estudiar el tema, he encontrado que el asunto de la ordenación está envuelto en toda una maraña eclesiástica. He descubierto que ordenar es sencillamente separar a alguien al llamado de Dios y que se imparte a través de la imposición de manos. La autoridad espiritual viene a través de reconocer y afirmar esta separación de la persona para el servicio del evangelio.

Estoy sorprendida del techo de vidrio que todavía existe en cuanto a la ordenación de mujeres. Muchos líderes que dicen ser los campeones en la defensa de las mujeres en el ministerio no ordenan mujeres como pastores en la misma forma en que ordenan a hombres. En muchos casos, el problema no es más que una cuestión de prejuicio cultural contra la mujer. Aunque de manera alguna la ordenación es esencial para ejercer el ministerio, no debería existir un doble estándar. Si se ordena a un hombre para cierta posición en la iglesia y una mujer está desempeñando una posición idéntica, la mujer necesita también ser ordenada. Ha habido mujeres que me han dicho que sus pastores, con una sonrisita burlona, les han dicho, «la ordenaría, pero si fuera un hombre». Muchos hombres no se dan cuenta cuán doloroso es para las mujeres este comentario.

Creo que es tan importante ordenar a los que tienen ministerios itinerantes como a los que ejercen el pastorado. A menudo, pareciera haber un sentimiento no expresado con palabras que los que viajan como ministerios itinerantes son ciudadanos de «segunda clase» y que solo las personas que pastorean deberían ser ordenadas. Vamos a considerar el mensaje que surge de esto. ¿Hay más de una iglesia? ¿Hay los que viajan en ministerios «fuera» de la iglesia, y los que hablan localmente «dentro» de la iglesia? Aunque este no debería ser el mensaje que intencionalmente se manda, sigue queriendo valer la misma cosa. Hay solo una Iglesia y todos somos parte del Cuerpo de Cristo.

Es posible que algún día la ordenación se realice en una forma completamente diferente a como se hace hoy día. Hay personas que ni siquiera creen que la ordenación tal como se practica sea válida en el presente. Yo soy una de ellas, pero también pienso que si realmente creemos que en el Espíritu no hay varón ni mujer y que en Pentecostés Dios derramó su Espíritu a siervas y siervos, no debería existir en la Iglesia el doble estándar.

A las mujeres que han tenido que pasar por algunos tiempos difíciles en este sentido, les ruego que se preocupen de no guardar raíces de amargura contra los hombres (véase Hebreos 12.15). No luchamos contra carne y sangre, sino contra principados y poderes de las tinieblas (véase Efesios 6.12). Usen los tiempos difíciles como una experiencia que fortalezca su carácter (véase Romanos 5.1-5).

Si no eres llamada, no entres a la batalla

Permíteme decirte una palabra personal a ti que sientes que Dios te está llamando para ser una mujer ministra. Asegúrate que estás siendo *llamada*. Existen tantos desafíos para las mujeres en liderazgo que debes «saber que sabes» que estás siguiendo la voluntad de Dios y no un deseo personal. Dios es capaz de hacer su llamado a ti abundantemente claro. Cuando es su llamado el que sientes dentro de ti, tu corazón arderá. Si no estás segura, las tormentas que se arremolinan a tu alrededor te harán tambalear, y seguramente cuando seas probada serás hallada falta.

Ann Graham Lotz, hija de Billy Graham, cuenta su historia en *Christianity Today*:

Empecé mi carrera como ministra itinerante en respuesta al llamado de Dios en mi vida, el cual fue confirmado por Hechos 26.15-18. Sabía por su Palabra, que iba a ser su sierva y una testigo de Jesucristo que significaría evangelización y discipulado alrededor del mundo. Una de las invitaciones que acepté fue una oportunidad para hablar a aproximadamente mil pastores y líderes de iglesias. Pero cuando me paré a hablar algunos de los hombres de la audiencia se pusieron de pie, volvieron sus sillas y se sentaron de nuevo, dándome la espalda.

Volví a casa y oré: Señor, tú sabes que hablar a una audiencia que incluya hombres no ha sido un problema para mí. Pero es obviamente un problema para ellos, y yo no puedo continuar parándome en el púlpito ignorándolo.

Al escudriñar las Escrituras en busca de una respuesta, Dios pareció recordarme de Juan 20 que, en seguida de su resurrección, Jesús había comisionado a María de Magdalena en una forma similar. Dios también pareció hablarme a través de Jeremías 1.7-8, mandándome a ser obediente a mi llamado, sin dejarme asustar por el aspecto de «sus rostros», o de sus espaldas. Reforzó esto en el versículo 17, ordenándome claramente: «Tú, pues, ciñe tus lomos, levántate, y háblales todo cuanto te mandé; no temas delante de ellos, para que no te haga yo quebrantar delante de ellos». En otras palabras, yo no era responsable a mi audiencia, sino que era responsable a Él.[1]

Otras mujeres han sufrido persecución pública similar cuando estaban hablando por invitación de los comités de las conferencias.

---

1. *Christianity Today*, «Ministering Women», Abril 8, 1996, 17.

Joill Briscoe, asesora laica del Ministerio Femenil de la Iglesia Elm-
brook, en Brookfield, Wisconsin, donde su esposo, Stuart sirve como
pastor, cuenta cómo le ocurrió esto mismo cuando se estaban dirigiendo a una convención de tres mil jóvenes:

> Presenté el tema, abrí las Escrituras, leí y empece a expli-
> carla. En ese punto, un pastor se puso de pié y me dijo:
> «¡En el nombre del Señor, cállese!» y añadió que yo estaba
> fuera de orden. Luego reprendió a mi esposo, diciendo que
> debería sentir vergüenza de dejar que su esposa usúrpara su
> autoridad. Finalmente tomó a sus jóvenes y salió, y mucha
> otra gente lo siguió.
>
> Lo bueno fue que en lugar de tener tres mil jóvenes
> pensando en otra cosa mientras les hablaba, ahora tenía a
> tres mil jóvenes extraordinariamente atentos. Pero aquella
> experiencia me dejó «choqueada» y con un sentimiento de
> vulnerabilidad.

Estas son solo unas pocas de las historias de horror que he oído
de parte de mujeres líderes en la iglesia. Supe también que una
ministra en Texas fue «des-ordenada» por su pastor después que
cierto grupo apostólico llegó a su ciudad. Otra amiga fue a la iglesia
un domingo por la mañana con su familia después de haber estado
viajando como conferenciante al servicio del Señor y frente al templo
de la iglesia fue públicamente excomulgada por viajar mucho. Gracias
a Dios que sus dones y su llamado son irrevocables (véase Romanos
11.29) y en el Reino de Dios no podemos ser «des-ordenadas». (Esto
no quiere decir que Dios no reprenda a sus hijos, pero estas mujeres
fueron disciplinadas injustamente más por las fronteras culturales que
por los límites bíblicos.)

Debido a que estoy siendo completamente franca contigo, tengo
que admitir que a veces me he encerrado en mí misma para perdonar,
lo mismo a los conocidos que me han causado daño como a la gente

que consideraba mis amigos. De alguna manera, Dios me ha bendecido con favores enormes y he visto las retribuciones. Sin embargo, estoy triste al decir que no a todos los que conozco les ha ido tan bien.

Marilyn Hickey, un modelo para mi generación

Muchos de los pioneros de la iglesia de hoy son mujeres. Escribí algo sobre ellas en el capítulo «Heroínas de la fe» así como en el titulado «Madres y otras grandes colaboradoras de fe». En este capítulo he querido incluir a una de ellas porque la admiro como mujer y como modelo para mi generación. Su nombre es Marilyn Hickey.

El otro día llamé a Marilyn para preguntarle si estaría dispuesta a concederme una entrevista para este libro. Me gocé hablando con ella. Aun cuando su programa de televisión es visto por más de sesenta y cinco millones de personas diariamente y ella viaja y ministra en setenta y siete países del mundo, Marilyn es siempre humilde, afectuosa y amable.

El esposo de Marilyn, Wally, fue llamado antes que ella. Marilyn dice que su esposo siempre la felicitaba y le daba ánimo ante cualquier paso que daba en cuanto a usar su don de enseñanza. Marilyn empezó a enseñar en un estudio bíblico en un hogar para su iglesia y rápidamente se multiplicó a veinte. Durante ese tiempo, fue animada a que comenzara un programa de radio de cinco minutos que aumentó a quince minutos al día. Más tarde, Dios la llamó a la televisión.

Cuando le pregunté si co-pastoreaba *Orchard Road Church* (La Iglesia del Camino del Huerto, antes conocida como *The Happy Church*, La Iglesia Feliz) con su esposo Wally, me contestó: «No. Aunque estoy muy involucrada en la iglesia, siento que mi llamado primario es a ser una misionera evangelista y maestra. Dios me ha llamado a cubrir la tierra con su Palabra».

Es bueno que sepas que contra lo que Marilyn enseña (o suponen que enseña) se han escrito libros (como ha ocurrido también conmigo). Curiosa, le pregunté: «¿Ha leído alguna vez las críticas que se han escrito sobre usted?»

«No», me contestó, «tengo tantas cosas que estudiar y leer que encuentro que no tengo tiempo para detenerme y leer esa clase de cosas».

Lo que más me tocó de ella es cómo lucía incólume a pesar de la persecución e incomprensiones que había sufrido. Esto me permitió echar una mirada al corazón de una gran mujer que ha pagado el precio y ha permanecido tierna y compasiva en su llamado.

LaNora Van Arsdall, pastora asociada

Otra de mis amigas que trabaja como un equipo con su marido es LaNora Van Arsdall. El esposo de LaNora, Dan, es el pastor de *The Sanctuary* (El Santuario) en La Mesa, California. Dan es el pastor principal y LaNora es la pastora asociada de la iglesia.

LaNora me contó que había comenzado a trabajar como co-pastora aunque su unción *principal* no era, en realidad, el trabajo pastoral. Pero como parecía que la gente estaba siempre tratando de determinar quién era el número uno, ella es ahora pastora asociada, de modo que no queden dudas respecto a sobre quién recae la autoridad final. Esto le dio también más libertad para viajar y ministrar, sin tener que estar en las decisiones de cada día como cuando era co-pastora.

Los hechos

Cuando estaba en el proceso de escribir este libro, me picó la curiosidad por saber algo sobre las pastoras mujeres en Estados Unidos. Los siguientes son algunos hechos interesantes que descubrí:

1. Se les paga menos que a sus colegas varones. Un promedio de 5 mil dólares menos por año. Este dato surgió después de haber estudiado quince denominaciones evangélicas. (Notas del traductor: Evangélicas, en el sentido latino, que es diferente al estadounidense. Por eso, la autora usa en el original la palabra protestante, poco usada en el

mundo hispanoamericano.) Fuente: *EP News Service,* 2 de mayo de 1997.

2. Según George Barna, los hombres representan el noventa y siete por ciento de todos los pastores principales. Relativamente pocas mujeres alcanzan este nivel, aun cuando más de un cuarto de los estudiantes matriculados en los seminarios evangélicos son mujeres y un número cada vez mayor está tratando de ser pastores principales.[2]

3. La mayoría de las mujeres que llegan a la categoría de pastores principales pertenecen a la línea de: Iglesia Presbiteriana E.U.A. (UPCUSA), Iglesia Metodista Unida (UMC), Iglesia Unida de Cristo (UCC), Iglesia Episcopal (EC) e Iglesia Evangélica Luterana de América (ELCA). Por razones teológicas, muchas de las iglesias bautistas y denominaciones evangélicas (nota del traductor o *evangelicals*) prohíben que las mujeres lleguen a ser pastores principales.[3]

4. Las mujeres que llegan a la más alta posición en una iglesia local tienden a ser mayores que sus colegas hombres, han pasado menos años en ministerios de tiempo completo y probablemente entraron en el ministerio profesional tarde en la vida; sirven en iglesias más viejas y por lo general, dirigen congregaciones que tienen menos de cien personas.[4]

5. Las mujeres también predican, en promedio, sermones más cortos que los que predican sus colegas varones. Por lo general, siempre están más listas que los pastores varones para asistir a seminarios y ser la única profesional de tiempo completo en la planta de empleados.[5]

2. George Barna, *Today's Pastors* [Pastores de hoy día], Regal Books, Ventura, CA, 1993, p. 31.
3. *Ibid.,* p. 31.
4. *Ibid.,* p. 32.
5. *Ibid.,* p. 32.

Según un artículo aparecido en la edición del veintisiete de septiembre del *Denver Post*, las mujeres ordenadas tienden a querer compartir el liderazgo, a ser más democráticas que lo que muchas de las tradiciones de las iglesias lo permiten, y a obviar moldes jerárquicos en la ejecución del trabajo ministerial.

Bill Behrens, director de apoyo de liderazgo de la Iglesia Evangélica Luterana, dice que la mujer trae habilidades frescas a las viejas tareas del ministerio. Alimentan a los jóvenes y cuidan de los ancianos. Desafían al presumido, predican el evangelio y, por sobre todo, edifican a la comunidad de creyentes.

El artículo sigue diciendo que el año pasado en Estados Unidos, más de veintisiete mil estudiantes se estaban preparando para ordenación en doscientos treinta seminarios acreditados por la Asociación de Escuelas Teológicas, según Nancy Merrill, directora de comunicaciones de la Asociación. Casi ocho mil de ellos, o sea un veintiocho por ciento, eran mujeres, un salto significativo desde menos del cinco por ciento en 1972.

Según el reverendo Lynn Scott, director de *Clergy Women's Concern* para la Iglesia Metodista Unida en Nashville, Tennessee, aproximadamente la mitad de los estudiantes en los seminarios episcopales, metodistas, presbiterianos y luteranos son mujeres.[6]

El hecho de que tantas mujeres estén yendo a seminarios y buscando la ordenación debería ser una sonora advertencia para nosotros: Hoy día, Dios está llamando a las mujeres en gran número a predicar el evangelio y asumir ministerios de tiempo completo. La maravillosa seguridad que tenemos es que el mismo Dios que las llamó abrirá las puertas para el servicio que espera de nosotras.

Vinson Synan, decano de la Escuela de Divinidad de la Universidad Regent de la CBN en Virginia Beach, Virginia, dice que en 1991, las Asambleas de Dios contaban con 4,604 mujeres con credenciales ministeriales, el mayor número de todas las denominaciones en los

---

6. «Female Ministers Gaining Acceptance» (Ministerios de las mujeres ganan aceptación) *Denver Post*, Domingo 27 de septiembre de 1997.

Estados Unidos. Esta suma equivale al quince por ciento de todos los ministros de las iglesias del país. De estos, unos trescientos veintidós son pastores principales (o *senior pastors*). El porcentaje de mujeres ordenadas en la iglesia del Evangelio Cuadrangular Internacional se ha mantenido por varias décadas en aproximadamente un cuarenta por ciento. Los porcentajes de mujeres ministras licenciadas y ordenadas en la iglesia Santidad Pentecostal (diecisiete por ciento) y la Iglesia de Dios (Cleveland, Tennessee, quince por ciento) todavían sobrepasan a las cifras de cualquiera de las denominaciones tradicionales de los Estados Unidos. Pero recientes estudios indican que, como nunca antes, menos mujeres están sirviendo como pastoras en estas iglesias.[7]

Protocolo práctico para mujeres en el ministerio

Mientras oraba sobre qué incluir en este capítulo, sentí que se necesitaba una sección práctica para las mujeres que están en el ministerio. Alguna de la información será más útil a las mujeres que tienen ministerios itinerantes ya que yo estoy más familiarizada con esta clase de ministerio. Creo que podría escribir un libro entero para describir lo que he aprendido sobre muchas cuestiones de protocolo concerniente a las mujeres en el ministerio. Vamos a considerar unos pocos de ellos.

Algo importante que las mujeres necesitamos aprender es cómo relacionarnos con los hombres en el ministerio. Como una ministra itinerante y para protegerme de chismes u otros ataques que pudieran venir de mi interacción tanto con los hombres en general como con los hombres en el ministerio en particular, he establecido algunas políticas prácticas.

Una de mis primeras líneas de defensa es una carta personal enviada por mi oficina antes de mi salida a cualquier lugar para predicar o dictar alguna conferencia. En el apéndice incluyo una

---

7. Vinson Synan, «Women in Ministry» (Mujeres en el ministerio), *Ministries Today magazine* [Revista Ministerios hoy], Enero-febrero 1993, 50.

muestra de esta carta. En ella, mi oficina señala que no debo ser movilizada por un hombre solo. A veces he tenido que viajar con un chofer de un ministerio grande que envía un vehículo ministerial para movilizar a los conferenciantes. Trato, sin embargo, que esto sea una excepción a la regla.

Otra política personal es que nunca salgo a almorzar o a cenar con un hombre que no sea mi esposo, a menos que Mike esté allí. Una vez hice una excepción cuando desayuné en un salón amplio y Mike estaba en conocimiento. Me apego a esta política, a lo menos a esta edad de mi vida, aun cuando un hombre sea mucho más joven que yo. Esto mantiene limpia la reputación de ambos a los ojos de todo el mundo.

Mujeres, nosotros podemos alentar a los hombres en forma impropia y no darnos cuenta que lo estamos haciendo. Pasar largas horas en conversación íntima, como lo mencioné en la sección sobre adulterio espiritual puede dar a los hombres una idea errónea. No te dejes atrapar en una situación comprometedora. Por ejemplo, no hables en el automóvil a un hombre casado ni pases largos períodos hablando por teléfono. Hay ocasiones en que para dar o pedir algún consejo tengo largas conversaciones con un pastor pero, de nuevo, esta es una excepción, no la regla. Y me aseguro de ser también amiga de la esposa del pastor.

Un área de preocupación que tengo es la de las mujeres intercesoras y cuán íntimamente se relacionan con sus pastores hombres. Mientras es importante compartir lo que Dios te ha mostrado, no pases demasiado tiempo detrás de puertas cerradas sin tu esposo o esposa o sin que la esposa o el esposo de la otra persona esté presente. Tristemente, esta estrecha relación puede hacer que las mujeres, que son extremadamente ingenuas lleguen a involucrarse emocionalmente en las vidas de sus pastores, y vice versa.

Antes de hablar en alguna iglesia local, pido una carta de invitación del pastor principal de esa iglesia. Al principio de mi ministerio tuve algunos problemas cuando un anciano o alguien más de una iglesia me invitaba sin que el pastor principal estuviera completamente de acuerdo con que una mujer ministrara. Ahora, siempre pido una carta-confirmación para guardarla en los archivos de la oficina no importa la clase de reunión a la que vaya.

Para quienes viajan por razón de su ministerio, el tema de las finanzas puede ser complicado y requiere una comunicación clara. Como lo señalé antes, mi secretaria manda una carta estableciendo nuestras exigencias para mi viaje. Nos hemos dado cuenta que enviar esta carta provee claridad además de ofrecernos una forma de comunicar algunas otras necesidades. Yo no pido personalmente un honorario cuando viajo. Lo que hago es pedir lo necesario para cubrir los costos de transporte, alojamiento y comida y una ofrenda de amor. Cuando llego a saber que la organización que me ha invitado a hablar es definitivamente baja en sus ofrendas, y que no vamos a alcanzar a cubrir los gastos necesarios, mando una carta en la que decimos lo siguiente:

> Por razón de las necesidades de nuestro ministerio, les pedimos que confíen con nosotros en reunir la suma de $ _____ para el fin de semana. Si no pueden cubrir esa cantidad, lo entenderemos, pero vamos a estar de acuerdo en que Dios satisfará nuestras necesidades de acuerdo a sus riquezas en gloria.

Cuando empecé a viajar, encontré que las ofrendas de amor que recibía no alcanzaban ni a cubrir los gastos de gasolina. Tanto fue el asunto que empecé a sentirme ofendida, pues creía que «el obrero (en mi caso, la obrera) es digno de su salario» (1 Timoteo 5.18). Al principio, pagaba de mi bolsillo y con gusto los gastos de viaje. Pero después de un tiempo me empecé a sentir mal y me di cuenta que la gracia de Dios para ese periodo de mi vida se había terminado.

Hoy día puedo decir que la gente es generosa en dar para nuestro ministerio. Ha pasado un largo tiempo desde que tuve que mandar esta clase de carta. Pero para quienes están comenzando en el ministerio, una carta como esta puede ser muy beneficiosa.

En esta hora, las mujeres están predicando y enseñando, dirigiendo la adoración, trabajando con los pobres, yendo a las cárceles y haciendo muchos otros ministerios importantísimos. El Señor está llamando a mujeres a ser pioneras en nuevos campos donde ellas nunca habían estado antes. Ser una pionera es un privilegio y un honor. Dios llama a algunas mujeres a hacer lo que otros no han hecho, a hacer el camino más fácil para la generación que viene. Yo quiero ser de esta clase de mujeres. Dios me ha dado un corazón para los líderes jóvenes, tanto hombres como mujeres. Cómo quisiera atender personalmente muchos de los llamados que recibo pidiéndome ayuda, pero el tiempo no me alcanza para todos. A menudo esto me produce una gran frustración, porque realmente quisiera hacerlo. Esta es una de las principales razones por las que he escrito este capítulo.

Si tú has sido llamada y te sientes frustrada, ten la seguridad que Dios hará camino para ti allí donde parece no haber camino. En todos los años que he ministrado nunca me he promocionado. He dejado que todo lo haga el Señor. Nunca he hecho algo para abrir una puerta que ha permanecido cerrada. Dios ha abierto puertas que me han dejado atónita. Mientras viajo, a menudo pastores me han dicho que he sido la primera mujer en predicar el evangelio desde el púlpito de esa iglesia. Estas palabras han quedado tintineando en mis oídos desde Pakistán a Nepal, así como en numerosos lugares en América Latina. El hecho es que tú sencillamente no puedes dejar fuera de un lugar al Espíritu Santo cuando Él quiere estar allí.

El siguiente y último capítulo es muy interesante y te ayudará a abrir los ojos. Lo he titulado «La reforma cultural» y tiene que ver con la forma en que Dios ve a la mujer y su participación histórica en avivamientos, así como con su papel en la iglesia hoy día.

La reforma cultural

Bendito sea el que no me hizo gentil;
Bendito sea el que no me hizo mujer;
Bendito sea el que no me hizo un hombre ignorante
(o un esclavo).

Tosefta[1]

Un ciento de mujeres no son mejores que dos hombres.

B. Berakhot (Talmud)

«Una mujer es un cántaro lleno de inmundicia con su boca
llena de sangre, pero todos corriendo tras ella».

(*Babylonian Talmud Shabbath 152A*)

Cuando un niño llega al mundo, la paz entra en el mundo;
cuando llega una niña, no entra nada.

(Talmud babilónico)

Estos dichos describen un mundo en el cual la mujer era a menudo
marginada y menospreciada. En medio de este pensamiento distorsionado vino Alguien que habría de traer una reforma cultural, el

---

1. Nota: Esta es una forma de la *bereka*, oración litúrgica de la mañana que se
recitaba cada día por todos los hombres devotos judíos durante el tiempo
de Pablo.

Salvador, Cristo Jesús. No es de admirarse que las mujeres lo amaran. Las mujeres fueron «las últimas en dejar la cruz y las primeras en llegar a la tumba». Para el género femenino, nunca hubo y nunca habrá uno que haya derribado barreras y dado libertad a los cautivos como lo hizo Él.

Al estudiar el amor de Jesús por los humildes, los oprimidos y los esclavizados, he quedado asombrada al ver el aumento del conocimiento y cómo Él se muestra dispuesto a tener una relación personal y aun así, a ser un reformador cultural. Para experimentar todo el impacto de quien derribó las murallas de separación, vamos a echar una mirada al mundo en el cual Él nació.

Costumbres grecorromanas

La siguiente sinopsis muestra las prácticas que caracterizaban las actitudes de los hombres grecorromanos respecto de la mujer. Los siguientes ejemplos corresponden al período que condujo a los tiempos de Cristo:

Infanticidio y abuso

Las niñas eran abandonadas y dejadas morir mucho más frecuentemente que los niños. Las niñas, después de todo, eran costosas y un gasto no remunerable, no solo por el costo de criarlas desde pequeñas, sino también por el gasto que significa proveerlas con dotes (Posidipo, quien vivió entre los siglos tercero y segundo a.C.).[2]

En Roma hubo un tiempo en que los esposos saludaban a sus esposas con un beso. Esto no era una expresión de afecto, sino una forma de averiguar si las esposas habían estado bebiendo vino. A una mujer que bebía vino se la consideraba una disoluta y sexualmente desinhibida. Si la mujer olía a vino, su esposo tenía el derecho legal de matarla.

---

2. Citado por David Joel Hamilton en «*I Commend to You Our Sister*» [Les encomiendo a nuestra hermana], tesis de maestría, 1981, p. 43.

Por lo general, las mujeres se casaban a los 12 años con hombres mucho mayores que ellas y se esperaba que tuvieran un hijo cada dos años.

Note la perspectiva que Séneca tiene de la mujer: «Las dos grandes calamidades de este mundo son las mujeres y la ignorancia».[3]

«Zeus diseñó a la mujer como el más grande de todos los males. Aunque en alguna forma pudieran parecer una ayuda, para sus esposos especialmente, ellas eran una suerte de mal».[4]

«Las doncellas las guardamos para el placer, a las concubinas para el cuidado diario de nuestra persona, pero a las esposas para darnos hijos legítimos y para que sean guardianes fieles de nuestras familias» (Pseudo-Demóstenes).[5]

La perspectiva judía

El divorcio

La seguridad de una mujer en la familia de su marido estaba limitada por el derecho legal de su esposo a divorciarse si ella causaba algún «impedimento» al matrimonio. Un hombre podía divorciarse de su esposa sin consentimiento de ella por razones que iban, desde la ausencia de castidad a que se le quemara la comida a creer que no era una mujer hacendosa.[6]

La mayoría de los rabinos insistían en sus enseñanzas sobre la inferioridad de la mujer. El rabino Yochanan se dice que citaba el *mishna* (la parte más antigua e importante del Talmud) para enseñar lo que un hombre podía hacer con su mujer, si le daba la gana. «Es como un pedazo de carne traída del matadero la que se puede comer salada, asada, o cocinada parcial o totalmente». En una ocasión, una

---

3. *Ibid.*, p. 81.
4. *Ibid.*, p. 35.
5. Ben Witherington III, *Women and the Genesis of Christianity* [Las mujeres y los comienzos del Cristianismo], The Press Syndicate of the University of Cambridge, Cambridge, MA, 1990, p. 15.
6. *Ibid.*, p. 4.

mujer se quejó ante el gran rabino Rav de maltrato por parte de su marido. Él le dijo, «¿Cuál es la diferencia entre tú y un pescado, el cual uno se lo puede comer asado o cocinado?»[7]

Las tareas de la mujer en una familia incluyen moler el grano para hacer harina, hornear pan, lavar la ropa, dar el pecho a los niños durante dieciocho a veinticuatro meses, hacer las camas, trabajar con madera y lavarle la cara, manos y pies a su marido.[8] Aunque muchas de estas tareas no son en sí mismas anormales (¡yo hice la cama esta mañana!) todavía hay lugares en el mundo donde estas simples tareas familiares son llevadas a los extremos. Por ejemplo, cuando Mike y yo estuvimos en Nepal el año pasado, supimos de una práctica por algunas tribus en la cual las mujeres lavaban cada noche los pies a sus maridos y luego en señal de respeto, tenían que beberse el agua sucia. ¡Y eso no es todo!... Cuando los hombres viajan, ellos se lavan los pies y traen el agua sucia a casa en un jarro para que sus mujeres se la beban!

Otro ejemplo de prejuicio talmúdico contra las mujeres se puede encontrar en lo que se conoce como «Las diez maldiciones contra Eva», que es un comentario sobre Génesis 3.16:

Las diez maldiciones contra Eva

1. Multiplicar grandemente se refiere al período menstrual, etc.
2. El dolor al criar los hijos.
3. Su preñez.
4. Con dolor dará a luz a los hijos.
5. Su deseo será para su marido (seguido de un lenguaje demasiado soez como para reproducirlo, no dejando dudas de la interpretación rabínica de «deseo».

7. Katherine Bushnell, *God's Word to Women* [Palabras de Dios a las mujeres], Cosette Joliff y Bernice Menold, Peoria, IL, párrafo 8.
8. Ben Witherington III, *Women and the Genesis of Christianity* [Las mujeres y los comienzos del Cristianismo], p. 5.

6. «Él te gobernará» (más lenguaje soez).

7. Deberá envolverse como un doliente, p.e.

8. No podrá aparecer en público con la cabeza descubierta.

9. Estará restringida a solo un marido, mientras este podrá tener varias mujeres.

10. Estará confinada a su casa como a una prisión.[9]

Para ser justa, no todos los rabinos aborrecían a las mujeres. Algunos, como el rabino Jacobs, dijo, «Quien no tiene esposa se queda sin bien, y sin una ayuda, y sin gozo, y sin bendiciones, y sin satisfacción».[10] Sin embargo, declaraciones honrosas como esta del rabino Jacobs, son pocas y muy distantes una de otra.

Mientras más he estudiado las culturas antiguas, más grande mi admiración por lo que Jesús hizo para sentar precedentes en el trato respetuoso de mujeres y niños. Cuando hube completado este estudio, pude entender muchas aparentemente sencillas y pequeñas palabras y acciones registradas en los Evangelios que sé que fueron tremendas declaraciones en la cultura de los días de Jesús. Jesús trajo una enorme reforma no solo para la mujer y los niños, sino también para la familia entera. Estas acciones y enseñanzas se incluyeron más tarde en la Escritura por los escritores del Nuevo Testamento.

La perspectiva de las buenas nuevas

Desde el puro principio del Nuevo Testamento, a las mujeres se les ha dado un lugar de equidad y prominencia sin precedentes. Este nuevo lugar es primeramente ilustrado en el capítulo 1 del Evangelio de Mateo, donde Mateo traza el linaje de Jesús. Mateo menciona no

9. Katherine Bushnell, *God's Words to Women* [Palabras de Dios a las mujeres], párrafo 106.

10. Citado en Ben Witherington III, *Women and the Genesis of Christianity* [Las mujeres y los comienzos del Cristianismo], p. 6.

solo los nombres de los hombres, sino también de tres importantes
mujeres antepasadas en la genealogía del Mesías: Tamar, Rahab y Rut.

La siguiente poderosa afirmación cultural queda en evidencia
cuando el ángel Gabriel se apareció primero no a José, ni al padre de
María, ni a otro varón, sino a una pequeña mujer de probablemente
unos 14 años de edad (véase Lucas 1.26-38). (Hoy día, probablemente la calificaríamos de adolescente y no de una mujer plenamente desarrollada como tal.) Y lo que el ángel le dijo fue aun más
asombroso... *Has hallado gracia delante de Dios.*

No es extraño que María cantara: «Porque ha mirado la bajeza
de su sierva; pues he aquí desde ahora me dirán bienaventurada todas
las generaciones» (Lucas 1.48).

Es también interesante estudiar la forma en que el Espíritu Santo
inspiró a los escritores del Nuevo Testamento para que incluyeran
indistintamente a hombres y mujeres a través de las Escrituras. Esto
queda hermosamente presentado en la historia de la presentación del
niño Jesús en el Templo. Dos importantes líderes, Simeón y Ana
fueron convocados por el Espíritu para que fueran testigos del hecho
que Jesús era la «consolación de Israel» (Lucas 2.25). Ana profetizó
acerca de Él a todos los que estaban esperando por la redención de
Jerusalén (véase Lucas 2.38). Ese día, en una hermosa igualdad de
géneros, y como un goce anticipado del día cuando el Espíritu Santo
vendría sobre siervas y siervos, se anunció el reconocimiento de Jesús
como Mesías (véase Joel 2.28,29).

Lucas en su relato del nacimiento de Jesús menciona a otras
parejas de hombres y mujeres: Zacarías y Elizabeth, José y María y
Simeón y Ana.

En las parábolas de Jesús se destacan hombres y mujeres igualmente al mismo nivel. Por ejemplo, en Lucas 18.1-8 el apóstol cuenta
la historia de una mujer que rehusa dejar de clamar ante un juez
hombre injusto para que le haga justicia. El contexto de la historia es
una sociedad varonilmente orientada donde las mujeres raramente
recibían la misma clase de justicia que los hombres. El clamor de la
mujer fue oído debido a su persistencia. Jesús finaliza la parábola con

esta afirmación: «¿Y acaso Dios no hará justicia a sus escogidos, que claman a él día y noche?»

Witherington dice:

> Que Jesús haya escogido a una mujer necesitada como ejemplo a sus discípulos sin duda indica varias cosas. Por un lado, la simpatía y preocupación de Jesús por este particular grupo de personas en una sociedad orientada hacia el hombre. También, porque el aspecto de la conducta de esta mujer que Jesús describe (su perseverancia o persistencia) es una característica que en una sociedad patriarcal era a menudo vista como un atributo negativo en una mujer (Proverbios 19.13).[11]

Mujeres en el ministerio de Jesús

El segundo capítulo de Juan comienza con un fascinante diálogo entre Jesús y su madre. María dice a Jesús que hay un problema. El vino se ha acabado. Lógicamente, ella cree que Él puede remediar la situación. Él le dice, «¿Qué tienes conmigo, mujer? Aun no ha venido mi hora» (Juan 2.4).

Para nosotros, la forma «mujer» puede parecer irrespetuosa. Pero aquí no hay rudeza ni falta de respeto, según podemos entender si observamos Juan 19.26, Mateo 15.28, Lucas 13.12, Juan 4.21 y 8.10. Jesús parecía poner distancia entre Él y su madre cuando la llamaba «mujer». La frase «aún no ha venido mi hora» podría referirse al tiempo cuando ella conocería a Jesús en una forma totalmente diferente, como Salvador, más que como la madre conoce naturalmente a su hijo.

Si Jesús tuvo la intención de establecer una ligera distancia entre Él y María como su madre, sus palabras hacen de su respuesta a María

---

11. Ben Witherington III, *Women and the Genesis of Christianity* [Las mujeres y los comienzos del Cristianismo], p. 53.

algo mucho más fuerte. Él cambia el agua en vino como resultado de la ayuda que le pide una «mujer». Esto pudo haber sido totalmente inusual en aquellos tiempos. Él no solo cambió literalmente el agua en vino nuevo, sino que estaba también transformando el «vino viejo» de los prejuicios contra las mujeres en la perspectiva de un «vino nuevo» en el cual «no hay varón ni mujer». Según Jesús, en tiempos de necesidad tanto hombres como mujeres podían acercarse igualitariamente ante el trono de Dios.

(Un comentario entre paréntesis sobre este pasaje: Uno de los dioses paganos adorados durante el tiempo de Jesús era Baco, el dios del vino. El primer milagro de Jesús de volver el agua en vino muy bien pudo haber sido un acto de declaración directa de guerra espiritual contra Baco, el dios del desorden y de la rebeldía. Jesús vino a traer el vino del Espíritu que pone todas las cosas en correcto orden.)

El siguiente golpe dado por Jesús a los prejuicios culturales contra la mujer fue cuando conversó con la samaritana (véase Juan 4.4-26). La Escritura registra esta historia como la más extensa conversación que Jesús haya tenido con alguien. Si los hombres judíos denigraban a alguien más que a una mujer inmunda, una mujer extranjera o una mujer inmoral, esta era una mujer samaritana, precisamente la mujer con quien Jesús decide tener la más larga conversación que jamás tuvo con persona alguna durante su ministerio terrenal. La escogió a ella para que recibiera una de las más profundas enseñanzas teológicas de su ministerio y para ser la receptora de su primera declaración de que Él era el Mesías.[12]

La historia de la mujer junto al pozo habla poderosamente tanto del prejuicio de género como del prejuicio racial. Jesús decide revelarse a una mujer que era considerada poco menos que un perro. Hasta sus discípulos quedaron atónitos al verlo conversando con ella. Jesús vino a reconciliar tanto los géneros como las razas.

---

12. Judy L. Brown, *Women Ministers* [Ministras mujeres], Morris Publishing, Kearney, NE, 1996, p. 133.

¡La mujer samaritana fue la primera evangelista! Ella predicó el mensaje a toda una ciudad, hombres como mujeres. Sin duda que Jesús bien pudo haber entrado a la ciudad y buscado a un hombre, pero no. Él escogió a una mujer de la clase más baja de la ciudad y le dio toda la importancia que tiene alguien que difunde las buenas nuevas.

(Un último comentario entre paréntesis sobre este pasaje: Se suponía que los rabinos respetables tenían que mantener la distancia entre ellos y los pecadores, pero Jesús habló directamente a los pecadores sobre los asuntos del Reino. Esto era absolutamente inusual para los rabinos de su tiempo.)

Otro claro ejemplo de que Jesús menosprecia los dobles estándares de conducta y castigo para hombres y mujeres lo encontramos en la historia de la mujer sorprendida en adulterio:

> Entonces los escribas y los fariseos le trajeron una mujer sorprendida en adulterio; y poniéndola en medio, le dijeron: Maestro, esta mujer ha sido sorprendida en el acto mismo de adulterio. Y en la ley nos mandó Moisés apedrear a tales mujeres. Tú, pues, ¿qué dices? (Juan 8.3-5).

Trato de imaginarme los pensamientos que habrán corrido por la mente de Jesús. Uno debió de haber sido que los escribas y fariseos estaban citando únicamente una parte de la ley sobre el adulterio. Levítico 20.10 dice que ambos, adúltero y adúltera tenían que ser sometidos a la misma pena de muerte. Solo la mujer había sido «sorprendida en el acto mismo». ¿Y el hombre, culpable como ella? ¡Bien, gracias!

Desde que la ley había sido dada, muchos otros dobles estándares se habían desarrollado en la sociedad. Por supuesto, el eternamente presente Hijo de Dios y dador de la ley lo sabía. Su respuesta dejó expuestos a la luz los lugares ocultos de sus corazones: «El que de vosotros esté sin pecado sea el primero en arrojar la piedra contra ella» (Juan 8.7).

¿Qué estaba queriendo decir Jesús? Cualquiera de ustedes que nunca se haya solazado en indulgencias sexuales, lance la primera piedra. Cualquiera de ustedes que jamás haya tenido un problema con la lujuria, lance la primera piedra. No hay duda que los acusadores de la mujer tenían cada uno de ellos su problema porque la Biblia deja claro que las palabras de Jesús hicieron estremecer sus conciencias (véase v. 9).

¡Esto era absolutamente increíble! Jesús vio el pecado de una mujer y el de un hombre como iguales. Él igualó los géneros y colocó a los hombres en la misma responsabilidad moral por sus acciones como lo hizo con a la mujer.

Otra fuerte declaración de Jesús sobre el valor y la igualdad de las mujeres es la historia de la sanidad de la mujer con flujo de sangre (véanse Mateo 9.20-22; Marcos 5.25-34; Lucas 8.43-48). Lo que a menudo se pasa por alto es que una mujer no podía entrar en el recinto del Templo durante su ciclo menstrual. Habría sido considerada inmunda y solo habría podido ser hecha «limpia» de nuevo mediante un elaborado ritual de lavamiento. Sin embargo, cuando Jesús notó que la mujer con el flujo menstrual había sido sanada, inmediatamente la trajo a su presencia. Y luego el Señor pareció haberle dicho: *Nunca habrá un impedimento para que te acerques a mí. Nunca estarás demasiado «manchada» o «inmunda» para que yo no quiera verte.*

Jesús y los niños

A diferencia de la terrible maldad de exponer a los niños recién nacidos a los elementos para provocar su muerte (infanticidio), Jesús salió en defensa del gran valor que estos tienen. En el fondo de la actitud de los discípulos de alejar a los niños de Jesús y en la indignación de Jesús por lo que sus seguidores estaban haciendo, hay todo un trasfondo cultural que tiene que ver con la práctica terrible del infanticidio. Uno de los pasajes más hermosos en la Escritura establece un espacio muy definido en el Reino para estos pequeños:

«Dejad a los niños venir a mí, y no se lo impidáis; porque de los tales es el reino de Dios» (Marcos 10.14).

Jesús y su ministerio de sanidad

Jesús rompió con las leyes opresivas de los rabinos concernientes a las mujeres. Cuando sanó a la mujer encorvada en día de reposo en la sinagoga, Jesús *tocó* y *habló* a ella (véase Lucas 13.10-17), ambas acciones evitadas por los rabinos exageradamente escrupulosos. Pero eso no fue todo... Luego, la mayor bofetada en el rostro de los fariseos vino cuando Jesús la llamó «hija de Abraham». Jamás una mujer había sido llamada hija de Abraham. Solo los hombres eran llamados hijos de Abraham.

Jesús también sanó a la suegra de Pedro de fiebre en día de reposo, inmediatamente después de haber sanado en la sinagoga al hombre con un espíritu inmundo (véase Marcos 1.23-31). De nuevo, al tomarla de la mano, rompió con los precedentes. Ningún rabino habría tomado jamás la mano de una mujer mientras no se ocultara el sol el día sábado.

Mujeres como discípulos

Es ampliamente conocido que Jesús incluyó a mujeres en su equipo viajero. Esto debió de haber parecido absolutamente escandaloso.

> Aconteció después, que Jesús iba por todas las ciudades y aldeas, predicando y anunciando el evangelio del Reino de Dios, y los doce con Él, y algunas mujeres que habían sido sanadas de espíritus malos y de enfermedades: María, que se llamaba Magdalena, de la que habían salido siete demonios, Juana, mujer de Chuza, intendente de Herodes, y Susana, y otras muchas que le servían de sus bienes (Lucas 8.1-3).

A menudo se ha dicho que Jesús escogió a doce discípulos hombres para sentar un precedente en favor de solo hombres en el ministerio. Sin embargo, debemos recordar que Jesús vino a los judíos, un pueblo tremendamente patriarcal. Los creyentes judíos habrían de constituir su puente hacia el mundo. Imponer el enrejado de una cultura judía del primer siglo a todos los futuros cristianos no solo habría definido a quienes habrían de ser discípulos, sino que también habría puestos límites artificiales a la misión mundial de Jesús a los gentiles. Jesús comenzó con doce hombres, pero por Lucas 8 vemos que su equipo ministerial se había ampliado notoriamente. En realidad, no resulta muy difícil creer que según Lucas 10, algunos de los Setenta eran también mujeres. Y en Hechos 1.13, 14 se nos dice explícitamente que había mujeres incluidas en la compañía de ciento veinte esperando Pentecostés en el Aposento Alto.

En el equipo viajero de Lucas 8 había otras mujeres entre sus discípulos. ¿Recuerdas la historia de María y Marta? Marta estaba preocupada por la comida y María quería sentarse a los pies de Jesús y aprender de Él. Según Witherington, «el uso de la frase "sentarse a los pies de" es importante porque evidentemente muestra que esta es una fórmula técnica que quiere decir "ser discípulo de"».[13]

Manifiestamente en aquellos días no se sabía de rabinos que fueran a la casa de una mujer a específicamente enseñarle. La conducta de Jesús de permanecer en la casa de aquellas dos mujeres solas bien pudo haber sido criticado por los otros rabinos.

Witherington sigue diciendo: «Como en el caso de la relación de Jesús con su madre María, de nuevo vemos un reconocimiento de las prioridades tradicionales a la luz de los requerimientos del Reino. La actitud de servicio de Marta no se denigra, pero no es lo principal. Uno debe reorientar su estilo de vida según lo que Jesús dice que es la "buena parte"».[14]

13. Judy L. Brown, *Women Ministers* [Ministras mujeres], Morris Publishing, Kearney, NE, 1996, p. 133.
14. *Ibid.*, p. 102.

Pablo, las mujeres y la familia

Pablo siguió el ejemplo de Jesús en revolucionar el pensamiento de su día respecto de la familia. Él basó sus instrucciones respecto de honrar madre y padre (véase Efesios 6.2) en el quinto mandamiento (véase Éxodo 20.12). Pero según lo que sabemos de su teología, él no se esclavizó siguiendo la tradición rabínica.

En los tiempos de Roma, las familias eran gobernadas por un entendimiento común de «ética familiar». Este entendimiento común fue la base para el impuesto romano y los códigos legales. El impuesto y los códigos legales hacían claro que el hombre era el jefe indiscutible de la casa. De igual forma, la *mishnah* o tradición judía también ponía a la mujer en una posición subordinada y sumisa, como lo señalé al comienzo de este capítulo.

En el libro de Efesios, Pablo nos da la «ética familiar» o reglas de orden para el hogar cristiano. Lo que él escribió bajo la inspiración del Espíritu Santo fortaleció los fundamentos de la sociedad con el poder transformador del evangelio. Cuando Pablo escribe sobre la sumisión de la esposa, lo hace en el contexto de la sumisión mutua bajo Cristo (véase Efesios 5.21,22). La esposa y el esposo están totalmente incluidos en el Cuerpo de Cristo. (Véase vv. 23, 24).

El poder de la Cruz derriba los muros de división y trae dignidad a los hombres, mujeres y niños... Dios ama por igual a todos sus hijos sin que importe edad, género o raza.

Para que la esposa pueda respetar al esposo, se le instruye para que ame a su esposa (véase v. 33). Su respeto hacia él debe ser el fruto del amor de él por ella.[15]

Cuando escribe estas palabras, Pablo redefine completamente la relación marital. La teología de Pablo compromete el tejido mismo de la sociedad, canalizando todos los protocolos culturales establecidos, redefiniendo el sistema de valores humanos y transformando las relaciones interpersonales.[16]

El poder de la cruz derriba los muros de división y trae dignidad a los hombres, mujeres y niños. Aquí no hay tratamiento preferencial. Dios ama por igual a todos sus hijos sin que importe edad, género o raza. Las buenas noticias de Jesucristo trajeron una reforma cultural que continúa redefiniendo nuestro entendimiento.

Actitudes de los líderes de la iglesia primitiva hacia la mujer

Me ha dejado asombrada saber que algunos padres de la iglesia primitiva tenían una actitud muy negativa hacia las mujeres. Las siguientes citas son algunos ejemplos:

«Por su desobediencia, ella fue la causa de muerte, tanto de ella misma como de toda la raza humana» (Ireneo, obispo de Lyon, año 177 d.C.).[17]

«¿Usted no sabe que usted es una Eva? El veredicto de Dios sobre el sexo sigue siendo bueno, y la culpa del sexo sigue siéndolo también. USTED ES LA PUERTA DEL DIABLO,

---

15. Citado por David Joel Hamilton en «*I Commend to You Our Sister*» (Les encomiendo a nuestra hermana), tesis de maestría, 1981, p. 132.
16. Ibid., p. 134.
17. Katherine Bushnell, *God's Word to Women* [Palabras de Dios a las mujeres], párrafo 88.

la avenida hacia el árbol prohibido» (Tertuliano de Cartago, algunos años más tarde).[18]

¡Lo triste sobre la afirmación de Tertuliano es que lo que dice no es ni siquiera bíblico! Por ejemplo, 1 Corintios 15.22 dice que «en Adán todos mueren», y que «Adán no fue engañado» (1 Timoteo 2.14).

Aun reformadores como Martín Lutero tuvieron una propensión contra la mujer. Él dijo en una ocasión: «No hay peor cosa que le pueda ocurrir a una mujer que llegar a ser sabia».[19]

Traducción bíblica

Bushnell cree que los traductores de la Biblia al idioma inglés fueron grandemente influenciados por el pensamiento talmúdico babilonio. El fenómeno se habría producido así: Por varias centurias, el Talmud babilonio existió como instrucciones orales pero fue reducido a escritura y publicado en Babilonia alrededor del año 800 d.C.[20]

Por los años de 1530, un monje dominico italiano llamado Pagnino tradujo la Biblia hebrea basado en la interpretación rabínica de ciertos pasajes clave relacionados con la mujer. La *Biographie Universelle* cita la siguiente crítica a su trabajo en el idioma de Richard Simon: «Pagnino descuida demasiado las antiguas versiones de la Escritura para adherir a las enseñanzas de los rabinos».[21]

Bushnell muestra entonces que más tarde las traducciones de la Biblia al inglés, tales como las de Coverdale y Tyndale dependieron de varias de las traducciones de Pagnino.

Una excelente cita sintetiza una de mis filosofías de vida al tratar de estudiar este tema: «Interpreta tu Biblia por lo que la Biblia dice, y no por lo que los hombres dicen que dice».[22] Todos nosotros,

18. *Ibid.*, párrafo 88.
19. *Ibid.*, párrafo 619.
20. *Ibid.*, Bushnell, véase diagrama después del párrafo 128.
21. *Ibid.*, párrafo 142.
22. *Ibid.*, párrafo 20.

incluyéndome por supuesto, tenemos algunas propensiones. Lo difícil es dejarlas de lado y tratar de oír lo que el Señor dice en su Palabra.

El impacto de la reforma de Jesús en los tiempos modernos

El estudiar el impacto de la reforma cultural de Jesús, ha sido tanto fascinante como -debo admitirlo- triste. Primero, me emocioné al estudiar la historia de los avivamientos cuando el Espíritu Santo estaba tratando de traer pensamientos como el «vino nuevo» dentro de la iglesia, pero luego me desanimé cuando vi cómo las influencias culturales inhibían lo que el Espíritu estaba haciendo.

A finales del siglo pasado, tuvo lugar un importante mover de Dios en relación con las mujeres en la iglesia. Grandes reformadores oyeron al Espíritu Santo decir que era tiempo de que las mujeres tomaran una posición de avanzada en la iglesia.

Líderes tales como Alberto Benjamín Simpson (fundador de la Alianza Cristiana y Misionera) dieron a la mujer un lugar prominente en el ministerio de la iglesia y alentaron la participación y el liderazgo de las mujeres en prácticamente cada fase en la vida de la primitiva AC&M. Cuando celebró su centenario, la AC&M recordó orgullosamente que «especialmente en los primeros días de la Alianza hubo un ejército de mujeres llenas del Espíritu que trabajaron como evangelistas y maestras de Biblia con gran efectividad. Simpson incluyó a mujeres en el comité ejecutivo, las contrató como profesoras de Biblia y respaldó a mujeres evangelistas tanto como directoras de áreas (en la naciente AC&M equivalente a un ministro local). En 1887, la mitad de todos los vicepresidentes de la AC&M eran mujeres.[23]

En su constitución original, la Iglesia Evangélica Libre consideraba a mujeres predicadoras. Charles Finney permitió a las mujeres

23. Janette Hassey, *No Time for Silence* [No hay tiempo para el silencio], Academie Books, Grand Rapids, MI, 1986, p. 16.

hablar en su iglesia presbiteriana a audiencias mixtas. El Dr. A. J. Gordon publicó en 1894 su más importante tratado sobre la mujer. El *Gordon Bible College* preparó a mujeres para responder a cualquier llamado del Espíritu. Durante los *últimos veinticuatro años de su vida, Gordon pastoreó la Clarendon Street Baptist Church* de Boston. Más tarde, y después de ser ordenada en 1914 una mujer graduada del *Gordon Bible College* fue pastor asistente de la Iglesia Congregacional Stoughton. William Bell Riley pastoreó durante cuarenta y cinco años la Primera Iglesia Bautista de Minneapolis, una de las más grandes de la Convención Bautista del Norte. Como Gordon, él abogó por el trabajo evangelístico, pastoral y de predicación de la *mujer*.[24]

Al estudiar a varias denominaciones he notado que cuando eran sencillamente un «mover de Dios» y el Espíritu Santo derramaba sobre ellas su poder, nadie parecía objetar que las mujeres predicaran. Más tarde, cuando cayeron en la rutina, se institucionalizaron y dieron consistencia a sus estructuras de gobierno, las mujeres quedaron excluidas. (¡Me pregunto hasta dónde también quedó excluido el Espíritu Santo!)

Un estudio del Instituto Bíblico Moody muestra que bajo Dwight L. Moody las mujeres abiertamente sirvieron como pastores, evangelistas, suplieron predicadores de púlpito, maestras de Biblia e incluso en el ministerio ordenado. La publicación oficial de la escuela, *Moody Monthly* tiene a Lottie Osborn Sheidler como la primera mujer en graduarse en el Curso Pastoral en agosto de 1929. Sin embargo, el 1 de agosto de 1979, la administración del IBM publicó la siguiente declaración sobre el papel de la mujer en el ministerio público:

Nuestra política ha sido y es que no respaldamos ni alentamos la ordenación de mujeres ni admitimos mujeres en nuestro programa principal de Preparación Pastoral ... Aunque en la primitiva iglesia hubo mujeres que ejercieron

24. *Ibid.,*

sus dones espirituales, no desempeñaron cargos de autoridad en el gobierno de la iglesia.[25]

A la luz del hecho que su fundador, el Dr. D.L. Moody, alentó a Francis Villard a predicar abierta y públicamente de temperancia, sufragio y el evangelio, esta política es bastante triste.[26]

En 1873, los metodistas libres empezaron a licenciar mujeres como predicadoras locales. Y el escritor B. T. Roberts escribió en favor de la ordenación de mujeres. La iglesia Metodista Wesleyana, fundada en 1842 promovió la igualdad para las mujeres y los negros. En el año 1853, durante la ordenación de la congregacionalista Antoinette L. Brown, la primera mujer ordenada plenamente en los Estados Unidos, el ministro wesleyano Luther Lee pronunció el sermón «El derecho de las mujeres de predicar el evangelio».[27]

Las iglesias bautistas, tanto del norte como del sur tuvieron actitudes diferentes hacia las ministras mujeres; sin embargo, la cultura del sur reflejó un clima mucho más restrictivo hacia la mujer predicadora que la cultura del norte. En el norte, mujeres predicaron entre los Bautistas Libres, los Bautistas del Séptimo Día, los Bautistas Suecos, los Bautistas Alemanes y las Iglesias de los Hermanos Bautistas Alemanes. Cuando en 1883 la iglesia de los Hermanos Bautistas Alemanes se dividió, Mary Melinda Sterling llegó a ser la primera mujer ordenada en la iglesia de los Hermanos. Los Bautistas del Sur restringieron arrogantemente el rol público de las mujeres a cantar en el coro así como el de dar testimonio público. En completo contraste, durante el primer cuarto del siglo veinte, las iglesias bautistas americanas en el norte ordenaron docenas de mujeres.[28]

En el día de hoy, algunas iglesias bautistas del sur tienen mujeres ordenadas. Una de mis compañeras de oración es una

25. *Ibid.*, p. 31.
26. *Ibid.*, p. 33
27. *Ibid.*, p. 53.
28. *Ibid.*, pp. 61-62.

pastora ordenada. Debido a que las iglesias bautistas del sur son autónomas en cuanto a tales decisiones, algunas han ordenado mujeres aun cuando la práctica no es alentada por la denominación.

A finales del siglo pasado, las mujeres trabajaban en agencias paraeclesiásticas tales como la Asociación Cristiana de Mujeres (YWCA, por sus siglas en inglés, nota del traductor). Otras denominaciones tales como los Cuáqueros, los Nazarenos y el Ejército de Salvación fueron pioneras en la ordenación de mujeres al ministerio. Es irónico que hubo una mayor libertad para las mujeres en algunas denominaciones hace un siglo atrás que la que vemos hoy día. ¿Por qué?

Parte de la explicación podría ser un retroceso al conservadurismo contra el cambio de los valores sociales.[29] John R. Rice, un fundamentalista separatista escribió libros contra el pelo corto, las esposas autoritarias y las mujeres predicadoras, poniendo estos tres asuntos en un solo grupo ominoso.

Otro factor ha sido el surgimiento del feminismo en su estado más agresivo y anti-hombres. Cualquier mujer que predica, aun si asumiera una posición contraria a los errores del feminismo extremista, corre el riesgo de ser etiquetada como una «feminista apasionada». En realidad, el movimiento feminista original en los Estados Unidos en pro del derecho de las mujeres al voto surgió de una inspiración del Espíritu Santo para proteger el hogar. Yo creo que en el día de hoy, Dios está llamando a muchas mujeres para que sean pioneras en orar y hablar contra las injusticias, a fin de proteger sus hogares en forma muy parecida a como Frances Willard y otras de las primeras feministas lo hicieron.

El movimiento pentecostal, que empezó a finales del siglo pasado, reconoció la unción del Espíritu Santo sobre las vidas de las mujeres. En la predominantemente negra Misión de la Calle Azusa, lo que contaba era el carisma, o la unción. La raza, el género o la clase social no importaban. Las reuniones eran dirigidas por aquellas personas a quienes el Espíritu Santo llamaba. El movimiento fue

29. *Ibid.*, p. 137.

dirigido por la clase profética, más que por la clase sacerdotal. Escuchemos a Bartleman, un testigo ocular del avivamiento:

> No teníamos ni papa ni jerarquía... no teníamos programa humano; el Señor mismo es el que dirige. No teníamos clase sacerdotal... Estas cosas habrían de venir más tarde, con la apostolización del movimiento. No honrábamos a hombres por su ventaja en cuanto a medios o educación sino por los dones que le había dado Dios. El Señor era responsable de revelarse a través de cualquiera. Algunos finalmente habrían de recibir la unción para el mensaje. Todos parecían reconocer esto y lo demostraban. Podía ser un niño, una mujer o un hombre. No había diferencia.[30]

Esto me hace recordar lo que dijo mi esposo Mike durante la entrevista que le hicieron en la revista Carisma sobre por qué él creía que yo había sido llamada a predicar el evangelio. Dijo que era Dios el que llamaba y quien daba el ungimiento. Su respuesta estaba basada en una comprensión de la función de la clase profética a la cual se refiere Bartleman.

Según un artículo en *Evangel*, el periódico del Avivamiento de la Calle Azusa, publicado en 1916:

> Un rasgo notable del derramamiento de estos «últimos días» es el apostolado de las mujeres. Hipócritamente, los hombres han vetado a las mujeres, haciéndose ellos mismos indispensables en el trabajo del púlpito, pero gracias a Dios,

---

30. Charles H. Ratfoot y Gerald T. Sheppard, «Review of Religious Research Prophetic Versus Priestly Religion: The Changing Role of Women Clergy in Classical Pentecostal Churches» (Repaso de las investigaciones religiosas proféticas versus la religión sacerdotal: El papel cambiante de las ministras mujeres en las iglesias pentecostales clásicas), *Review of Religious Research* (Revistas de investigaciones religiosas), 22, no. 1 (Septiembre de 1980), 9.

el único indispensable en el púlpito es Dios mismo. Ellas no se empujaron a ellas mismas hasta la primera línea. Fue Dios que las puso allí. Ellas no se tomaron el ministerio por ellas mismas. Fue Dios quien se los dio.[31]

Tristemente, en los veintinueve años siguientes habría de librarse una gran lucha durante los cuales las posibilidades de trabajo de la mujer en la iglesia fueron añadidas y luego quitadas. Las mujeres no estaban solas en este tratamiento. La barrera del color que una vez había sido declarada eliminada por el Avivamiento de la Calle Azusa, emergió de nuevo. Para mí ha sido muy claro que cuando se ha permitido al espíritu de prejuicio que se alce en la Iglesia, las mujeres y las minorías han sido el blanco para atacar.

El cambio del rol profético al rol sacerdotal en el ministerio cobró el ministerio de muchas líderes mujeres. Una de las más distinguidas fue Aimee Semple McPherson que fue ordenada en las Asambleas de Dios para un ministerio de tres años. En 1927, Aimee dejó las Asambleas de Dios para formar la Iglesia Internacional del Evangelio Cuadrangular, parcialmente debido a la falta de consenso que había en las Asambleas respecto del ministerio de las mujeres. En una de las conferencias que dio en las clases que dirigía, probablemente a finales de 1930, afirmó lo siguiente:

Se me ha dicho que esta (la Iglesia Cuadrangular) es la única iglesia que está ordenando predicadoras mujeres. Hasta donde llega mi conocimiento, las Asambleas de Dios no están ordenando mujeres ... La Cuadrangular es la única obra que da tal reconocimiento a las predicadoras mujeres, tanto como a los hombres. Incluso la obra pentecostal, en algunos casos, ha dicho: «No predicadoras mujeres». Pero yo estoy abriendo la puerta, y mientras la hermana McPherson

31. *Ibid.*, p. 9.

esté viva, va a mantener la puerta abierta y diciendo: «¡Mujeres, adelante!»[32]

Incluso cuando la posición oficial de las Asambleas de Dios hoy día es pro-mujeres en el ministerio, como lo afirmé antes, el número de mujeres como pastores principales todavía es relativamente pequeño en comparación con los hombres. Sin embargo, la hermana McPherson estaría orgullosa de saber que los cuadrangulares todavía conservan el liderazgo en cuanto a ministras mujeres ordenadas.

A principios de siglo Dios quiso derramar de su Espíritu así como lo había hecho en el siglo pasado. El Espíritu de Dios está declarando a la iglesia que Dios quiere que seamos una clase profética de personas que anhelemos un nuevo Pentecostés. Dios está deseando derramar de su Espíritu tanto a sus hijos como a sus hijas.

Yo tengo un deseo ardiente en mi corazón que no ha disminuido en absoluto en este tiempo y es que un derramamiento caerá sobre toda la Iglesia, en hombres y mujeres, el cual nos llevará a un nuevo lugar en Dios, un lugar que todavía no hemos conocido, donde hombres y mujeres formando un equipo pondrán las plantas de sus pies sobre suelo retenido por Satanás durante siglos para predicar las buenas nuevas de que Él vive.

El salmo 68.11 es un mensaje profético para el gran ejército de mujeres que se está levantando en la tierra. «El Señor daba palabra [de poder]; las mujeres que llevan y publican [las noticias] son un gran ejército».

Según el doctor Gary Greig, este pasaje e Isaías 40.9, 10 se refiere a Dios levantando en los últimos días un ejército de mujeres evangelistas, ya que ambos se refieren al Señor apareciendo en gloria para traer juicio sobre la tierra y restaurar a su pueblo en la tierra de Israel. En ambos pasajes, el verbo está en la forma femenina, no en la usual forma masculina de los verbos en cuestión.

Greig sigue diciendo lo siguiente sobre Isaías 40.9,10:

32. *Ibid.*, p. 15.

La traducción literal con las formas verbales femeninas en mayúsculas es: Sobre un monte alto SÚBETE (forma femenina singular del imperativo del verbo «subir») UNA QUE PROCLAMA BUENAS NUEVAS [a] Sión (literalmente, «evangelista femenina de Sión» usando la forma femenina singular del participio que quiere decir «uno que proclama buenas nuevas» o «evangelista» o «heraldo» derivado del verbo «anunciar buenas nuevas, proclamar buenas nuevas, ser heraldo de buenas nuevas».) DICE (imperativo singular femenino) a las ciudades de Judá: «¡He aquí tu Dios!»

Veamos. El Señor Jehová viene, y su brazo fuerte (una referencia tomada del Éxodo al poder de Dios obrando señales y prodigios) gobierna para Él. Su recompensa está con Él y su paga va delante de Él.

¡Qué poderosa afirmación para los tiempos finales! Lo increíble es que estos pasajes acerca del Espíritu levantando evangelistas mujeres han estado ahí todo el tiempo, quizás ocultos para esta época y hora, cuando Dios está llamando a las mujeres para que tomen una posición de vanguardia en predicar y profetizar sobre ciudades... ¡Ciudades, he aquí vuestro Dios! El versículo 10 sigue diciendo que en los tiempos finales Dios vendrá haciendo señales y prodigios a través de este ejército de mujeres.

Dios está diciendo a los profetas en todo el mundo que viene un ejército de mujeres que serán evangelistas a sus ciudades y que realizarán poderosas señales y maravillas.

Los evangelios terminan con una de las historias más grandes y hermosas jamás contada acerca de una mujer (véase Juan 20.1,2,11-18); una mujer que vino a la tumba a hacer lo que las mujeres hacían por los muertos... ungirlos para su sepultura. Ese día, María Magdalena fue al lugar donde habían puesto el cuerpo de su Maestro. Sin embargo, para su sorpresa, se encontró con que Él no estaba allí.

De repente, alguien la llamó por su nombre. Era Jesús. La Escritura nos dice que Jesús se detuvo en su camino al cielo para consolar a María y decirle que Él estaba (está) vivo. ¿Te has preguntado alguna vez por qué Él escogió a María Magdalena? Yo creo que fue porque los hombres se habrían vuelto todos a sus anteriores respetables profesiones, pero ella, una ex prostituta, no tenía adonde volver. Para ella, Jesús era el único camino.

Él tiene que haber sabido esto y en su inmenso amor hizo un alto, solo para ella, la mujer de menos valor a los ojos de toda la sociedad, para darle un mensaje... *¡Anda, y diles que estoy vivo!*

Yo creo que es el mensaje que Dios está dando a las mujeres hoy día. Él también está diciendo a los hombres y mujeres que se unan como equipos de trabajo. Quizás tú no te sientes capaz; quizás te sientes como la última persona que Dios pudiera escoger para dar su Palabra; pero ten en cuenta una cosa: Él no es como los otros. Él no mira las cosas externas como lo hacen ellos. Lo único que Él demanda de ti es que dobles tus rodillas ante el Rey de la Gloria y le des a Él todo lo que tú eres. Y Él te llenará con todo lo de Él. Y entonces podrás correr por las calles, e ir a tus vecinos, y a la gente en el supermercado y en las tiendas y proclamar con todo tu corazón: *Vengan a ver a un hombre que me ha dicho todo lo que yo he hecho y aun me ama...* ¡VAYAN! ¡Vayan! Hombres, mujeres o niños. Él está llamando a todos hoy. Vayan y díganles...¡Él vive!

Apéndices

Apéndice A

Clinton: Género y liderazgo

Artículo de A. J. Gordon sobre las mujeres en el ministerio

Comentario: Incluyo el siguiente artículo en este libro por varias razones:

1. A. J. Gordon fue un importante pastor bautista con una gran visión misionera que a principios de los años de 1880 y 1990 abogó por el ministerio de las mujeres. Hoy algunas personas piensan en forma errónea que el ministerio de las mujeres es influido poderosamente por el movimiento de liberación de la mujer y, por lo tanto, lo descalifican de hablar imparcialmente sobre el tema.

2. Gordon se adhiere fuertemente al principio de interpretar los pasajes y confusos a la luz de los pasajes claros y no al revés. Usa lo que en su mente (y en la mía) son pasajes normativos para establecer los estándares.

3. Este artículo muestra la dificultad de los pasajes bajo interpretación. Exégetas piadosos han continuado bregando con esos pasajes. Mi observación general, por lo tanto, es que no es sabio tratar de extraer una doctrina importante de un pasaje sobre el cual tantos ilustrados exégetas difieren.

4. El tono y el espíritu con que Gordon examina estos asuntos es sabio y humilde.

5. Él muestra cómo los prejuicios de los hombres realmente influyen la traducción de las Escrituras, las cuales a su vez influyen los puntos de vista de las personas.

6. A. J. Gordon fue mi mentor histórico por dos años y ha tenido un tremendo impacto en mi vida. Le rindo mi reconocimiento al recordarlo de esta manera.

El ministerio de la mujer

Por Dr. A. J. Gordon

Diciembre de 1894
Introducción al artículo

Escribo este artículo motivado por la siguiente experiencia: En una reciente convención de verano una joven misionera tuvo que dar, en una de las sesiones plenarias, un informe sobre su trabajo. Los escrúpulos de ciertos delegados contra la idea que una mujer dirigiera la palabra a una asamblea mixta fueron, sin embargo, tan fuertes que a la dama la sacaron del programa y toda participación pública durante la conferencia fue reservada solo a los delegados varones.

La consciente observación de la supuesta prohibición de Pablo a que las mujeres hablen en la iglesia merece nuestro máximo respeto. Sin embargo, con el considerable conocimiento de la naturaleza y alcance del trabajo de la mujer en el campo misionero, el escritor ha sentido por un tiempo que es de suma importancia que el trabajo, en la forma en que se está haciendo, debería ser justificado por la Escritura o, si tal cosa fuere posible, modificado para que quede en armonía perfecta con las demandas de la Palabra de Dios. Porque aunque es cierto que muchos cristianos creen que a las mujeres les está prohibido predicar públicamente el Evangelio, sea en su propio país o en el extranjero, es verdad que muchas mujeres misioneras al presente están haciendo, precisamente eso. Están proclamando públicamente y de casa en casa las buenas nuevas de salvación tanto a hombres como a mujeres, a pequeños grupos reunidos en la calle, o a grupos grandes reunidos en los zayats. No estoy diciendo que la mayoría de las mujeres misioneras estén involucradas en esta clase de trabajo, pero que sí hay muchas que lo hacen, y lo hacen con la aprobación de las juntas bajo las cuales están sirviendo. Si alguien quisiera esgrimir la objeción técnica que debido a su carácter informal y coloquial esto no es predicación, podemos afirmar que se acerca mucho más a la idea de la predicación según la Gran Comisión que a la lectura de disquisiciones teológicas desde el púlpito un domingo por la mañana, o al análisis de algún asunto ético o sociológico ante una audiencia popular un domingo por la noche.

Pero el propósito de este artículo no es condenar el ministerio de las mujeres misioneras descrito arriba o sugerir su modificación, sino más bien justificar y vindicar tanto su propiedad y autoridad mediante un examen crítico de la Escritura sobre el tema.

El artículo
El ministerio de la mujer

Para poder entender adecuadamente este asunto, es necesario que recordemos que estamos viviendo en la dispensación del Espíritu, una dispensación que difiere radicalmente de la dispensación de la ley que precedió a esta. Así como el día de Pentecostés dio a luz esta nueva era, así la profecía de Joel, la que Pedro trajo a colación en aquel día, bosquejó sus características principales. Consideremos brevemente esta profecía:

> Y en los postreros días, dice Dios,
> Derramaré de mi Espíritu sobre toda carne,
> Y vuestros hijos y vuestras hijas profetizarán;
> Vuestros jóvenes verán visiones,
> Y vuestros ancianos soñarán sueños;
> Y de cierto sobre mis siervos y sobre mis siervas
> en aquellos días
> Derramaré de mi Espíritu y profetizarán.
>
> Y daré prodigios arriba en el cielo,
> Y señales abajo en la tierra

Sangre y fuego y vapor de humo;
El sol se convertirá en tinieblas,
Y la luna en sangre,
Antes que venga el día del Señor,
Grande y manifiesto,
Y todo aquel que invocare el nombre del Señor,
será salvo (Hechos 2.17-21).

Observamos aquí cuatro clases que tendrán idénticos privilegios bajo el derramamiento del Espíritu:

1. Judíos y gentiles: «Toda carne» parece ser equivalente a «todo aquel que» o «quienquiera que sea», nombrado en el versículo 21. Pablo expone esta frase como refiriéndose a judíos y gentiles (Romanos 10.12-13): «Porque no hay diferencia entre judío y griego... Porque todo aquel que invocare el nombre del Señor será salvo».
2. Varón y mujer: «Y vuestros hijos y vuestras hijas profetizarán».
3. Viejos y jóvenes: «Vuestros jóvenes verán visiones, y vuestros ancianos soñarán sueños».
4. Siervos y siervas: «Y de cierto sobre mis siervos y sobre mis siervas en aquellos días derramaré de mi Espíritu y profetizarán».

Evidentemente, estas clases no se mencionan sin una intención y una importancia definidas; ya que Pablo, al referirse al gran bautismo a través del cual entró la Iglesia del Nuevo Pacto, dice: «Porque por un solo Espíritu fuimos todos bautizados en un cuerpo, sean judíos o griegos, sean esclavos o libres» (1 Corintios 12.13). Aquí él enumera dos clases que se mencionan en la profecía de Joel; y en otro pasaje él menciona tres: «Porque todos los que habéis sido bautizados en Cristo, de Cristo estáis revestidos. Ya no hay judío ni griego; no hay esclavo ni libre; no hay varón ni mujer; porque todos vosotros sois uno en Cristo Jesús» (Gálatas 3.27-28).

A menudo oímos la frase, «no hay varón ni mujer», citada como si fuera una figura retórica; pero insistimos que la inferencia es que si los gentiles alcanzaron mayores privilegios bajo la gracia que bajo la ley, así ocurrió con la mujer, porque ambos están en la misma categoría.

Aquí, entonces, empezamos nuestro análisis. Esta profecía de Joel, hecha realidad en Pentecostés, es la Carta Magna de la iglesia cristiana. Da a la mujer una condición en el Espíritu hasta ahora desconocida. Y, como en la legislación civil, no puede aprobarse ninguna ley que entre en conflicto con la constitución (o Carta Magna), así en la Escritura podemos estar seguros que ningún versículo va a negar a la mujer los derechos de su elección divina en la Nueva Dispensación.

«Vuestros hijos y vuestras hijas profetizarán». Tenemos aquí una garantía de igualdad de la mujer con el hombre para anunciar el Evangelio de la gracia de Dios. Pareciera, a lo menos, por esta palabra «profecía» en el Nuevo Testamento querer decir no meramente anticipar los acontecimientos futuros, sino comunicar, bajo la Divina inspiración, las verdades religiosas en general (cita de Hackett en «Hechos», p. 49) y el espíritu de profecía habría de descansar en el futuro no sobre unos pocos favorecidos, sino sobre muchos, sin importar raza, edad o sexo. Todo lo que podemos encontrar del uso que se da a esta palabra en el Nuevo Testamento nos conduce a creer que comprende a los que testifican fielmente para Cristo, a los que bajo el impulso del Espíritu Santo comunican fervientemente el Evangelio, que se encontró en la iglesia primitiva y se encuentra igualmente entre los fieles hoy día.

Algunos, indudablemente, previendo adonde podría conducir la aceptación de algo así, han insistido en limitar a su más alto significado, la predicción inspirada o revelación milagrosa, la palabra «profetizar», y han afirmado que la era de los milagros ha cesado; por lo tanto, la profecía de Joel no puede citarse como autoridad para el testimonio público de las mujeres en el día de hoy.

Esta forma de razonamiento se ha usado repetidamente en similares exigencias de interpretación, pero no ha probado ser satisfactorio. Cuando William Carey puso su dedo sobre las palabras: «Id por todo el mundo y predicad el evangelio a toda criatura», y preguntó si este mandamiento no seguía siendo una exigencia para la Iglesia, sus hermanos le respondieron: «¡No! La gran comisión fue acompañada por el milagroso don de lenguas, pero este milagro ha cesado en la Iglesia, y por lo tanto no podemos esperar que siga ocurriendo a menos que Dios envíe otro Pentecostés». Pero Carey se mantuvo firme en la creencia que el poder del Espíritu era indispensable para seguir dependiendo de Él, como en el principio, para llevar adelante la Gran Comisión; y un siglo de misiones ha dado fe de lo correcto de este juicio. Cuando en los años pasados algunos cristianos reflexivos han preguntado si la promesa de que «la oración de fe salvará al enfermo» no sigue vigente, los teólogos les han contestado: «No. Esto se refiere a una sanidad milagrosa; y la era de los milagros terminó con los apóstoles». Y ahora se dice que la «profecía» pertenece a la misma categoría de dones milagrosos que dejaron de existir con los apóstoles. Les incumbe a quienes defienden este punto presentar alguna evidencia de su apego a la Escritura, lo cual después de repetidos retos, no han podido hacer, ni podrán. Nuestra más grande objeción a la teoría es que no puede reconocer la presencia perpetua del Espíritu Santo en la Iglesia, una presencia que implica la igual perpetuidad de sus dones y gracias.

Ahora, si nos volvemos a la historia de la iglesia primitiva, encontraremos que la práctica corresponde a la profecía. En el caso de la familia de Felipe, leemos: «Este tenía cuatro hijas doncellas que profetizaban» (Hechos 21.9); y en conexión con la iglesia en Corinto, leemos: «Pero toda mujer que ora o profetiza con la cabeza descubierta» (1 Corintios 11.5), pasaje al que volveremos a ver más adelante, solo notando felizmente que «orar» no ha sido relegado, como la profecía, a la era apostólica exclusivamente.

Habiendo tocado brevemente el lado positivo de esta cuestión, procederemos ahora a considerar la supuesta prohibición de la participación de las mujeres en las reuniones públicas de la iglesia, tal como lo encontramos en los escritos de Pablo.

Primero examinaremos el pasaje crucial de 1 Timoteo 2.8-12:

(8) Quiero, pues, que los hombres oren en todo lugar, levantando manos santas, sin ira ni contiendas. (9) Asimismo que las mujeres se atavíen de ropa decorosa, con pudor y modestia; no con peinado ostentoso, ni oro, ni perlas, ni vestidos costosos, (10) sino con buenas obras, como corresponde a mujeres que profesan piedad. (11) La mujer aprenda en silencio, con toda sujeción. (12) Porque no permito a la mujer enseñar, ni ejercer dominio sobre el hombre, sino estar en silencio.

Por lo general, este pasaje ha sido considerado quizás el más fuerte y decisivo para el silencio de la mujer en la iglesia. Sería sorprendente, por lo tanto, si se demostrara que en realidad contiene una exhortación a la ordenada y decorosa participación de la mujer en la oración pública. Sin embargo, tal es la conclusión de algunos de los mejores exégetas.

Por lo general, se está de acuerdo en que la fuerza de *boulomai*, «Quiero» del versículo ocho debe recaer sobre el nueve: *«Quiero que las mujeres» (véase a Alford). ¿Y qué es lo que el apóstol quiere de las mujeres? La palabra asimismo* proporciona una muy sugestiva pista hacia una respuesta y un obstáculo a una respuesta obvia. ¿Parecería decir que el hombre debería orar en todo lugar, y la mujer, *asimismo* permanecer en silencio? ¿Pero dónde estaría la similaridad de conducta en los dos casos? ¿O es que la supuesta similaridad estaría entre el *levantando manos santas* de los hombres y el atavío de ropa decorosa, con pudor y modestia de las mujeres? Tan improbable es cualquiera de esas dos conclusiones en el dicho del apóstol que, como Alford concede: «Crisóstomo y la mayoría de los comentaristas agregan *proseuchesthai*, "orar", para completar el sentido. Si ellos están en lo correcto al construir así el pasaje, y nosotros creemos el *hosautos*, "en manera similar" los compele a seguir esta forma, entonces el significado es incuestionable. "Quiero, pues, que los hombres oren en todo lugar, levantando manos santas, etc. Asimismo, quiero que las mujeres oren con pudor y modestia, etc."».

En una de las más profundas y claramente razonadas piezas de exégesis que conocemos, Wiesinger, el eminente comentador interpreta así este pasaje y nos parece que justifica claramente sus conclusiones. No disponemos de espacio para trasladar su argumento a estas páginas, pero podemos, en manera resumida, dar una síntesis de él, usando su propia forma de expresarlo. Él dice:

1. En las palabras «en todo lugar» debe observarse primeramente que se está hablando de oración pública y no de oración secreta.

2. El *proseuchesthai* «orar» está en el versículo 9 y está conectado *con pudor y modestia*; de manera que este requerimiento sobre la conducta de las mujeres cuando oran corresponde a la dada a los hombres en las palabras *levantando manos santas*. Este versículo, entonces, desde el principio se refiere a la oración, y lo que se dice de las mujeres en los versículos 9 y 10 debe *entenderse como que se refiere primeramente a la oración en público*.

3. En el versículo 11 la transición de *gunaikas* a *gune* indica que ahora el apóstol pasa a algo nuevo: la relación de la mujer casada con su marido. Ella debe mantenerse en silencio en lugar de atraer la atención hacia ella cuando aparece en público; aprender en lugar de enseñar; estar en sujeción en lugar de en autoridad.

En pocas palabra, nuestro comentador no encuentra evidencia en este pasaje para que a las mujeres se les prohíba orar en asambleas públicas de la iglesia; al razonar desde el versículo doce a los anteriores, él considera que pudo habérseles prohibido enseñar públicamente. Este último punto lo consideraremos más adelante.

Por la similitud del pasaje con otro que vamos a considerar ahora, la interpretación dada tiene una fuerte factibilidad a su favor:

> Todo varón que ora o profetiza con la cabeza cubierta, afrenta su cabeza. Pero toda mujer que ora o profetiza con la cabeza descubierta, afrenta su cabeza (1 Corintios 11.4, 5).

Por consenso entendemos que la referencia aquí es a la adoración pública; y primero se indica la forma decorosa en que el hombre debe tomar parte en la adoración. En seguida se hace referencia a la mujer. «Toda mujer que ora o profetiza». El breve comentario de Bengel: *Por lo tanto las mujeres no están excluidas de estas tareas* es natural y razonable.

Es difícil de creer, por el otro lado, que el apóstol se haya querido dar el trabajo de podar una costumbre que él deseaba desarraigar, o que haya gastado sus energías en condenar un *método* prohibido haciendo a la vez algo prohibido. Este pasaje es extraordinariamente parecido al que acabamos de considerar, en que habiendo prescrito la manera correcta de hacer una cosa, primero al hombre y luego a la mujer, luego se le permita hacerlo a una de las partes y se prohíba hacerla a la otra. Si el «asimismo» ha probado ser un estorbo para los comentaristas que afirman que 1 Timoteo 3.9 no calla a las mujeres, la diferencia notada en este versículo no es menos difícil de explicar para aquellos que piensan que a las mujeres se les prohíbe participar en adoración pública. Como el primer pasaje ha mostrado aprobar la oración en público de las mujeres, este otro no es menos fuerte en señalar su hábito tanto de orar como de profetizar en público.

Vamos a dedicar ahora nuestra atención al único pasaje que queda y que ha sido usado en favor de que las mujeres guarden silencio. Me refiero a 1 Corintios 14.34,35:

> Vuestras mujeres callen en las congregaciones; porque no les es permitido hablar, sino que estén sujetas, como

también la ley lo dice. Y si quieren aprender algo, pregunten en casa a sus maridos; porque es indecoroso que una mujer hable en la congregación.

Si queremos entender correctamente la enseñanza del apóstol, aquí nuevamente debería estudiarse el asunto de la conducta de la mujer en la iglesia en relación con la del hombre. Observemos, entonces, que el llamado al silencio aparece tres veces en este capítulo a través del uso de la misma palabra griega *sigao*: dos veces relacionada con los hombres y una con las mujeres, y que en cada caso la orden de silencio es condicional, no absoluta.

Calle en la iglesia (versículo 28) se dice a alguien que esté hablando en lenguas aunque con la condición de que «no haya alguien que interprete». *Calle el primero* (versículo 30) se refiere a los profetas cuando haya *dos o tres que estén listos para hablar* (versículo 29). La condición aquí es que «algo le fuere revelado a otro que estuviere sentado».

Vuestras mujeres callen en las congregaciones se dice de nuevo, pero es evidentemente sobre la condición de que interrumpan el servicio con sus preguntas, ya que se agrega, «porque no les es permitido hablar... y si quieren aprender algo, pregunten en casa a sus maridos». Esta última cláusula claramente señala que la instrucción no tiene nada que ver con el orar o profetizar sino que demuestra, y todo el capítulo lo indica, que el apóstol está atacando varias formas de desorden y confusión en la iglesia y no que esté limitando el uso decoroso de los dones espirituales por parte tanto de hombres como de mujeres. Si le está prohibido a la mujer orar o profetizar en público como afirman algunos, ¿qué podría ser más irrelevante y sin sentido que su orden concerniente al caso: «Y si quieren aprender algo, pregunten en casa a sus maridos»?

Con el paso del tiempo hemos podido insistir razonablemente que si queremos encontrar el sentido correcto de éste y los pasajes anteriores, debemos examinarlos a la luz de toda la enseñanza del Nuevo Testamento: la enseñanza de profecía, la enseñanza de práctica, y la enseñanza de la historia contemporánea.

El doctor Jacobs, en su admirable trabajo: «La política eclesiástica del Nuevo Testamento», al considerar el tema con este método general, cándida y justamente, nos parece, resume la cuestión así: «Una cuidadosa consideración de este ministerio de los dones en los primeros tiempos del Cristianismo -aquellos tiempos de alta y santificada libertad espiritual- expone y justifica la costumbre en ese tiempo de la ministración pública de las mujeres en la iglesia. El fundamento y título de este ministerio, siendo la reconocida posesión de un don, y siendo tal don repartido a mujeres tanto como a hombres, ellas y ellos podían usarlos en las asambleas cristianas. *Esto me parece bien evidente por las palabras de Pablo en 1 Corintios 11.5, donde condena resueltamente la práctica de las mujeres de orar o profetizar con la cabeza descubierta, sin expresar la más mínima objeción a esta pública ministración por parte de ellas, pero encontrando únicamente falta en lo que se consideraba un atavío indecoroso para mujeres que adoraran públicamente.* El mandato contenido en la misma epístola (1 Corintios 14.34) "vuestras mujeres callen", etc. se refiere, como lo demuestra el contexto, no a profetizar u orar en la congregación, sino a hacer comentarios y preguntas sobre las palabras de otros».

En general, podemos concluir sin ser jactanciosos, que no hay Escritura que prohíba a las mujeres orar o profetizar en las asambleas públicas de la iglesia; que, por el contrario, parece que se las exhorta a lo primero que dice el apóstol (1 Timoteo 2.9), mientras que para profetizar tienen la garantía triple de predicción inspirada (Hechos 2.7), de práctica que ya tenía precedente (Hechos 21.9) y de la provisión apostólica (1 Corintios 11.4). Véase nota al final del artículo.

En cuanto al asunto de enseñar, surge una dificultad no fácil de resolver. Si el apóstol, en sus palabras a Timoteo, prohíbe absolutamente a la mujer que enseñe y exponga las verdades espirituales, entonces viene a la mente la notable instancia de una mujer haciendo estas cosas (Hechos 18.26) con todo el párrafo el cual se refiere a las relaciones domésticas de la mujer casada, pero no a sus relaciones públicas; a la sujeción a la enseñanza de su esposo como contra el señorío dogmático sobre él. Este es el punto de vista de Canon Garratt en su excelente observación sobre el «Ministerio de la mujer». Sin embargo, ¿qué significa admitir que la prohibición es contra la enseñanza pública? Enseñar y gobernar son las funciones especiales del presbítero. El maestro y el pastor, nombrados en los dones a la Iglesia (Efesios 4.11), Alford considera que son lo mismo; y el pastor está generalmente identificado con el obispo. No hay casos en el Nuevo Testamento de mujeres nombradas como obispos o maestras. La falta de tal ejemplo nos podría conducir a no ordenar a una mujer como pastor de una congregación cristiana. Pero si el Señor ha fijado esta limitación, creemos que tiene que tener su razón, no porque ella tenga una posición menos favorable en los privilegios de gracia, sino en los impedimentos que para tal servicio existen en la naturaleza misma.

Se puede decir contra la conclusión a la que hemos llegado concerniente a la posición de la mujer que la simple lectura del Nuevo Testamento marca una impresión diferente en la mente. Esto puede tener dos razones básicas: una, los prejuicios tradicionales; y dos, una traducción poco fiel. En cuanto a este último punto, pareciera como que los traductores de nuestra versión común trabajaron, en cada lugar donde aparece esta frase, bajo la sombra imperativa de Pablo, «vuestras mujeres callen en las congregaciones».

Vamos a tomar dos ilustraciones de la lista de nombres que encontramos en esa constelación de mujeres cristianas mencionadas en Romanos 16:

«Encomiendo a ustedes a Febe nuestra hermana, la cual es una servidora de la iglesia que está en Cencrea» (trad. de la versión *King James* en inglés. Nota del traductor.). Así escribe Pablo, según la versión *King James*. Pero la misma palabra, *diakonos* traducida como servidora, se traduce como «ministro» cuando Pablo la aplica a Apolos (1 Corintios 3.5), y «diácono» cuando se refiere a otras autoridades masculinas de la iglesia (1 Timoteo 3.10, 12, 13). ¿Por qué esa discriminación en la traducción en inglés por el solo hecho de ser mujer? La palabra «servidora» es correcta para referirse al uso general no oficial del término, como en Mateo 22.11; pero si Febe era realmente una funcionaria de la iglesia, como tendríamos derecho a concluir, déjesele el honor de exponer su título. Si «Febe, una ministra de la iglesia en Cencrea» suena demasiado fuerte, translitérese la palabra para que se lea «Febe, una diácona»: una diácona, sin la insípida terminación «isa», de la cual no hay más necesidad que la que habría para «maestra - maestrisa» o «doctora - doctorisa». Esta forma «diaconisa» ha aparecido tímidamente al margen de la *Revised Version*, añadiendo así más prejuicio de inferioridad por la asociación que este término tiene con las hermandades y órdenes de la Alta Iglesia. ¡Es maravilloso cuánto hay en un nombre! «Febe, una servidora» puede sugerir a un lector desaprensivo nada más que la moderna cocinera de la iglesia, que prepara sándwiches y café para las autoridades eclesiásticas cuando tienen sus sesiones. Para Canon Garrett, con su punto de vista genial e iluminador sobre la posición de la mujer en los tiempos apostólicos, «Febe, una diácona», sugiere una colaboradora eficiente de Pablo, «realizando sus viajes misioneros y llevando a cabo otros trabajos de amor». (Nota del traductor. El articulista basa su argumentación en el punto referido a Febe en la versión *King James*, que trata a Febe como sierva o servidora. Toda vez que la versión en idioma español *Reina Valera* usa la expresión *diaconisa*, el punto de fricción se elimina en parte, quedando solo la forma femenina de *diácono*; es decir, *diaconisa*, que el autor rechaza por contener a su juicio, una carga demeritoria.)

Una vez más, leemos en el mismo capítulo de Romanos, *Saludad a Priscila y Aquila, mis colaboradores en Cristo Jesús*. Nótese el orden en que aparecen los nombres de estas dos personas: la mujer está en primer lugar, como en los demás pasajes donde se les cita (Hechos 18.18; 2 Timoteo 4.19). Pero cuando nos encontramos con ese sugestivo pasaje en Hechos 18.26, vemos que el orden ha sido alterado, y el nombre del hombre aparece primero (Nota del traductor. De nuevo, la versión Reina Valera es fiel al original, poniendo primero el nombre de Priscila y luego el de Aquila su esposa. La versión *King James* en la que se basa el autor, pone, en verdad, primero el nombre del esposo Aquila, y luego el de Priscila, su esposa. Transcribo la traducción de la versión en inglés): «Entonces comenzó a hablar resueltamente en la sinagoga. Cuando Aquila y Priscila lo oyeron, lo llevaron aparte y le explicaron el camino de Dios más exactamente». Según los mejores manuscritos, este es un error. Evidentemente, para algunos transcriptores o críticos se les presentó el dilema siguiente: «¿No dijo Pablo "Porque no permito a la mujer enseñar, ni ejercer dominio sobre el hombre"? Pero aquí encontramos a una mujer que está asumiendo el liderazgo como maestra de teología de Apolos, un eminente ministro del evangelio y estableciendo su autoridad al decirle tácitamente que no estaba cabalmente calificado para su trabajo. Esto jamás debería ocurrir: si la mujer no puede guardar silencio, a lo menos tiene que mantenerse en un nivel secundario». Y entonces, se cambió el orden y el nombre del hombre se ha mantenido primero para generaciones de lectores. La *Revised Version* ha rectificado el error y ahora aparece primero el nombre de la mujer.

¡Qué natural es esta historia, y cuán perfectamente concuerda con la subsecuente historia del cristianismo! Sin mucha dificultad podemos imaginarnos que, después de escuchar a este orador alejandrino, Priscila pudo haber dicho a su esposo: «Sí, es cierto que es elocuente y poderoso en las Escrituras, ¿pero no te parece que el no sabe nada sobre el secreto de este poder?» Y luego lo tomó aparte y empezó a instruirlo sobre el bautismo del Espíritu Santo, con el resultado que el que hasta ahora solo había sido poderoso en las Escrituras, ahora «convencía poderosamente a los judíos». Con cuánta frecuencia se ha reproducido esta escena, como en el caso de Catherine of Sienna instruyendo a los clérigos corruptos de su día en las cosas del espíritu hasta que ellos llegaron a exclamar maravillados, «Nunca hombre alguno nos ha hablado como esta mujer»; o Madame Guyon, quien por su enseñanza hizo nuevos a numerosos predicadores de su tiempo reconocidos pero carentes de espíritu; de la mujer humilde de la que el evangelista Moody dice, quien al oír algunos de sus primeros sermones, lo amonestó por carecer del secreto de poder, y lo trajo bajo obligación tácita de que aceptara la enseñanza de ella en tal sentido. Es evidente que el Espíritu Santo hizo de Priscila una maestra de maestros, y que su silla teológica ha sido ocupada por muchas mujeres valiosas en las siguientes etapas de la historia del cristianismo.

Si seguimos leyendo la lista de mujeres obreras mencionadas en Romanos 16, encontramos, «Saludad a Trifena y Trifosa, las cuales trabajaron en el Señor. Saludad a la amada Pérsida, la cual ha trabajado mucho en el Señor» (versículo 12). ¿Cuál fue el trabajo *en el Señor* que hicieron estas valiosas y que merece la recomendación tan dedicada de Pablo? Pongamos este versículo de la siguiente manera: «Ayudad a estas mujeres las cuales *trabajaron conmigo en el Evangelio*» (Filipenses 4.3). ¿Habrá sido aquel «trabajo en el evangelio» con la condición que no prediquen el evangelio? ¿Habrá sido aquel «trabajo en el evangelio» bajo el compromiso sagrado de no dar testimonio público de su fe en el Señor? «¡Ah! Pero está esta palabra de Pablo a Timoteo, "que las mujeres aprendan en silencio"» dice el quejoso. ¡No! Esa palabra no está ahí! Aquí de nuevo tenemos que denunciar una traducción maliciosa. La *Revised Version* dice correctamente: «Que la mujer aprenda en silencio (*hesuchia*)», una amonestación no del todo inconsistente con la oración decorosa y el testimonio en la asamblea cristiana. Cuando los hombres son amonestados, los traductores de la versión *King James* traducen correctamente la misma palabra: «... que trabajando sosegadamente, coman su propio pan» (2 Tesalonicenses 3.12), una orden que ningún lector interpretaría como que los hermanos tesalonicenses deberían mantenerse en silencio mientras trabajaban y mientras comían.

Así como en este capítulo se menciona a una mujer entre los diáconos, es más que probable que se haya mencionado una entre los apóstoles. «Saludad a Andrónico y Junias, mis parientes y mis compañeros de prisiones, los cuales son muy estimados entre los apóstoles» (v. 7). ¿Es Junias un nombre femenino? (Nota del traductor. Las versiones Reina Valera y la *New King James* tienen formas diferentes de escribir el nombre de esta persona; mientras la segunda la escribe Junia, que podría sugerir el femenino de Junio —como Julia y Julio—

la versión Reina Valera escribe Junias.) Así se ha aceptado por lo general. Pero el *en tois apostolois* con el cual está conectado ha llevado a algunos a pensar que es Junias, el nombre de un hombre. Esto no es imposible. Crisóstomo quien, como padre griego, debe ser considerado además como una gran autoridad, hace esta franca e inequívoca referencia a este pasaje: *¡Cuán grande es la devoción de esta mujer que ha sido hecha merecedora de ser contada entre los apóstoles!*

Estas son ilustraciones que podrían ser ampliadas considerablemente, de la sombra que la supuesta ley de silencio de Pablo aplicable a las mujeres ha echado sobre el trabajo de los primeros traductores, una sombra que incluso cayó sobre el Antiguo Testamento, como leemos en la Versión Común: «El Señor daba palabra; había grande multitud de las que llevaban buenas nuevas» (Salmo 68.11), mientras que la *Version Revisada* dice correctamente: «El Señor daba la palabra; las mujeres que publicaban las noticias eran una gran compañía».

Sea que estemos en lo correcto o equivocados en nuestras conclusiones generales, hay aquí algunas interesantes lecciones que tomar en cuenta:

Especialmente, la tremenda importancia que significa interpretar la Escritura. La exégesis final no siempre se encuentra en el diccionario o la gramática. El Espíritu está en la Palabra; y el Espíritu está también en la Iglesia, el cuerpo de creyentes regenerados y santificados. Seguir la voz de la iglesia sin seguir la Palabra escrita nunca ha probado ser seguro; pero, por otro lado, es posible que haya necesidad que se nos amoneste para que no ignoremos la enseñanza de la más profunda vida espiritual de la Iglesia, en cuanto a formar nuestras propias conclusiones respecto al sentido de la Escritura. No se puede negar que en cada gran despertamiento espiritual en la historia del Protestantismo el impulso de las mujeres cristianas para orar y dar testimonio para Cristo en la asamblea pública ha resultado ser irreprensible. Así ocurrió al comienzo de la Sociedad de los Amigos. Así ocurrió en el gran avivamiento asociado con los nombres de Wesley y Whitfield. Así ha sido en aquel poderoso *renacimiento* del

Metodismo primitivo conocido como el Ejército de Salvación. Y así ha seguido siendo en esta era de misiones y evangelización moderna en que estamos viviendo. Observando este hecho, y observando también la gran bendición que ha acompañado el ministerio de mujeres consagradas en anunciar el evangelio, muchos hombres ilustrados han tenido la experiencia de ser animados a examinar la Palabra de Dios en una forma nueva, y así aprender si en realidad es cierto que las Escrituras silencian el testimonio que el espíritu tan obviamente bendice. Para muchos ha sido tanto una bendición como una sorpresa descubrir cuán poco respaldo hay en la Palabra para reprimir el testimonio de las mujeres en la asamblea pública o para prohibirles anunciar el evangelio a los inconversos. Si esto es así, sería bueno que los intransigentes en silenciar la voz de las mujeres consagradas tengan cuidado de no estar resistiendo al Espíritu Santo. La unión de estas dos amonestaciones del apóstol es significativa: «No apaguéis al Espíritu. No menospreciéis las profecías» (1 Tesalonicenses 5.19-20).

El famoso Edward Irving se refiere con cierta ironía al asunto cuando dice: «¿Quién soy yo para despreciar el don de Dios, porque se encuentra en una mujer, a quien el Espíritu Santo no ha despreciado? ... Que las mujeres comparten igualmente con los hombres los dones espirituales no solo es obvio por los hechos (Hechos 2; 18.26; 21.9; 1 Corintios 11.3, etc.) sino por las propias palabras de la profecía de Joel, las que bien podrían ser un regaño a aquellos vanidosos insensatos que menosprecian la obra del Señor porque se manifiesta entre las mujeres. Me gustaría que los hombres mismos se sujetaran a la Palabra de Dios antes de imponerla sobre los derechos iguales de la mujer en el gran derramamiento del Espíritu» (Obras, v. 555).

Como se requiere, hemos preferido renunciar a todos los llamados al razonamiento y al sentimentalismo en el esfuerzo por aclarar esta cuestión y descansar solamente en una interpretación literal de la Escritura. Sin embargo, no podemos dejar de preguntarnos si la intuición espiritual de la iglesia no ha ido demasiado lejos en su exégesis sobre el asunto. No nos vamos a referir a la forma que predomina en muchas de nuestras iglesias más espirituales y evangelísticas pero sí citaremos algunos ejemplos públicos seleccionados.

El viaje misionero de Annie Taylor al Tíbet ha sido tema de comentario mundial. Y ahora ella vuelve a ese vasto y peligroso campo con una numerosa compañía de misioneros reclutados tanto hombres como mujeres, siendo ella la líder de la expedición. En esta empresa de llevar el evangelio hasta lo último de la tierra y predicar a Cristo a todas las clases, ella es una misionera completa, como lo fue Pablo, o Columba o Bonifacio. Pero en todos los comentarios de la prensa religiosa nunca hemos oído que alguien se pregunte si al actuar ella así, no se estaría saliendo de la esfera de la mujer como está definida en la Escritura.

Cuando en 1888, antes de la Conferencia Misionera de Exeter Hall, el secretario Murdock describió el trabajo de la señorita Ingalls, de Burma y dijo que aunque sin asumir una función eclesiástica, por la fuerza de su carácter por un lado y por las exigencias del campo por el otro, ella había llegado a ser virtualmente un obispo sobre casi una veintena de iglesias, entrenando a los ministros nativos en teología y homilética, guiando a las iglesias en la selección de pastores y supervisando la disciplina de las congregaciones, el incidente evoca solo aplausos, sin una sola palabra de disentimiento de aquel distinguido cuerpo de líderes misioneros que escucharon el informe.

Cuando en la misma conferencia, el representante de la Misión Karen no asistió, se preguntó si habría entre los presentes un misionero que pudiera informar sobre ese notable trabajo, la respuesta fue: «Solo una persona, y ella es una mujer». No hubo demora en aceptarla como expositora; y aun cuando al principio ella se resistió, finalmente accedió y tuvo el honor de dirigirse quizás al más distinguido grupo de líderes misioneros que se ha reunido en este siglo. El tono claro y articulado en el cual la señora Armstrong contó su historia estaba lejos de sugerir «silencio», sino que la modestia y recato con que habló respondieron completamente al requerimiento de la Escritura de «sosegadamente». Y aun cuando entre sus oyentes había misioneros superintendentes, obispos episcopales, profesores de Oxford y teólogos de Edimburgo, en ningún momento se hizo manifiesta la más mínima nota de objeción a su servicio.

Recordamos vívidamente cómo en los tiempos iniciales de la labor de la mujer en el extranjero, aquella brillante misionera a China, la señorita Adel Fielde fue cesada por la junta en su trabajo misionero por las reiteradas quejas de los misioneros más antiguos que en su trabajo ella había traspasado los límites dentro de los cuales una mujer podía trabajar. «Se nos ha informado que usted ha estado predicando», fue el cargo que le leyó el presidente de la junta. «¿Es eso verdad?» Ella contestó describiendo la vastedad y miseria de su campo de trabajo -aldea tras aldea, caserío tras caserío, personas aun no alcanzadas por el evangelio- y luego cómo, acompañada por una mujer nativa, había ido por todos los alrededores, reuniendo grupos de hombres, mujeres y niños, todos los que quisieran venir, y les contaba la historia de la Cruz. «Si esto es predicar, entonces me declaro culpable del cargo», les dijo. «¿Ha sido usted alguna vez ordenada como predicadora?», le preguntó su examinador. «No», replicó ella con gran dignidad y firmeza, *«no, pero creo que he sido predestinada».* Oh, mujer. Has sido sabia en tu respuesta, porque si alguien te pide las credenciales de tu predestinación pon tu dedo sobre las palabras del profeta: «Vuestros hijos y vuestras hijas profetizarán», y toda la iglesia votará para enviarte de nuevo sin obstáculos a tu trabajo, como felizmente hizo la junta en esta ocasión.

¡Cuán lerdos somos para aprender lo que está escrito! Simón Pedro, quien en el día de Pentecostés había repetido la gran profecía de la nueva dispensación, anunciando que había empezado a cumplirse, fue sin embargo tan apegado a la tradición que fue necesaria una visión especial de una sábana descendiendo del cielo para convencerlo que en el Cuerpo de Cristo «no hay ni judíos ni gentiles». Y se ha necesitado otra visión de una multitud de mujeres misioneras puestas por el Espíritu Santo entre los paganos y publicando el evangelio a toda tribu y lengua y nación para convencernos que en el mismo cuerpo «no puede haber varón y mujer». Sin embargo, es evidente que este espectáculo extraordinario de mujeres ministrando ha provocado dudas entre algunos hombres conservadores sobre «hasta dónde puede llegar esto». Pero como creyentes en la palabra segura de la profecía, sabemos que todo ha venido ocurriendo exactamente según el patrón pre establecido, desde el capítulo inicial de la nueva dispensación, cuando en el aposento alto «todos estos perseveraban unánimes en oración y ruego, *con las mujeres*, y con María la madre de Jesús, y con sus hermanos» hasta el capítulo final, actualmente cumpliéndose, cuando «las mujeres que anuncian las buenas nuevas son una gran multitud».

La nueva economía no es como la antigua; y los defensores en este caso no necesitan apelar a los ejemplos de Miriam y Débora y Hulda y Ana la profetisa. Estas fueron instancias excepcionales bajo la antigua dispensación, pero la que es la más pequeña en el reino de los cielos es más grande que ellos. Y esperemos que los teólogos, que han recientemente escrito con tanto énfasis dogmático sobre este tema, consideren si no podría ser posible que en esta materia ellos todavía estén bajo la ley y no bajo la gracia; y si, a la vista de la tierra prometida de la evangelización mundial, ellos no habrán oído todavía la voz de Dios diciendo: «*Mi siervo Moisés ha muerto;* ahora, pues, levántate y pasa este Jordán».

* La siguiente nota, que transcribimos del Comentario de Meyer parece ser un justo y bien balanceado resumen del caso: Este pasaje (1 Timoteo 2.8-11) no prohibe claramente a las mujeres *proseuchesthai* (orar); solo es claro en prohibirles *didaskein* (enseñar). Encontramos la misma aparente contradicción entre 1 Corintios 14.34-35 y 1 Corintios 11.5,13. Mientras en el primer pasaje *lalein* (hablar) e incluso *propheteuein* (profetizar) se supone que son cosas hechas por mujeres, los apóstoles no las prohiben. La solución es que Pablo desea que todo en la iglesia se haga decentemente y en orden, mientras que por el otro lado, se mantiene fiel al principio: «No apaguéis al Espíritu».

Apéndice B

Querida:

No falta mucho tiempo para que Cindy Jacobs vaya a su área a ministrar. ¡Estoy encantada de que aceptara su invitación! Le agradeceré si puede tomarse algunos minutos para leer esta carta detenidamente.

El propósito de esta carta es informarle de las políticas que Generales de Intercesión tiene establecidas sobre las invitaciones a Cindy a hablar. Incluimos también información sobre viaje, acomodaciones de hotel, honorarios y cualquiera otra cosa que sea pertinente a la actividad programada por ustedes.

Lugar de la reunión

Por favor envíenos la dirección y número telefónico del lugar donde se efectuarán las reuniones en las que Cindy hablará. Mantendremos esta información en nuestros archivos y la utilizaremos en caso de emergencia en que necesitemos comunicarnos con Cindy de inmediato. Si hay allí una persona contacto por la cual debamos preguntar, incluya el nombre de esa persona y su posición si corresponde.

Arreglos para transportación

Dentro de poco le enviaré el itinerario de Cindy según los arreglos que se hayan hecho. Por favor, hágase cargo de transportarla al aeropuerto y a las reuniones. Para evitar cualquiera apariencia inconveniente, la política de Generales de Intercesión es que sea movilizada por una mujer o por un hombre acompañado por una mujer. En los viajes internacionales, Cindy irá acompañada; por favor preparen hospedaje para esta persona como también preocúpense por cubrir sus costos de viaje. Como una política, nuestra oficina compra los pasajes de avión y luego somete el costo para su reembolso. El reembolso debe enviarse dentro de las siguientes dos semanas a partir de la fecha en que ustedes recibieron la factura. El cheque debe extenderse a nombre de Generales de Intercesión. Gracias por ayudarnos a cumplir con nuestras políticas en estos puntos.

Hospedaje en hotel

Se requiere que ustedes se hagan cargo de los gastos de hotel y otros gastos personales de Cindy. Como ustedes están familiarizados con el área geográfica donde estará participando Cindy, les rogamos que hagan las reservaciones de hotel que mejor le convenga a ella. Es necesario que Cindy (y cualquiera otra persona que la acompañe) puedan disponer de un lugar quieto y con una atmósfera agradable. Por favor pónganse en contacto con nosotros una vez que estos arreglos estén hechos. Necesitamos tener en nuestros registros el nombre, dirección, números telefónico y de fax del hotel, así como el número de confirmación de la reservación.

Honorarios

Generales de Intercesión no tiene establecido un honorario que deba pagársele a Cindy cuando dicta sus conferencias o predica. Nosotros creemos en la generosidad de ustedes como dadores, por lo tanto, esperamos que envíen una ofrenda de amor a modo de honorarios. Cuando extiendan el cheque por este concepto o por reembolso de gastos, por favor háganlo pagadero a Generales de Intercesión. G.I. es una corporación no lucrativa y está exenta de impuestos; por lo tanto, no usen al final del año un formulario 1099. El salario de Cindy es fijado por una junta, y ella no recibe fondos personales. Si inadvertidamente se extendiere un cheque a nombre de «Cindy Jacobs» no podremos procesarlo y tendremos que enviarlo de vuelta a los giradores. Agradecemos su comprensión en esta materia.

Materiales

Muchas veces nuestra oficina envía materiales para que se ofrezcan en venta al público que asiste a las reuniones donde Cindy está participando. Fuera de los Estados Unidos, esto es opcional. Por favor hágannos saber lo que se requiere en cuanto a aduanas, envío de manera que podamos dar la atención debida a estos aspectos. Si decidimos enviar materiales, por favor estén preparados para lo siguiente: Dígannos cuántas personas esperan que asistan. Esto nos ayudará a decidir cuánto material enviar. Será de una gran ayuda si ustedes nombraran a una persona para que reciba el material, lo maneje y se encargue de la venta y de la recolección del dinero. Con el material enviaremos un inventario e instrucciones que ayudarán a que todo funcione bien. Por favor comuníquennos el nombre y la dirección de la persona encargada por ustedes para enviarles los materiales.

Si tienen alguna pregunta, no duden en ponerse en contacto conmigo. Mi número telefónico es el (719)535-0977, extensión 11. Y mi número de fax es el (719)535-0884.

Muchas bendiciones,

Polly J. Simchen,
Secretaria ejecutiva